최신 보육동향 반영 현장중심

보육학개론

머리말

보육을 항해와 같다고 생각할 때가 많습니다. '이상적인 보육'이라는 섬에 도달하기 위해 정부, 대학, 어린이집, 육아종합지원센터 등의 여러 관계기관이 각기 다른 형태의 함선으로, 각각 최적의 경로를 설정하고 나아갑니다. 함대들은 표류하기도 하고, 경로를 재설정하기도 합니다.

2019년 개정누리과정을 시작으로 '이상적인 보육'으로 나아가는 함대들은 크게 경로를 변경했습니다. '영 · 유아 중심', '놀이 중심', '교사의 자율권 강화'를 강조하며, 그동안 함선의 깃발로만 달아놨던 내용을 실제 보육과정에 톡톡하게 담아내기 시작했습니다.

2020년 보육지원체계 개편과 2020 개정 표준보육과정이라는 경로 변경을 앞두고, 2019년 겨울 김영주 교수님을 중심으로 선후배와 제자들로 구성된 저자들이 모였습니다.

어린이집, 육아종합지원센터, 대학 등 각각 다른 형태의 함선에서 '이상적인 보육'을 향해 가는 저자들의 공통된 마음은 (예비)교사들이 '보육의 첫 시작을 잘하면 좋겠다!'는 것이었습니다. 후일 실제 함선에 탄 그들이 보육 전체를 조망하고, 궁극의 목표를 나아가도록 초석을 놓기 위함이었습니다.

이 책은 '보육'에 입문하는 학생들을 위한 강의 교재로서, 총 12장으로 구성되어 있습니다. 전반부에서는 '보육의 개념과 현황', '영유아의 발달 특성과 보육', '보육교직원의 역할과 자질'을 다루었습니다. 그 다음으로는 '2019 개정누리과정'과 '2020 개정 표준보육과정'을 중심으로 '보육과정의 이해', '보육과정의 운영'을 다룸으로써 현 국가수준 보육과정에 대한 이해를 높였습니다. 또한 '어린이집 운영관리', '어린이집 환경', '어린이집에서의 평가', '어린이집 평가제도', '부모 및 지역사회와의 연계'를 통하여 입문자들의 실제 현장에 대한 적응능력을 높이고자 하였습니다. 마지막으로 '세계 여러 나라의 보육', '보육의 역사, 과제 및 전망'을 제시함으로써, 현행 보육을 종(우리나라 보육의 역사)과 횡(여러나라 보육의 비교)으로 살펴봄으로써, 현재 우리나라 보육이 좌표를 찾아보고 목적지에 도착하기 위한 항로를 계획하고자 하였습니다. 각 장의 분량을 적절하게 조정하고, 특히 현장의 사진들을 추가해 흥미와 이해를 높이고자 하였습니다.

모쪼록 저자들의 3년에 걸친 노력이 '보육'을 시작하는 학생들에게 빛을 발하실 바라며, 이 책이 나올 수 있도록 많은 노력을 기울여 주신 파워북 임직원 분들께 깊은 감사를 전합니다.

2021년, 새로운 시작을 준비하며
저자 일동

차례

CHAPTER 5

보육과정의 운영

CHAPTER 6

어린이집 운영관리

CHAPTER 7

어린이집 환경

CHAPTER 8

어린이집에서의 평가

CHAPTER 9

어린이집 평가제도

CHAPTER 10

부모 및 지역사회와의 연계

CHAPTER 11

세계 여러 나라의 보육

CHAPTER 1

보육의 개념과 현황

우리나라 근대보육의 시작은 고아와 기아, 빈곤한 아동을 받아들여 보호한 탁아의 개념에서 비롯된다. 보호와 교육의 개념을 포괄한 보육이란 용어를 처음 사용하게 된 것은 1991년 제정된 「영유아보육법」에서였다.

「영유아보육법」이 제정된 지 30년이 되어가는 지금, 보육은 영유아의 건강한 발달을 지원하고 가정의 복지를 향상시키며, 미래사회의 구성원을 양성하는 중요한 과제로 자리 잡았다.

CHAPTER

1

1. 보육의 개념과 필요성
2. 보육의 유형과 현황

1. 보육의 개념과 필요성

1) 보육의 개념

(1) 탁아와 보육

전통적으로 영유아는 가정에서 어머니가 양육했다. 하지만 영국에서 시작된 산업혁명은 가족구조의 변화를 가져오고, 더 나아가 여성 노동력을 가정 밖으로 끌어냈다. 이로 말미암아 취업한 여성의 자녀를 돌봐야 할 사회적 필요가 생겼다.

이러한 필요를 채우기 위해 프랑스의 오베르랑Overlin은 1767년 농촌지역에서 일하는 어머니들의 자녀를 종일 돌봐주는 유아원을 설립했다. 영국에서도 오웬Owen이 1816년에 자신이 경영하는 방직공장에 근무하는 여성 노동자의 자녀를 돌보기 위해 '성격형성학원The New Institute for the Formation of Characte'을 개설했다. 1921년 우리나라에서도 태화사회복지관에서 탁아 프로그램을 운영하였으나 이는 고아나 기아, 빈곤한 아동을 위한 것이었고, 여성 근로자를 위한 탁아소가 설립된 것은 본격적인 산업화가 진행된 1960년대였다.

이와 같이 보육의 시작은 가난하거나 취업한 여성들의 자녀를 돌보기 위한 보호에 국한되는 탁아의 개념에 가까웠다. 우리나라의 경우도 1952년 「후생시설요강」에서 직장을 가진 부모의 자녀를 일시 또는 일정기간 위탁 보호하는 시설로 '탁아소'라는 명칭을 처음 사용하였고, 1961년 「아동복리법」, 1981년 개정된 「아동복지법」에서도 '탁아시설'이라는 명칭을 사용하였다.

단지 영유아를 보호하는 탁아에서 보호care와 교육education의 의미를 동시에 지닌 보육educare이라는 용어가 처음 사용된 것은 1991년 「영유아보육법」이 제정되면서였다. 보육이라는 용어는 사실상 조어로서 보호와 교육을 합한 것이다.

1991년 제정된 「영유아보육법」은 보호care와 교육education을 통합한 '보육educare'이라는 진일보된 개념으로 전환되었다는 점에서 큰 의미를 지닌다. 그러나 1991년 제정된 「영유아보육법」은 보육의 목적을 "보호자가 근로 또는 질병 등의 사정으로 인하여 보호하기 어려운 영아 및 유아를 심신의 보호와 건전한 교육을 통하여 건강한 사회성원으로 육성함과 아울러 보호자의 경제적 · 사회적 활동을 원활하게 함으로써 가정 복지 증진에 기여함"이라고 규정하고 보육 대상을 근로 또는 질병으로 영유아를 돌볼 수 없는 보호자의 자녀로 보았다는 점에서 선별적이고 수혜적이라는 한계를 지닌다.

2005년 「영유아보육법」이 전면 개정되면서 영유아 보육의 목적 또한 수정되었다. 전면 개정된 「영유아보육법」은 보육의 목적을 "영유아를 심신의 보호와 건전한 교육을 통하여 건강한 사회 성원으로 육성함과 아울러 보호자의 경제적 · 사회적 활동을 원활하게 함으로써 가정 복지 증진에 기여함"이라고 규정하였다.

1991년 「영유아보육법」의 목적과 비교해 볼 때 '보호자의 근로나 질병으로'라는 구절이 빠짐으로써 선별주의 보육에서 보편주의 보육으로 전환하였음을 알 수 있다.

한편, 2011년 부분 개정된 「영유아보육법」은 영유아 보육의 목적을 "영유아의 심신을 보호하고 건전하게 교육하여 건강한 사회 구성원으로 육성함과 아울러 보호자의 경제적 · 사회적 활동이 원활하게 이루어지도록 함으로써 영유아 및 가정의 복지 증진에 이바지함"이라고 규정함으로써 비로소 영유아의 권리 및 복지 증진을 강조하게 되었다.

이처럼 현대 보육의 개념은 일부 가정 자녀를 보호하는 차원의 탁아 개념이 아니라 사회에 속한 모든 영유아를 대상으로 영유아의 건강한 성장과 발달은 도모하기 위한 보호와 교육이 통합된 개념이다.

(2) 보육과 유아교육

보육과 유아교육은 유사해 보이지만 대상 연령, 소관 부처 등에서 차이가 존재한다. 보육과 유아교육에 대한 법정 규정을 통해 보육과 유아교육의 차이를 살펴보면 다음과 같다.

보육은 「영유아보육법」 제2조에 의하면 만 6세 미만, 초등학교 취학 전까지의 영유아를 건강하고 안전하게 보호 양육하고 영유아의 발달 특성에 맞는 교육을 제공하는 어린이집 및 가정양육 지원에 관한 사회복지 서비스를 의미한다.

반면 유아교육은 「유아교육법」 제2조에 의하면 만 3세부터 초등학교 취학 전까지의 유아를 대상으로 유치원에서 제공하는 교육 서비스를 의미한다.

보육과 유아교육의 차이를 대상 연령, 소관 부처, 관련 법령, 교육과정, 교사 대 아동 비율을 표로 정리하면 표 1-1과 같으며, 보육과 유아교육의 범주는 그림으로 나타내면 그림 1-1과 같다.

표 1-1 ⋙ 보육과 유아교육

구분	보육	유아교육
소관 부처	보건복지부	교육부
관련 법령	영유아보육법	유아교육법
대상	6세 미만 영유아	만 3~5세
기관	어린이집	유치원
교육과정	0~2세 표준보육과정 3~5세 누리과정	3~5세 누리과정
교사 대 아동 비율	만 0세 1:3 만 1세 1:5 만 2세 1:7 만 3세 1:15 만 4, 5세 1:20	교육부에서 법적 명시한 바 없으며 시·도 교육청별로 별도 고시함

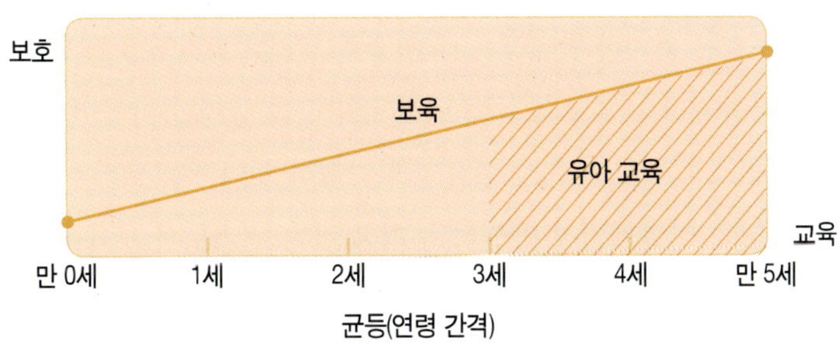

그림 1-1 ⋘ 보육과 유아교육

2) 보육의 필요성

(1) 아동 측면

① 영유아기의 중요성에 대한 과학적 발견 및 사회적 인식 증대

영유아기의 중요성이 과학적 연구를 통해 밝혀지고 있다. 1880년대 홀Hall에 의한 '아동연구운동Child Study Movement'을 시작으로 아동에 대한 과학적인 연구가 시작되었다. 이후 발달심리학 연구에 의해 발견된 아동발달의 기초성, 적기성, 누적성, 불가역성의 원리는 아동기 특히 영유아기의 중요성을 부각시켰다.

이러한 아동발달에 대한 이론과 연구 결과들이 밝혀지고, 인터넷 등을 통하여 그 결과들을 부모나 교사들이 쉽게 접하면서 영유아기의 교육 경험이나 적절한 보호의 중요성을 깨달았다. 부모들은 초등학교의 교육 경험에 만족하지 못하고 유아기나 더 어린 영아기의 교육 경험, 안전한 보호를 원하였다. 이러한 요구들이 영유아 보육의 필요성을 증대시켰다.

② 아동의 권리 보호

유엔 아동권리협약에 따르면 아동이라면 누구나 마땅히 누려야 할 생존 · 보호 · 발달 · 참여의 권리가 있다. 특히 생존의 권리는 적절한 생활 수준을 누릴 권리로서 안전한 주거지에서 살아야 할 권리, 충분한 영양을 섭취하고 기본적인 보건 서비스를 받을 권리 등을 일컫는다. 이는 보육에서 건강 · 영양 · 안전에 관한 내용과 부합한다. 발달의 권리는 잠재능력을 최대한 발휘하는 데 필요한 권리로 교육받을 권리를 포함한다.

유니세프의 아동권리 보호 최소 기준에서 표방하는 불리한 아동 우선 지원, 3세 미만 25% 보육 서비스 지원도 보육의 필요성과 맞닿아 있다. 즉, 모든 아동이 자신의 성별, 인종, 가족, 국가에 관계없이 당연히 누려야 하는 권리로서 보육이 필요하다고 할 수 있다.

(2) 가족 측면

① 여성 취업의 증가

산업화와 함께 여성 취업의 증가로 가정 외 기관에서의 보육이 필요하게 되었다. 특히 영유아기 자녀를 둔 기혼 여성의 취업은 산업화 과정에서 필연적이라고 할 수 있다. 우리나라도 1960년대 산업화가 급격히 이루어지던 시기에 보육기관이 필요했고, 이로 인해 보육기관이 폭발적으로 증가했다.

현재 우리나라 여성 경제활동 참가율은 1990년대 초반 45% 정도였다가 2018년 현재 52.9%에 이른다(통계청, 2018). 우리나라 여성의 경제활동 참가율을 연령대별로 살펴보면 그림 1-2와 같다.

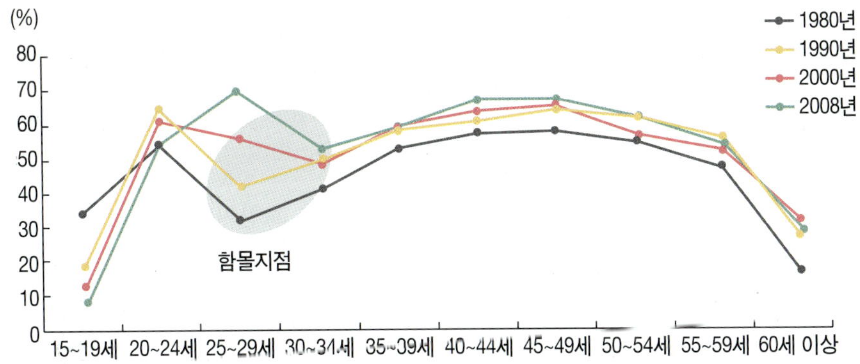

그림 1-2 연령대별 여성 경제활동 참가율(나종혜 외, 2014)

그림 1-2에서 보는 바와 같이 여성의 경제활동 참가율이 20대 중반과 후반에서 가장 높다가 결혼과 출산을 하는 30대 초・중반에 급격히 하강한다. 이후 출산 및 영유아 양육이 끝나는 30대 후반에 다시 여성의 경제활동 참여가 늘어난다. 이를 통하여 여성의 취업과 자녀 출산 및 양육은 반비례하는 것을 알 수 있다. 여성이 노동시장에 계속해서 참여함으로써 경제적으로나 사회적으로 독립된 삶을 누리도록 하기 위해서는 보육기관이 필요하다.

② 가족구조의 변화

가족구조의 변화가 보육의 필요성을 증대시켰다. 우리나라는 과거 대가족 및 확대가족 단위로 이루어지던 농업 위주의 사회에서 공업 중심의 사회로 변하여 직장에 따라 거주지의 이동이 쉬운 핵가족이 증가하였다.

핵가족화는 가족 내에 여성을 제외하고는 자녀를 돌볼 인적자원의 고갈을 가져왔다. 특히 여성이 취업을 하거나 다른 이유로 자녀 양육이 어려워져도 대리 양육자가 존재하지 않는다. 이에 사회 차원에서 핵가족 내의 자녀양육을 대리할 필요가 생겼다.

이혼율의 증가 또한 가족구조의 변화를 가져왔다. 1000건당 이혼 건수가 IMF 직후인 1997년에는 9만 건이었으나 그 이후 급격히 증가하여 2003년에는 17만 건으로 늘어났다. 이혼으로 말미암아 한부모 가정이 되었을 경우, 이전에 양부모가 담당했던 경제활동과 가사노동을 한 부모가 수행해야 하므로 자녀 양육의 어려움을 증대시켜 가정 밖에서 보육을 맡아줄 기관이 필요하다. 특히 이혼 후 어머니가 자녀 양육을 맡게 되었을 경우 여성 가구주가 늘어나고, 이들이 취업과 자녀 양육을 동시에 수행해야 할 경우 보육기관이 필요하다.

조손가정의 증가도 보육기관의 필요성을 증대시키는 요인이다. 손자녀를 돌보는 조손가정의 경우 주로 저소득층이 많다. 저소득층 조부모의 경우 건강문제, 경제적인 이유, 손자녀의 학업과 사회관계에 대한 인식 및 대처능력 부족 등으로 인해 손자녀 양육이 어렵다. 특히 손자녀를 돌보는 조부모의 경우 낮은 학력과 고령으로 인해 손자녀의 훈육과 학습지도에 어려움을 겪고 있고, 손자녀들은 부모와 함께 생활하는 가정의 영유아에 비해 위축되고 정서적으로 어려움을 겪으므로 조손가족 조부모를 대상으로 보육지원이 필요하다(김경호, 소순창, 2011).

다문화가정의 증가 또한 보육의 필요성과 관련되어 있다. 2016년 외국인과의 혼인이 20,591건이었다가 2018년 22,698건으로 증가하였다(통계청, 2019). 다문화가정의 출생아 수도 증가하여 2008년에 2.9%였다가 2017년의 경우 다문화 아동의 출생비율이 5.2%에 이르렀다. 주로 결혼이주여성과 한국인 남성으로 이루어지는 다문화가정의 경우 고부문제, 부부갈등, 경제적 빈곤 등으로 자녀 양육에 취약한 실정이다. 이러한 다문화가정이 직면한 문제 해결을 위해 보육기관의 지원이 필요하다고 할 수 있다.

(3) 국가 측면

① 저출산 문제의 심각성

현재 우리 사회가 직면한 저출산 문제를 해결하기 위한 정책으로 보육의 질을 높이고 확장할 필요가 있다. 여성의 교육 수준이 높아지고 그에 따라 경제활동이 증가할 때, 자녀 양육은 여성의 고용에 장애요인으로 작용한다. 보육은 여성의 자녀 양육을 지지하고 경제활동을 돕기 위해 필요하다.

그러나 여러 국가에서 보육 서비스를 확장하지만 여전히 낮은 출산율에서 벗어나지 못하고 있음을 발견할 수 있다. 이는 저출산 문제가 보육뿐만 아니라 여성 고용, 양성평등, 가족 정책의 활성화와 문제와 복합적으로 관련이 있음을 암시한다.

② 보육의 국가 책임 증대

사회가 발전하면서 아동은 사회적 존재가 되고 있다. 부모의 자녀가 아니라 국가의 한 구성원으로 보호받고 인정받게 된 것이다. 따라서 아동 양육의 책임도 부모 개인이 아니라 국가로 이양되고 있다. 그 예로 고대사회에서는 자녀의 생시여탈권은 아버지인 가장에게 있었다. 현대사회에서 아버지가 자녀를 학대한다면 국가는 강제로 아버지에게서 양육권과 친권을 박탈한다. 이는 아동 양육의 책임이 국가로 상당 부분 이양된 실제적인 예라고 볼 수 있다.

국가가 아동 양육에 책임을 지고 부모의 양육을 일정 부분 수행하고 지원하는 것이 공보육의 시작이다. 선진복지국가일수록 보육의 국가 책임이 강화된다. 우리나라도 2013년 만 0세 아동부터 어린이집 무상보육이 실시되고 있다. 보육선진국이며 복지선진국인 프랑스도 만 0~2세 영아이거나 부모가 맞벌이인 경우 국가에서 지원하는 보육서비스를 제공받고, 만 3세 이상의 경우 대부분이 국가가 지원하는 유아교육 서비스의 대상이 된다(한국보건사회연구원, 2012). 사실 바람직한 공보육은 가정 내에서의 자녀 양육을 포함하는 것이며, 어린이집에서의 보육은 공보육의 일부분이다. 하지만, 공보육이 진행될수록 어린이집의 필요성은 증가할 것이다.

③ 영유아기 보육을 통한 사회적 기회 균등

공보육과 더불어 고려해야 할 것이 기회의 평등이다. 영유아는 사회계층에 의해 차별받지 않고 건강하게 성장하고 발달하며 교육받을 권리가 있다. 하지만 생애 초기의 가정환경과 사회경제적 수준에 따른 교육 경험의 차이는 학령기 이후에도 계속 누적적인 영향을 미침으로써 사회계층의 격차를 공고히 하고 빈곤의 대물림이 이루어지는 근간이 된다.

이러한 순환을 끊기 위하여 시작된 것이 미국의 헤드 스타트Head Start 프로그램이나 영국의 슈어 스타트Sure Start 프로그램, 우리나라의 드림 스타트Dream Start 프로그램 등이다. 이 프로그램들을 실시한 결과 사회계층 간의 교육 격차가 일부분 해소되었다는 것을 알 수 있었다. 이 같은 보상보육을 통하여 빈곤의 악순환을 끊고 가정환경에 따른 사회 양극화를 해소할 수 있다. 따라서 보육은 생애 초기 교육과 보호의 경험을 통하여 가정환경과 사회계층에 따른 격차를 해소하는 방안으로서 반드시 필요한 서비스라고 볼 수 있다.

3) 보육의 기능

앞에서 언급한 보육의 필요성에 기반하여 보육 서비스가 이루어질 때, 보육은 다음과 같은 기능을 하게 된다. 먼저 예방적 기능으로 가정 내 빈곤이나 문제로 인해 적절한 보육을 받기 어려운 영유아에게 안전하고 적절한 보호와 교육 경험을 통하여 혹시 일어날지 모르는 발달상의 문제나 행동문제를 예방할 수 있다.

또한 보육 서비스는 영유아의 발달에 부정적인 영향을 미치는 경제·사회·심리적 요인들로부터 보호함으로써 문제를 예방할 수 있다. 이는 보상보육으로서 부모가 질병으로 입원 또는 장기 요양 중이거나 별거와 이혼 등으로 가정에 기능적 결손이 발생했을 경우에도 더욱 효과적이다.

세번째, 어린이집에서는 영유아에게 의도적이며 조직적으로 영유아의 신체적, 사회적, 정서적, 지적 발달 및 언어발달에 기여할 수 있는 교육 경험을 제공한다. 이를 통하여 영유아가 바람직한 발달을 함으로써 유능하고 존중받는 존재가 되도록 돕는다. 이것이 바로 어린이집의 교육 기능이라고 할 수 있다.

네번째, 어린이집에서 부모교육과 상담을 통해 가족관계나 부모-자녀관계에 문제가 있을 경우 가정의 기능을 회복하여 영유아에게 바람직한 가정이 되도록 돕는다. 설사 별다른 문제가 없는 가정이라 할지라도 이사나 출산, 입학 등 정상적 위기를 잘 해결할 수 있도록 부모 교육과 상담을 제공한다. 이와 같은 기능이 바로 어린이집의 가족 지원 기능이라고 할 수 있다.

다섯번째, 어린이집은 또한 지역사회와 연계활동을 통하여 공동체의식을 회복하고 영유아를 사회의 바람직한 구성원으로 자라날 수 있게 한다. 소방서, 시장, 미용실, 학교, 경찰서 등의 지역사회 자원을 활용하고, 어린이집 또한 지역사회의 자원으로 일익을 담당함으로써 지역사회의 복지를 향상시키는 지역사회 조직의 기능을 수행한다.

마지막으로, 어린이집에서는 영유아를 보육함으로써 신체적 · 정신적으로 건강하고 사회적으로도 역량 있는 구성원을 배출한다. 어린이집에서의 보육활동이 한층 교육적이고 미래지향적일 때 국가의 인적자원이 계발되고 국가경쟁력이 강화된다. 이것이 바로 국가의 인적자원 계발 및 국가경쟁력 강화 기능이라고 볼 수 있다.

2. 보육의 유형과 현황

여기에서는 보육의 유형을 대상, 장소, 운영시간 등의 기준에 따라 분류해 보고, 우리나라 「영유아보육법」에 규정되어 있는 보육의 유형을 알아본다. 또한 보육 유형에 따른 현황도 살펴보고자 한다.

1) 보육의 유형

(1) 보육 대상에 따른 유형

보육 유형을 영유아의 연령을 기준으로 영아보육, 유아보육, 방과후보육으로 나누어 볼 수 있다. 또한 장애 여부에 따라 장애통합보육과 장애전담보육으로 나눌 수 있다.

① 연령에 따른 보육 유형

영아보육은 36개월 이하 영아를 대상으로 한다. 보통 발달단계를 분류할 때는 24개월까지를 영아로 보지만, 어린이집에서는 36개월까지를 영아반으로 구분한다. 영아만을 위한 영아전담어린이집도 있지만, 어린이집 내에 영아반을 두기도 한다. 12개월 이하인 경우 교사 대 영아 비율은 1:3, 13~24개월은 1:5, 25~36개월은 1:7이다. 영아반의 경우, 영아를 위한 표준보육과정에 따라 운영된다.

유아보육은 37~60개월까지의 유아를 대상으로 한다. 37~48개월 유아의 교사 대 유아 비율은 1:15이며, 49~60개월은 1:20이다. 프랑스를 포함한 다른 나라의 경우 유아반만을 운영하는 어린이집이 있지만, 우리나라의 경우 어린이집은 가능한 한 만 2세 미만 영아반, 만 2세 영아반과 만 3세 이상 영아반을 동시에 운영하도록 「영유아보육법」 시행규칙 제23조에 규정하고 있어 유아반만 있는 어린이집은 존재하기 어렵다. 유아를 위한 보육과정은 유치원과 동일한 내용으로 구성되며, 이를 누리과정이라고 한다.

방과후보육은 학령기 아동에게 제공된다. 주로 초등학교 저학년 아동이 대상이다. 어린이집의 경우 필요에 따라 방과후반을 설치하여 운영하기도 한다. 꼭 어린이집이 아니더라도 지역아동센터나 다함께돌봄센터도 방과후보육의 한 형태라고 볼 수 있다. 주로 초등학생 대상의 학습지도나 활동이 이루어지고 급·간식이 제공된다.

② 장애 여부에 따른 보육 유형

「장애인복지법」 제32조에 따라 장애인으로 등록된 영유아에게 보육 서비스를 제공하는 것이다. 어릴수록 장애의 개선 여지가 많으므로 중증장애아 외에는 장애아로 등록하지 않아도 의사진단서를 이용하여 장애아로서 어린이집을 이용할 수 있다.

장애아전문어린이집은 말 그대로 장애아만을 보육하는 어린이집이다. 정부 지원을 받을 수 있으며 12명 이상의 장애영유아를 보육할 수 있는 시설을 갖춘 어린이집이다. 정부에서 인건비 및 운영비가 지원된다. 법률상 장애아를 위한 복지시설에 요구되는 특수 시설 및 설비와 종사자를 갖추고 장애아전문프로그램을 운영한다. 장애전담어린이집은 장애아들로만 구성되어 있어 통합보육을 위하여 정원 범위 내에서 40%까지 비장애아를 보육할 수 있다.

장애통합보육은 장애아와 일반 아동을 통합하여 보육 서비스를 제공하는 것이다. 분리교육의 단점을 극복하고자 하는 의도에서 운영된다. 장애아에게 또래와 사회적으로 상호작용할 기회를 제공할 수 있고, 일반 아동에게도 장애에 대해 이해하고 도울 수 있는 기회와 방법을 알게 함으로써 바람직하다. 보통 장애통합어린이집은 정부나 지방자치단체에서 설립, 운영하는 국공립어린이집이다. 어린이집 정원의 20% 이내 또는 3명 이상의 장애 영유아가 있어야 장애아통합어린이집이라고 할 수 있다. 장애영유아 3명에 장애전담교사 1명을 배치하고 이에 대한 인건비는 정부에서 지원한다

(2) 보육장소에 따른 유형

보육의 유형을 서비스가 제공되는 장소에 따라 시설보육과 가정보육으로 나눌 수 있다. 가정보육은 또한 자기집보육과 보육자가정보육으로 나뉜다.

① 가정보육

가정에서 이루어지는 보육의 형태이다. 주로 영아들을 대상으로 하는데 영아의 가정과 유사한 환경을 제공함으로써 심리적 안정감을 주기 때문이다.

가정보육은 영유아 자신의 집에서 이루어지는 자기집보육과 영유아를 보육하는 보육자의 집에서 서비스가 제공되는 보육자가정보육으로 나눌 수 있다. 자기집보육은 가정으로 파견되는 아이 돌보미나, 부모 개인이 고용하는 베이비시터가 돌보는 경우가 많다. 영유아가 보육 서비스를 받기 위해 이동할 필요가 없어서 부모도 편리하고 영유아도 심리적 안정을 누릴 수 있지만, 보육의 전문성이나 놀잇감이나 교재·교구, 보육활동면에서 전문성이 떨어진다. 또한 자기 집에서 이루어지므로 또래 친구와의 상호작용이 불가능하다.

보육자가정보육은 말 그대로 보육자의 집에서 이루어진다. 우리나라 「영유아보육법」에 규정된 '가정어린이집'이 대표적인 보육자가정보육이라고 할 수 있다. 영유아의 가정과 같은 환경이고 보통 혼합연령반으로 구성되어서 형제관계와 유사한 관계를 경험할 수 있다. 가정보육은 적은 수의 영유아를 보육하며 보육 영유아의 연령도 낮은 편이다. 또한 보육환경의 구성이나 프로그램의 운용면에서도 덜 구조적인 편이다.

② 시설보육

가정이 아닌, 보육 서비스를 제공하기 위해 마련된 특정한 시설에서 이루어지는 것이다. 시설보육은 영유아 발달과 보육에 대해 전문적인 교육과 훈련을 받은 보육교사에 의해서 이루어진다. 보육실의 면적, 놀잇감이나 교재·교구, 시설·설비 등을 포함한 보육환경 또한 법으로 정한 바에 따라야 한다. 보육 과정과 활동이 체계적이고 전문적이다.

우리나라에 제일 많이 존재하며 '어린이집'이라고 부른다. 「영유아보육법」에 따라 운영되며, 법에 따라 행정 지도와 감독을 받는다. 보건복지부가 주무 행정부서이다. 「영유아보육법」에 정한 바에 따라 보육교사의 자격과 보육환경, 보육과정 등이 정해져 있다.

(3) 운영시간에 따른 유형

① 종일제보육

가장 대표적인 보육형태이다. 2020년 현재 우리나라 어린이집은 기본보육(09:00~16:00)과 연장보육(16:00~19:30)으로 보육과정을 구분하여 운영하고 있으나, 이 두 가지 시간대를 포함하여 아침 7시 30분부터 저녁 7시 30까지 실시되는 보육을 종일제보육이라고 할 수 있다.

보통 맞벌이 부부의 자녀가 종일제보육의 주된 대상이 된다. 종일제보육의 경우 시간제나 반일제 보육보다 보육시간이 길기 때문에 선상, 영양, 안전과 같은 보호의 기능이 더 강화될 필요가 있다.

② 반일제보육

영유아 보육의 교육 기능이 부각되면서 맞벌이 부부의 자녀가 아닐지라도 신체, 언어, 인지, 사회성, 정서적 발달을 위해 하루 5~7시간 어린이집에 간다. 대부분의 어린이집에서 반일제보육을 실시한다. 반일제보육의 경우 종일제보육의 일과 운영과 다르게 이루어진다.

③ 시간제보육

부모의 요구에 따라 보육시간을 조정하는 것이다. 광의의 개념으로는 백화점이나 문화센터, 식당 등에서 영유아를 일시적으로 돌보는 것도 시간제보육의 일종이다. 이런 경우 부모의 요구에 따라 필요한 시간에 비정기적으로 이루어지므로 보육의 전문성은 현저히 떨어진다.

「영유아보육법」에서 정한 시간제보육의 경우, 시간제보육 제공기관으로 정한 육아종합지원센터나 어린이집에서 만 6개월 이상 영유아부터 이용할 수 있다. 시간에 따라 이용료를 내며, 이 경우 보육교사를 채용하고「영유아보육법」의 규정에 맞는 시설과 환경을 구비하고 있어 보육의 전문성도 보장할 수 있다.

④ 시간연장보육

병원에 설치된 직장어린이집의 경우 야간에 근무하는 부모를 위해 어린이집을 밤 11시까지 운영하기도 한다. 이처럼 보호자의 필요에 따라 기준보육시간(07:30~19:30) 외에 보육시간을 당기거나 연장하는 것이 시간연장보육이다. 병원뿐만 아니라 야간에 개장하는 시장 근처의 어린이집 등 여타의 이유로 종일제보육(07:30~19:30) 이외의 시간에 영유아를 돌볼 곳이 필요한 경우 제공되는 보육 서비스이다.

우리나라 「영유아보육법」에서 정한 시간연장보육은 24시간 보육, 시간연장보육, 야간보육, 휴일보육이 있다. 이를 요약하면 그림 1-3과 같다.

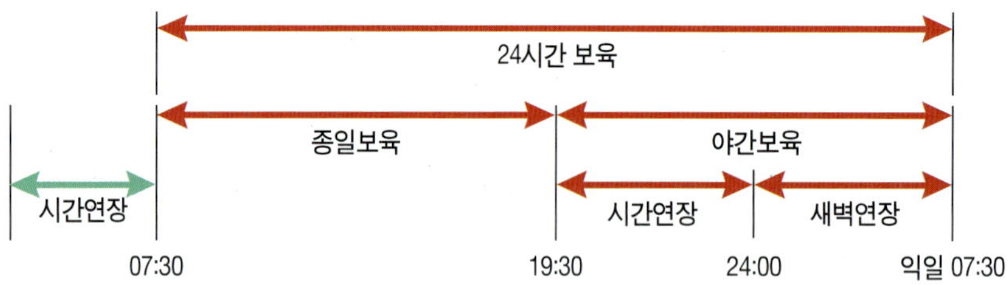

※ 시간연장형 보육 : 24시간보육(종일보육 + 시간연장보육 + 새벽보육), 시간연장보육, 야간보육 (시간연장 + 새벽보육), 휴일보육

그림 1-3 ≪≪ 시간연장보육

정부에서는 침구나 보육실 면적 등 야간이나 24시간 운영에 따른 특정 시설과 설비를 정하고, 이를 갖춘 어린이집을 시간연장어린이집으로 지정한 후, 이에 따른 보육 프로그램과 교사 인건비를 지원하고 있다.

⑤ 방과전 · 후 보육

초등학교 수업을 시작하기 전이나 후에 돌봐줄 성인이 없는 아동을 위해서 제공되는 보육 서비스이다. 지역아동센터나 다함께돌봄센터에서 제공하는 서비스도 일종의 방과전 · 후보육이라고 볼 수 있다. 어린이집에서 방과후반을 운영할 수도 있다. 숙제를 지도하고 간식을 제공하며, 음악 · 미술 · 체육 등 특별활동을 실시한다.

(4) 운영 주체에 따른 유형

① 국공립어린이집

국가나 지방자치단체가 설치하고 운영하는 어린이집을 말한다. 국공립어린이집을 국가나 지방자치단체에서 설치한 후 운영을 개인이나 법인에게 위탁할 수 있다. 부모들의 선호도가 높으며, 교사들도 고용의 안정성과 급여로 인해 민간어린이집이나 가정어린이집보다 선호한다.

국공립어린이집은 저소득층이나 농어촌 등 취약지역에 우선 설치해야 하고, 영아, 장애, 24시간 어린이집 등 취약대상을 위해 존재하며, 일반 유아반만 있는 국공립어린이집은 없다. 이는 국공립어린이집이 취약 지역과 대상에 우선적으로 설치되어야 한다는 당위성에 근거한다.

② 개인어린이집

개인이 설치하고 운영하는 어린이집을 말한다. 국가나 지방자치단체, 법인, 직장, 부모에 의해 설치되지 않은 모든 어린이집을 개인어린이집이라고 볼 수 있다. 개인이 설치 운영하되 장소가 가정이냐 시설이냐에 따라 민간어린이집과 가정어린이집으로 나눌 수 있다.

개인이 설치 운영하므로 부모들의 요구에 즉각 부응할 수는 있으나, 국공립어린이집에 비해 교사 고용의 안정성과 처우가 낮은 편이고, 이는 보육의 질로 이어진다. 우리나라 어린이집의 가장 많은 비중을 차지하고 있다. 산업화 과정에서 보육의 필요성에 부응하여 숫자가 증대하였으나 보육의 공공성 측면에서는 미흡하다고 볼 수 있다.

③ 직장어린이집

사업주가 사업장의 근로자를 위하여 설치 · 운영하는 어린이집이다. 울산시청에서 설치 · 운영하더라도 울산시청 공무원들의 자녀를 위한 것이라면 직장어린이집이라고 볼 수 있다. 직장어린이집은 주로 직장 근처에 있거나 직장 내에 위치하여 부모가 영유아를 데리고 출퇴근하고, 근무 중에도 영유아가 가까이 있어 심리적 안정성이 보장된다. 하지만 교통 혼잡이나 장거리 이동, 출퇴근 시간이 일정하지 않을 때 직장어린이집을 이용하기 어렵다.

④ 부모협동어린이집

영유아의 보호자를 중심으로 협동조합을 만들어 공동보육체계로 운영되는 형태이다. 이는 거주하는 인근지역에 보낼 만한 어린이집이 없거나, 있더라도 더 이상적이라고 생각하는 보육을 실현하기 위해 소수의 부모들이 모여 어린이집을 설립하는 경우이다. 시설은 기부금이나 공동출자에 의해 설치하고, 운영비는 국가의 지원과 부모들의 부담으로 이루어진다. 공동보육의 주체가 되는 부모들은 어린이집 운영에서 강한 의무감과 책임감을 지닌다. 부모들이 협동하여 교사를 채용하고, 보육 프로그램의 운영에 적극적으로 관여한다.

(5) 현행 영유아보육법령에 따른 분류

우리나라의 현행 「영유아보육법」에서는 어린이집의 종류를 국공립어린이집, 사회복지법인어린이집, 법인 · 단체등어린이집, 직장어린이집, 가정어린이집, 협동어린이집, 민간어린이집으로 분류하고 있다(영유아보육법 제10조 어린이집의 종류). 각 어린이집의 정의, 규모 및 명칭, 설치절차, 배치기준은 다음과 같다(보건복지부, 2020).

① 국공립어린이집

국가나 지방자치단체가 설치 · 운영(위탁운영 포함)하는 어린이집(직장어린이집 제외)을 말한다. 상시 영유아 11인 이상을 보육할 수 있는 시설로 어린이집의 명칭은 “○○어린이집”으로 한다. 영유아보육법령상의 설치기준을 모두 갖추어야 하고, 국가 및 지방자치단체의 장이 인가절차 없이 직접 설치하되, 어린이집 수급계획 등을 포함한 보육계획을 사전에 수립하여야 한다.

국공립어린이집은「영유아보육법」제11조의 보육계획에 따라 저소득층 밀집지역 및 농어촌지역 등 취약지역,「산업입지 및 개발에 관한 법률」제2조제8호에 따른 산업단지 지역에 우선 설치해야 한다. 지방자치단체는「주택법」제2조제3호에 따른 신규 500세대 이상 공동주택에 같은 법 제35조에 따라 설치해야 하는 어린이집을 국공립어린이집으로 의무 설치・운영하여야 한다.

② 사회복지법인어린이집

「사회복지사업법」에 의한 사회복지법인이 설치・운영하는 어린이집을 말한다. 영유아 21인 이상을 보육할 수 있는 시설을 갖추어야 하며, 어린이집의 명칭은 "○○어린이집"으로 해야 한다. 유치원, 학원 등 유사기관으로 오인할 수 있는 명칭은 사용할 수 없다.

「영유아보육법」상의 설치기준을 모두 갖추어야 한다. 관할 시장・군수 또는 구청장에게 사전에 인가 신청하여 설치한다. 사회복지법인어린이집은 보육통합정보시스템에 등록 및 인가증 발급 시 대표자명에 법인 대표의 성명 또는 '○○사회복지법인 대표이사'로 기재한다. 지역 보육 수요와 어린이집의 공급 현황 등을 감안하여 지역별로 균형 있게 배치되도록 한다.

③ 법인・단체등어린이집

각종 법인(사회복지법인을 제외한 비영리법인)이나 단체 등이 설치・운영하는 어린이집이다. 영유아 21인 이상을 보육할 수 있는 시설을 갖추어야 하며, 어린이집의 명칭은 "ㅇㅇ어린이집"으로 해야 한다. 유치원, 학원 등 유사기관으로 오인할 수 있는 명칭은 사용할 수 없다.

「영유아보육법」상의 설치기준을 모두 갖추어야 한다. 법인・단체등어린이집(영유아보육법 시행령 제18조의2 제1호, 제2호, 제4호 중 비영리법인이 설치・운영하는 어린이집만 해당)은 보육통합정보시스템 등록 및 인가증 발급 시 대표자명에 법인 대표의 성명 또는 '○○법인 대표이사'로 기재한다. 관할 시장 · 군수 또는 구청장에게 사전에 인가 신청하여 설치한다. 지역 보육 수요와 어린이집의 공급 현황 등을 감안하여 지역별로 균형 있게 배치되도록 한다.

④ 직장어린이집

사업주가 사업장의 근로자를 위하여 설치 · 운영하는 어린이집(국가 또는 지방자치단체의 장이 소속 공무원 및 근로 계약을 체결한 자를 위하여 설치 · 운영하는 어린이집 포함)을 말한다. 상시 영유아 5인 이상을 보육할 수 있어야 하며, 명칭은 "○○어린이집"으로 한다.

직장어린이집은 「영유아보육법」상의 설치기준을 모두 갖추어야 하며, 사업주가 직장어린이집을 설치할 경우에는 안전사고 및 재난에 대비한 시설을 갖추어 건물 내 5층까지 보육실을 설치할 수 있다. 상시 영유아 20인 이하를 보육하는 직장어린이집은 가정어린이집을 설치할 수 있는 곳에도 설치할 수 있다. 직장어린이집을 설치하고자 하는 자는 관할 시장 · 군수 또는 구청장에게 사전에 인가를 신청하고, 보육통합정보시스템 등록 및 인가증 발급 시 대표자명에 사업주 개인의 성명 또는 '○○사업장의 대표'로 기재한다. "상시 여성근로자 300명 이상 또는 근로자 500명 이상을 고용하고 있는 사업장"의 사업주는 직장어린이집을 의무적으로 설치해야 하며, 의무사업장의 사업주가 직장어린이집을 단독으로 설치하기 어려운 경우에는 사업주 공동으로 직장어린이집을 설치 · 운영하거나, 지역의 어린이집과 위탁 계약을 체결하여 근로자 자녀의 보육을 지원해야 한다. 보건복지부장관은 직장어린이집 설치, 위탁보육 등의 의무를 이행하지 아니하거나 실태조사에 불응한 사업장의 명단을 공표할 수 있다. 시 · 도지사 또는 시 · 군 · 구청장은 직장어린이집 설치의무 미이행사업장에 대하여 이행명령, 이행강제금을 부과할 수 있다.

⑤ 가정어린이집

가정어린이집은 개인이 가정 또는 그에 준하는 곳에 설치·운영하는 어린이집을 말한다. 상시 영유아 5인 이상 20인 이하를 보육할 수 있는 어린이집으로, 어린이집의 명칭은 "○○어린이집"으로 하며, 유치원, 학원 등 유사기관으로 오인할 수 있는 명칭은 사용할 수 없다. 영유아보육법상의 설치기준을 모두 갖추어야 하며 지역 보육수요와 어린이집의 공급현황 등을 감안하여 지역별로 균형있게 배치되도록 한다.

⑥ 협동어린이집

보호자 또는 보호자와 보육교직원 11인 이상이 조합을 결성하여 설치·운영하는 어린이집을 말한다. 상시 영유아 11인 이상을 보육할 수 있는 어린이집으로 산출된 정원(보육실 등 면적 기준 산출)의 범위 내에서 보호자인 조합원의 자녀(영유아) 수를 기준으로 정원을 인가한다. 어린이집의 명칭은 "○○어린이집"으로 하며, 유치원, 학원 등 유사기관으로 오인할 수 있는 명칭은 사용할 수 없다. 관할 시장·군수 또는 구청장에게 사전에 인가 신청을 한다.

상시 영유아 20인 이하를 보육하는 협동어린이집은 가정어린이집을 설치할 수 있는 곳에도 설치할 수 있다. 보육 아동을 둔 보호자 또는 보호자와 보육교직원 11인 이상이 공동 출자하여 어린이집을 설치·운영할 것을 약정함으로써 그 효력이 발생하는 것으로 본다. 어린이집운영위원회에 준하는 총회를 운영해야 하며, 출자는 조합원의 약정에 따라 금전, 기타 재산 또는 노무로 할 수 있다. 조합원은 아동보육의 필요성이 없게 되거나 기타 조합계약으로 정하는 시기에 탈퇴할 수 있으며, 출자금은 탈퇴 당시 조합의 재산 상태 및 지분에 의한다.

⑦ 민간어린이집

국공립, 사회복지법인, 법인·단체등, 직장, 가정, 협동 어린이집이 아닌 어린이집을 말한다. 영유아 21인 이상을 보육할 수 있는 시설을 갖추어야 하며, 어린이집의 명칭은

"○○어린이집"으로 해야 한다. 유치원, 학원 등 유사기관으로 오인할 수 있는 명칭은 사용할 수 없다.

「영유아보육법」상의 설치기준을 모두 갖추어야 한다. 단, 산업단지에 있는 지식산업센터 건물에 어린이집 설치 시 안전사고 및 재난에 대비한 시설을 갖추어 5층까지 보육실을 설치할 수 있다. 관할 시장 · 군수 또는 구청장에게 사전에 인가 신청하여 설치한다. 지역 보육 수요와 어린이집의 공급 현황 등을 감안하여 지역별로 균형 있게 배치되도록 한다.

생각해 보자

현행 「영유아보육법」상 우리나라에 존재하는 어린이집의 유형은 국공립어린이집, 사회복지법인어린이집, 법인 · 단체등어린이집, 직장어린이집, 가정어린이집, 협동어린이집, 민간어린이집이다.

이는 어떤 기준에 의한 분류인가?

2) 보육 현황

(1) 어린이집 현황

1991년 「영유아보육법」 제정 이후 정부는 영유아의 건전한 육성과 가정의 경제적 · 사회적 활동 지원을 위해 보육사업을 주요 정책으로 추진하였다. 그 결과 어린이집이 크게 증가하였다. 1990년 말에 1,919개였던 어린이집의 수가 2018년 말 현재 39,171개소에 이른다표 1-2.

표 1-2 >>> 연도별 어린이집 현황 (단위 : 년, 명, %)

구분	계	국공립 어린이집	사회복지 법인 어린이집	법인 · 단체등 어린이집	직장 어린이집	가정 어린이집	협동 어린이집	민간 어린이집
2018	39,171	3,602	1,377	748	1,111	18,651	164	13,518
	100.0	9.2	3.5	1.9	2.8	47.6	0.4	34.5

(계속)

구분		계	국공립 어린이집	사회복지 법인 어린이집	법인 · 단체등 어린이집	직장 어린이집	가정 어린이집	협동 어린이집	민간 어린이집
2013		43,770	2,332	1,439	868	619	23,632	129	14,751
		100,0	5,3	3,3	1,9	1.5	54,0	0,3	33,7
2008		33,499	1,826	1,458	969	350	15,525	65	13,306
		100.0	5.4	4.4	2.9	1.1	46.3	0.2	39.7
2003		24,142	1,329	1,632	787	236	8,933	미분류	11,225
		100.0	5.5	6.8	3.3	0.9	37.0		46.5

출처: 보건복지부(2019).

2003년에 37.3%, 2008년에 46.3%이던 가정어린이집이 2013년에 54%까지 증가한 것은 영아를 보다 일찍 가정 밖의 기관에서 보육 경험을 하는 것이 일반화되었기 때문이라고 해석해 볼 수 있다. 특히 2008년과 2013년 사이의 가정어린이집의 급격한 증가는 2013년에 실시한 무상보육으로 인해 가정에서 어머니에 의해 양육되던 영아들이 가정어린이집에 다니게 되었기 때문이라고 해석된다.

그러나 2013년에 54%이던 가정어린이집이 47.6%로 감소하고, 2013년 전체 어린이집이 43,770개소에서 39,171개소로 줄어든 것은 저출산의 영향이라고 볼 수 있다. 저출산으로 말미암아 영아의 출생이 급격히 감소함으로써 영아 위주의 가정어린이집의 필요성이 줄어들고, 그 결과가 전체 어린이집 숫자에 영향을 미쳤다고 해석할 수 있다.

연도별 추세를 보면 2013년까지 전체의 5% 정도에 불과했던 국공립어린이집이 2018년 2배 가까이 증가했음을 볼 수 있다. 이는 2017년 문재인 대통령의 국공립어린이집 이용비율을 40%까지 끌어올리겠다는 공약에 의한 결과라고 해석할 수 있다.

2018년 현재 어린이집의 현황을 운영 주체별로 보면, 가정어린이집이 47.6%로 가장 많고, 그 다음이 민간어린이집(34.5%), 국공립어린이집(9.2%) 순이다. 가정어린이집과 민간어린이집, 두 유형이 전체의 80%가량을 차지하면서 보육의 민간 의존도가 큼을 알 수 있다.

(2) 보육 영유아 현황

어린이집을 이용하는 영유아는 표 1-3과 같다. 「영유아보육법」 제정 당시인 1990년에 48,000명이었다가 2003년에는 858,345명, 2008년에는 1,135,502명, 2013년에 1,486,980명으로 증가했다가 2018년 1,415,742명으로 줄어들고 있다. 출산율의 감소로 전체 영유아 수는 감소했으나 어린이집을 이용하는 영유아 수는 점점 더 증가하다가 뒤늦게 감소하는 양상을 보인다.

이 가운데 국공립어린이집을 이용하는 영유아의 수는 2018년 다소 증가하였으나 전체의 14.2%에 그치고, 민간어린이집과 가정어린이집을 이용하는 영유아의 수는 전체의 71.6%에 달한다. 이는 우리나라 보육사업을 민간이 주도해 왔음을 보여준다. 앞서 살펴본 우리나라 어린이집 현황과 같은 맥락이다.

표 1-3 연도별 어린이집 보육 영유아 현황 (단위 : 년, 명, %)

구분		계	국공립 어린이집	사회복지 법인 어린이집	법인·단체등 어린이집	직장 어린이집	가정 어린이집	협동 어린이집	민간 어린이집
2018	계	1,415,742	200,783	92,787	41,298	62,631	302,674	4,360	711,209
		100.0	14.2	6.6	2.9	4.4	21.4	0.3	50.2
		100.0	14.2	6.6	2.9	4.4	21.4	0.3	50.2
2013	계	1,486,980	154,465	108,834	51,684	34,479	364,113	3,226	770,179
		100.0	10.4	7.3	3.5	2.3	24.5	0.2	51.8
		100.0	10.4	7.3	3.5	2.3	24.5	0.2	51.8
2008	계	1,135,502	123,405	113,894	53,818	16,809	210,438	1,491	615,647
		100.0	10.9	10.0	4.7	1.6	18.5	0.1	54.2
		100.0	10.9	10.0	4.7	1.6	18.5	0.1	54.2
2003	계	858,345	103,474	140,994	37,911	10,391	103,935	미분류	461,640
		100.0	12.1	16.4	4.4	1.2	12.1		53.8

출처: 보건복지부(2019).

2018년 우리나라 어린이집의 정원과 현원 표 1-4을 비교해 볼 때, 정원 대비 현원의 비율인 이용률이 가장 높은 유형은 가정어린이집이며, 국공립, 민간어린이집 순이다. 가정어린이집의 이용률이 가장 높은 것은 가정어린이집이 영아를 주로 보육하고 어린이집 1개소당 아동 수와 교직원 1인당 아동 수가 가장 낮은 것에서 그 원인을 찾아볼 수 있다.

표 1-4 2018년 어린이집 보육아동 현황 (단위 : 명, %)

구분			계	국공립 어린이집	사회복지 법인 어린이집	법인·단체등 어린이집	직장 어린이집	가정 어린이집	협동 어린이집	민간 어린이집
아동수	정원		1,732,324	230,508	128,810	54,900	81,425	344,412	5,451	886,818
	비중		100.0	13.3	7.4	3.2	4.7	19.9	0.3	51.2
	현원	계	1,415,742	200,783	92,787	41,298	62,631	302,674	4,360	711,209
		남	731,498	103,444	48,702	21,633	32,329	155,682	2,272	367,436
		녀	684,244	97,339	44,085	19,665	30,302	146,992	2,088	343,773
	비중		100.0	14.2	6.6	2.9	4.4	21.4	0.3	50.2
	이용률		81.7	87.1	72.0	75.2	76.9	87.9	80.0	80.2
어린이집 1개소당 아동 수			36.1	55.7	67.4	55.2	56.4	16.2	26.6	52.6
보육교직원 1인당 아동 수			4.2	4.9	4.8	5.0	3.8	3.0	4.1	4.9

출처: 보건복지부(2019).

(3) 보육교사 현황

표 1-5와 같이 2018년 현재 우리나라의 보육교사는 총 239,978명에 이르고 있다(보건복지부, 2019). 전체 보육교사 중 1급은 150,915명으로 62.9%를 차지하고 있고, 2급은 83,637명으로 34.9%였다. 보육교사 3급은 5,426명으로 2.2%에 불과했다. 보육교사 3급의 경우 보육교사교육원을 통한 1년의 양성과정을 거치면 취득할 수 있는데, 고졸 이상이면 보육교사교육원에 입학할 수 있다. 이들은 2년 이상의 경력을 쌓은 후 2급 승급보수교육을 이수하면 2급 보육교사 자격을 취득할 수 있다.

1급 보육교사 중 45.6%가 민간어린이집에 근무하고 있고, 이는 각 유형의 어린이집 중 가장 큰 비중을 차지하고 있다. 다음은 가정어린이집, 국공립어린이집 순이었다. 2급, 3급 보육교사도 가장 큰 비중을 차지하는 유형의 어린이집은 민간, 가정, 국공립 순이었다. 이는 절대적으로 전체 어린이집 중 민간어린이집의 비중이 크기 때문이라고 볼 수 있다.

유형별로 보면 국공립어린이집에 가장 많이 근무하는 교사는 1급 보육교사로 61.7%

표 1-5 보육교사 1급, 2급, 3급 근무 현황(2018. 12. 31.) (단위 : 명, %)

구분	계	국공립 어린이집	사회복지 법인 어린이집	법인 · 단체등 어린이집	직장 어린이집	가정 어린이집	협동 어린이집	민간 어린이집
1급	150,915	20,002	8,531	3,817	6,473	42,779	456	68,857
	62.9/100.0	67.3/13.3	66.4/5.7	68.8/2.5	52.9/4.3	60.7/28.3	65.1/0.3	63.4/45.6
2급	83,637	9,411	4,204	1,665	5,691	25,469	229	36,968
	34.9/100.0	31.7/11.3	32.7/5.0	30.0/1.9	46.5/6.8	36.2/30.5	32.7/0.3	34.1/44.2
3급	5,426	292	112	70	70	2,185	15	2,682
	2.2/100.0	1.0/5.4	0.9/2.1	1.2/1.3	0.6/1.2	3.1/40.3	2.2/0.3	2.5/49.4
계	239,978	29,705	12,847	5,552	12,234	70,433	700	108,507
	100/100	100/12.4	100/5.4	100/2.3	100/5.1	100/29.3	100/0.3	100/45.2

담임교사, 대체교사, 방과후교사, 시간연장보육교사, 24시간보육교사, 시간제교사, 누리과정보조교사, 보조교사 모두 포함

출처: 보건복지부(2019).

를 차지했다. 다음은 2급, 3급 순이었다. 이러한 전체적인 경향은 유형별로 유사했다. 이는 1급 보육교사의 비율이 62.9%로 절대적으로 높기 때문이라고 해석할 수 있다.

하지만 유형별로 1급, 2급, 3급 보육교사의 비율을 비교하면 흥미로운 점이 있다. 1급 보육교사 비율이 가장 큰 어린이집 유형은 법인·단체등어린이집으로 68.8%이며, 가장 적은 비율을 차지하는 어린이집은 직장어린이집으로 52.9%이다. 2급 보육교사 비율이 가장 높은 유형은 직장어린이집(46.5%)이었고, 가장 적은 유형은 법인·단체등어린이집(30.0%)이었다. 3급 보육교사 비율이 가장 큰 어린이집은 가정어린이집(3.1%)이며, 3급 보육교사 비율이 가장 적은 어린이집은 직장어린이집(0.6%)이다.

직장어린이집의 경우 교사의 처우와 급여가 높은 편이므로 4년제 대학을 졸업한 2급 보육교사를 선호하여 취업할 수 있지만, 보육시간이 직장어린이집을 설치한 사업장의 시간에 따라 다양하므로 결혼이나 출산 이후에 근무하기는 어려운 조건이다. 따라서 2급 보육교사의 비율이 가장 높고 상대적으로 1급 보육교사의 비율이 낮은 것으로 해석할 수 있다.

3급 보육교사의 경우 가장 많은 인원이 취업을 하는 어린이집은 민간어린이집이지만, 이는 민간어린이집이 절대적으로 많기 때문이고, 유형별로 비교해 볼 때는 가정어린이집에서의 비율이 가장 높다.

(4) 보육예산 현황

예산 현황 표 1-6을 살펴보면 우리나라의 보육정책의 방향을 알 수 있다. 2020년 예산을 보면, 영유아보육료 지원(3,432,821백만 원)에 전체 예산의 60%가량을 쓰고 있다. 그 다음이 공공형어린이집, 보육교직원 인건비와 같은 어린이집 지원(1,487,124백만 원)으로 전체 예산의 22% 정도이다. 세 번째로 많은 비중을 차지하는 영역이 어린이집 기능 보강시업(94,609백만 원), 가정 양육수당 지원(815,727백만 원) 순이다.

가장 적은 예산이 투입되는 곳이 어린이집 관리(42,512백만 원)로 전체 예산의 0.6%에 불과하다. 이 예산은 보육사업 관리, 육아종합지원센터 지원, 어린이집 교원 양성 지원,

보육실태 조사, 어린이집 평가인증 운영 등의 정책 관련 사업이다. 보육정책은 영유아 중심의 사회, 경제적 환경의 전반적인 변화를 주도하기 위해 전체적인 사회정책과 연관을 꾀하는 큰 틀 속에서 이루어져야 한다. 보육사업에 대한 사회적 요구, 보육의 공공성 확보 등을 위해 꼭 필요한 사업이다. 예산의 무분별한 확대보다는 예산이 적절하고 효과적으로 쓰이는지 확인하고 감독할 수 있어야 하며, 이에 관한 예산이 어린이집 관리 예산이다. 구체적으로 보육실태 조사, 부모모니터링단 운영, 어린이집 부정 이용, 공익제보자 신고 포상금 등이 그것이다. 따라서 어린이집 관리에 보다 큰 예산이 지원되어야 할 것이다.

표 1-6 2019, 2020 보육예산 현황 (단위 : 백만 원)

구분	2019예산 (A)	2020예산 (B)	증감 (B-A)		비고
				%	
합계	5,689,214	5,872,783	183,569	3.2	
영유아보육료 지원	**3,416,288**	**3,432,821**	**16,533**	**0.5**	
• 영유아보육료 지원	3,405,282	3,416,221	10,939	0.3	• 어린이집 이용 영유아보육료 지원
• 시간제보육 지원	11,006	16,600	5,594	50.8	• 시간제보육 이용 영유아보육료 지원
어린이집 확충 및 환경 개선	**98,867**	**94,609**	**△4,258**	**△4.3**	
• 어린이집 기능 보강	30,027	19,777	△10,250	△34.1	• 어린이집 증개축, 개보수, 장비비 등 환경 개선
• 어린이집 확충	68,840	74,832	5,992	8.7	• 국공립 신축 100개소, 국공립장기임차 100개소, 공동주택리모델링 350개소, 장애아전문 2개소, 기자재비 552개소
어린이집 관리	**31,985**	**42,512**	**10,527**	**32.9**	
• 보육사업 관리	3,783	3,999	216	5.7	• 보육사업 행정 지원 및 홍보
• 육아종합지원센터 지원	11,789	16,459	4,670	39.6	• 부모 및 영유아에게 종합적인 육아서비스 제공
• 어린이집 교원 양성 지원	2,826	2,474	△352	△12.5	• 교직원 보수교육, 보육자격관리 관련 운영비 지원

(계속)

구분	2019예산 (A)	2020예산 (B)	증감 (B-A)	%	비고
• 보육실태 조사	0	0	0	0	• 보육실태 조사(3년 주기 실시, 2021년)
• 부모 모니터링단 운영 지원	905	1,282	377	41.7	• 어린이집의 급식, 위생, 건강 및 안전 관리 분야 모니터링단 운영
• 공익제보자 신고 포상금	165	165	–	0	• 어린이집의 보조금 부정 수급, 아동학대 등 위반행위 신고자 포상금 운영
• 보육진흥원 운영 지원(구, 어린이집 평가인증 운영)	11,786	17,021	5,235	44.4	• 어린이집 평가 운영사무국 지원
• 어린이집 부정 이용 불편 신고 및 현지 조사 지원	731	1,112	381	52.1	• 현지 조사 지원 및 이용 불편 신고센터 운영
어린이집 지원	**1,249,744**	**1,487,124**	**237,380**	**19.0**	
• 공공형어린이집	62,915	62,955	40	0.1	• 공공형어린이집 운영비 지원, 사후품질관리
• 보육교직원 인건비 및 운영 지원	1,186,829	1,424,169	237,340	20.0	• 국공립, 법인, 취약보육 담당 교직원 인건비 • 보조교사, 대체교사 인건비 • 특별수당(담임교사, 연장보육교사, 농촌보육교사, 겸직원장) • 어린이집 운영 지원(교재 · 교구, 차량 등)
가정양육수당 지원 사업	**892,330**	**815,717**	**△76,613**	**△8.6**	**• 취학전 가정양육, 영유아 양육수당 지원**

출처: 보건복지부(2020).

참고문헌

김경호, 소순창(2011). 저소득층 조손가족의 양육지원요구와 영국 사례를 토대로 한 정책적 개선방안. **한독사회과학논총**, 21(2), 117-142.

나종혜, 김상림, 김송이, 신나리, 권연희, 손승희(2014). **보육학개론**. 파주: 양서원.

보건복지부(2020). **보육사업안내**.

보건복지부(2019). **보육통계**.

통계청(2019). **가족형태 변화**.

통계청(2018). **가족형태 변화**.

한국보건사회연구원(2012). **프랑스 영유아 보육정책의 현황과 시사점**.

CHAPTER 2

영유아의 발달 특성과 보육

영유아에게 양질의 보육 서비스를 제공하기 위해서는 영유아의 발달 특성에 대한 이해가 선행되어야 한다. 누리과정 및 표준보육과정 개정으로 발달 수준별 보육에서 놀이 중심의 보육활동이 강조되고 있지만 '발달에 적합함'을 이해하는 것은 영유아의 놀이 중심 활동을 이해하고 지원하는 데 중요한 자원이 된다. 따라서 영유아의 발달 특성을 이해하는 것은 놀이 중심의 누리과정을 성공적으로 수행하기 위한 기본단계라 할 수 있다.

CHAPTER

2

1. 영아기 발달과 보육
2. 유아기 발달과 보육
3. 보육 경험과 영유아 발달

1. 영아기 발달과 보육

1) 신체 및 운동 발달과 보육

생후 24개월까지를 지칭하는 영아기는 제1성장급등기라 할 만큼 신장, 체중, 운동 기술 등 신체 발달이 급속히 이루어진다.

(1) 키와 몸무게

출생 시 남녀아의 평균 체중 3.30(표준편차 0.48) kg이고, 키는 손 끝에서 팔꿈치까지의 성인 팔 길이를 조금 넘는 50.83(표준편차 2.58) cm다. 생후 1년이 되면 신장은 1.5배 정도인 80.10(표준편차 3.19) cm가 되며, 24개월이 되면 대한민국 성인 평균 키(176 cm)의 약 50%인 85.10(표준편차 3.19) cm를 보인다.

그림 2-1 ⟪⟪⟪ 신생아 평균 체중 3.3 kg은 포장김치(3.3 kg)나 소화기(3.3 kg) 무게로 가늠할 수 있음

(2) 운동기술 발달

운동기술motor skill은 앉고, 기어오르고, 걷고, 뛰는 것과 관련된 대근육운동 활동에서 작은 물건을 쥐거나 글씨 쓰는 것과 관련된 소근육운동 활동 등을 포함한다. 이러한 운동기술은 영아기 동안 급격히 발달한다.

대근육운동 기술large motor skill은 가슴 근육, 등 근육, 허벅지 근육 등 목이나 팔 다리를 사용하는 대근육 활동에 의한 것으로 머리를 앞으로 들어 올릴 수 있는 생후 1개월부터 외관상 확인될 수 있다. 생후 100일이 가까워오면 가슴을 올리고 균형을 잡기 위해 팔을 사용할 수 있고, 생후 100일을 넘기면 몸을 뒤집을 수 있다. 그리고 생후 6개월이 되면 혼자 앉기 시작하고, 생후 7~8개월경에는 기어다닐 뿐 아니라 혼자 설 수 있다. 그러다 생후 12개월이 되면 혼자 걸을 수 있다.

대근육운동 기술을 통해 기어다니고 혼자 걸을 수 있다는 것은 영아 주도적이고 독립적인 환경 탐색이 시작됨을 알리는 신호로 해석할 수 있다. 그러므로 영아의 대근육운동 기술이 발달하기 시작하면 물리적 보육 환경에서의 안전성을 철저히 확인해야 한다.

소근육운동 기술small motor skill은 대부분 손과 손가락의 작은 근육 사용과 관련된 것이다. 소근육운동 기술은 쥐기반사와 같은 선천적 반사 행동을 토대로 발전한다. 작은 물건을 쥐거나 크레용을 쥐고 그림을 그리는 데 주요 역할을 하는 소근육운동 기술은 눈과 손의 협응이 이루어져야 가능하다. 따라서 '곤지 곤지' 같은 놀이는 눈과 손의 협응을 기반으로 손과 손가락의 작은 소근육운동 기술을 발달시키는 놀이로 평가될 수 있다.

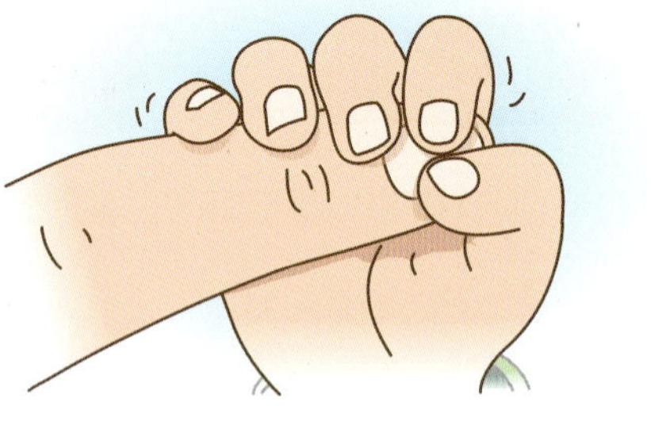

그림 2-2 ≪≪ 쥐기반사

그림 2-3 ≪≪ 소근육운동

생각해 보자

신생아 평균 체중은 책의 무게를 통해 가늠해 볼 수 있다.『깨어져 빛나는』 동화책의 무게가 224 g일 때 몇 권의 책이 있어야 신생아 평균 체중과 유사할까? 그리고 신생아 평균 키를 가늠해 보는데 도움이 될 일상 용품에는 어떤 것이 있을까? 생각해 보자.

(3) 감각 발달

① 시각 발달

감각기관 중 시각은 다른 감각기관에 비해 상대적으로 발달이 가장 미숙하다. 그러나 생후 1년 동안 급격히 발달한다. 갓 태어났을 때는 밝은 빛깔의 큰 형체만 볼 수 있다가 생후 100일쯤 되면 작은 물건을 볼 수 있으며 색깔의 차이를 알 수 있다. 100일이 지나면 두 눈으로 사물을 보는 양안시 능력이 생기고 이를 기반으로 깊이를 지각하기 시작한다. 그러다 생후 1년이 되면 성인과 같은 시력을 보인다.

② 청각 발달

청각기능은 임신 8개월경이면 완성되기 때문에 태중에서 부모의 목소리를 들을 수 있다. 생후 100일된 영아들이 다양한 소리 가운데 사람의 목소리에 먼저 반응을 보이는데 아마도 이것은 태중에서 들었던 사람의 목소리를 기억하기 때문으로 보여진다. 출생 당시에는 귀에 남아 있는 양수 때문에 작은 소리에 대해 낮은 민감성을 보인다. 그러나 양수가 자연스럽게 마르면서 소리에 대한 민감성은 급격히 증가한다.

③ 미각 · 후각 발달

미각과 후각은 시각과 청각에 비해 거의 완전하게 발달되어 있다. 생후 2~3개월만 되면 단맛은 좋아하고 쓴맛이나 떫은맛의 음식은 거부하거나 바로 뱉어 내는 등 맛에 대한 선호를 보인다. 한편 갓 태어난 신생아도 어머니의 젖 냄새를 구분할 만큼 후각은 상당히 발달되어 있다. 생후 4~5개월이 되면 9개월간 생활했던 양수 냄새보다 어머니의 젖 냄새를 선호하며 어머니의 젖 냄새에 마음을 안정시키는 모습을 보인다. 한편 달콤한 향과 불쾌한 냄새를 구분하며, 불쾌한 냄새에 대해서는 고개를 돌리거나 이맛살을 찌푸리는 등 적극적인 자기보호 행동을 보인다.

2) 언어 발달과 보육

생후 1년 동안 순차적으로 발달해 가는 발성은 이후 언어 발달의 기초가 된다. 따라서 발성단계에서 나타나는 울음소리는 언어 발달의 시작이 된다.

(1) 울음

울음은 말하지 못하는 영아의 의사를 표현하는 주요 수단이다. 생후 1개월간 울음소리는 분화되지 않지만, 생후 2개월이 되면 분화된 울음을 통해 배고픔, 졸림, 짜증 등 자신의 상태나 욕구, 요구에 대한 의사를 전달한다.

흥미로운 것은 배가 고플 때는 짧은 울음소리를 거의 규칙적으로 내지만, 오줌을 쌌을 때는 아주 짧은 소리를 몇 번 내다가 약간 긴 울음소리를 낸 후 어느 정도 쉰 다음 다시 비슷한 패턴을 반복하는 경향이 있다. 아플 때는 최초의 울음소리가 돌발적으로 길게 이어진 후 점점 울음소리가 짧아지는 것으로 나타난다. 한편 2.5초 이상 지속되는 울음소리는 몸이 아파 우는 소리인지를 의심해 볼 필요가 있다.

(2) 옹알이

100일이 지나면서 나타나는 옹알이babbling는 최초의 말소리로 생후 8~9개월까지 나타난다. 자음과 모음이 적어도 한 개씩 포함되는 옹알이는 의사소통의 수단은 아니지만, 언어의 기본단위인 음소를 생성하며 영아기 이후 산출하는 낱말의 기본적인 음성단위가 된다. 따라서 영아의 옹알이는 격려될 필요가 있다. 약 1세가 되어 말을 하기 시작할 때까지 옹알이는 양적으로 상당히 증가하고 질적으로도 정교해진다. 이 시기에 교사가 영아의 옹알이에 대해 대화하듯 반응해 주면 옹알이의 기회가 높아질 뿐 아니라 '주고받는' 대화기술을 습득하는 과정이 될 수 있다.

(3) 한 단어 문장

1세경이 되면 영아는 처음으로 유의미한 단어를 말할 수 있다. 첫 단어를 이 시기에 말할 뿐 성인의 말을 알아듣는 이해 언어는 생후 8개월부터 상당히 발달하기 시작한다. "맘마, 맘마" 등 단일 음절을 단일어로 반복하는 특징을 보이면서 문장의 의미를 가진 의사를 전달할 수 있다. 즉 "맘마, 맘마"라는 한 단어 문장은 "엄마, 맘마 주세요"라는 뜻을 내포하는 것이다. 따라서 영아가 한 단어 문장을 사용한다면 교사는 상황에 맞게 영아의 한 단어 문장을 완전한 문장으로 확장해 주어야 한다. 예를 들어, 영아가 "까까, 까까"라고 한 단어 문장을 사용할 경우 교사는 "저기 있는 초코 과자를 주세요라고 말하는 구나"라고 반응해 준다.

(4) 두 단어 문장

2세경이 되면 "까까, 까까"가 아닌 "엄마, 까까"처럼 둘 이상의 단어들로 결합된 전보식 언어를 사용하기 시작한다. 이 시기 영아는 250~300개의 단어를 이해할 정도로 어휘 수가 폭발적으로 증가한다. 단어 습득에 대한 영아의 능력이 증가하고 있다는 점을 고려해 영아가 관심을 보이는 사물이나 상황을 주의깊게 관찰한 후 그것에 대해 대

그림 2-4 <<< 영아와 교사 간 공동주의에 기반한 상호작용

화를 나누도록 한다. 교사의 관심사가 아닌 영아의 관심사를 토대로 이루어지는 대화는 영아의 다양한 어휘와 문장 사용을 촉진하는 데 더욱 유익한 언어 환경이 된다. 따라서 영아와 교사가 같은 대상이나 사건에 주의를 공유하는 호혜적 상호작용으로 정의(Slaughter & McConnell, 2003)되는 공동주의joint attention는 영아의 관심사를 기본으로 한 언어 촉진활동으로 활용될 수 있다.

3) 인지 발달과 보육

Piaget의 인지발달 단계 중 감각운동기에 해당되는 영아기는 감각과 운동을 토대로 환경을 탐색하고 정보를 수집한다.

(1) 반사운동기(1개월)

빨기반사, 근원반사, 쥐기반사 등 생득적으로 갖고 태어난 생존반사survival reflex를 토대로 정보를 획득한다.

(2) 일차 순환반응기(1~4개월)

백일된 영아는 자신의 몸을 중심으로 우연히 경험하게 된 감각운동 활동을 반복하는 과정을 통해 정보를 정교화하고 도식을 발달시킨다. 예를 들어, 우연한 기회에 빨게 된 손가락이나 입술을 반복적으로 빠는 과정을 통해 빨기의 강약 차이를 인식하게 된다. 또는 쥐기반사를 통해 우연히 쥐게 된 물건을 입에 넣고 빨기반사에 의해 빨면서 쥐기와 빨기의 분화된 행동을 통합하는 능력을 발달시킨다.

(3) 이차 순환반응기(4~8개월)

배밀이가 시작되면서 영아는 자신의 신체를 중심으로 한 탐색활동에서 벗어나 외부 세계로 관심영역을 확장시킨다. 우연히 만지게 된 공이 굴러가면 그 공을 눈으로 바라보다가 배밀이나 기어가기를 통해 공이 선 곳까지 가본다. 공이 왜 굴러가는지를 처음엔 모르지만 우연히 경험하게 된 행동을 반복하는 과정에서 자신의 몸이 닿으면 공이 굴러간다는 것을 학습하게 된다.

(4) 이차 순환반응의 협응기(8~12개월)

빠르게 기어가기가 가능하고 서기가 가능한 시기가 되면 자신이 원하는 바를 얻기 위해 환경과 적극적으로 상호작용하려 한다. 원하는 바를 얻고자 하는 목표를 달성하기 위해 영아는 적절한 방법과 대안을 스스로 탐색하기 시작한다. 이러한 목적의식에

그림 2-5 ≪≪ 이차 순환반응 협응기의 까꿍놀이와 대상영속성 발달

는 대상이 눈 앞에 보이지 않아도 여전히 존재한다는 대상영속성object permanence이 발달하고 있기 때문이다. 대상영속성의 발달은 영아의 적극적 환경 탐색을 증진시킬 수 있는 자산이 된다. 이러한 점을 고려해 볼 때 이 시기 까꿍놀이peek a boo는 영아의 대상영속성 발달을 진작시키는 활동으로 유용하게 활용될 수 있다.

(5) 삼차 순환반응기(12~18개월)

삼차 순환반응기는 단순한 환경 탐색의 이차 순환반응기와 달리 시행착오적이기는 하나 적극적이며 목적 지향적인 실험 행동이 나타난다. 쥐고 있던 막대기로 우연하게 빈 깡통을 두드렸을 때 매력적인 소리가 났다면 영아는 그 소리를 다시 듣기 위해 한 번 더 두드려 본다. 그리고 아까와 다른 소리에 의아해하며 또 두드려 본다. 이런 노력은 지치지도 않고 일어나기 때문에 하루 종일 막대기로 빈 깡통을 두드리는 소리를 들을 수도 있다. 실험실에서 연구원이 실험하듯, 환경에 대한 강한 호기심을 바탕으로 여러 방법을 활용해 사물이 지니는 특성을 스스로 탐색하는 시기라 할 수 있다. 이 시기에 실로폰은 삼차 순환반응기 영아의 호기심을 자극하는 데 적절한 놀잇감이라 할 수 있다.

(6) 정신적 표상(18~24개월)

환경으로부터의 정보를 감각과 운동 활동을 통해 획득하는 시기에서 표상적 사고를 기반으로 정보를 수합하고 활용하는 시기로 넘어가는 과도기적 단계라 할 수 있다. “안녕해야지”라는 어른의 말에 고개를 끄떡이는 것은 ‘안녕’이라는 단어를 정신적으로 표상하고 있음을 의미하는 것이다. 정신적 표상을 하고 있음은 지연모방이 일어나고 있음에서도 확인될 수 있다. TV 유아 프로그램에서 윙크하는 소리에 눈을 찡끗하는 것을 반복적으로 본 영아가 어느 날 활동시간에 선생님이 들려주는 동화책에서 윙크라는 단어가 나오자 눈을 찡끗했다. 이것은 정신적 표상을 기반으로 한 지연모방을 영아가 하고 있음을 시사하는 것이다.

생각해 보자

Piaget의 인지발달 특성을 고려해 볼 때, 생후 12~18개월 영아의 놀잇감으로 실로폰 외에 어떤 놀잇감이 있을지 생각해 보자.

4) 정서 발달과 보육

(1) 기질과 조화의 적합성

한 개인의 행동양식과 정서적 반응 유형을 의미하는 기질은 선천적으로 갖고 태어난 생득적 특성이다. 따라서 교사의 같은 요구에 대해서 영아는 자신의 기질에 따라 서로 다른 행동과 정서적 반응을 보일 수 있다.

Chess와 Thomas는 기질의 선천성을 강조했지만 '조화의 적합성goodness of fit' 개념을 통해 기질에 미치는 환경의 영향도 강조했다. 조화의 적합성은 환경과 영아의 기질 간 상호작용을 뜻하는 것으로, 환경이 기대하고 요구하는 바가 영아 자신의 행동 유형이나 정서적 반응 특성 등 기질과 조화를 이루는 정도를 말한다(Chess & Thomas, 1991)

대표적 환경변인이라 할 수 있는 부모나 교사가 영아의 기질을 고려한 또는 영아의 기질과 조화를 이루는 요구나 반응을 영아에게 할 경우 영아의 발달은 최적화될 수 있다. 예를 들어, 까다로운 기질의 영아를 돌볼 때 부모나 교사가 까다로운 영아의 기질을 고려해 더 민감하게 반응하고 신속하게 대응할 경우 까다로운 기질의 영아는 한층 성공적으로 환경에 적응할 수 있다. 그러나 영아의 기질이 까다로움에도 불구하고 부모나 교사가 순한 기질의 영아에게나 적합한 반응이나 대응을 까다로운 기질의 영아에게 하거나 순한 기질의 영아가 보이는 행동 특성을 까다로운 영아가 해줄 것을 요구하거나 기대한다면 까다로운 기질의 영아는 환경 적응에 어려움을 경험하게 된다. 이러한 어려움이 생애 초기부터 반복되어 누적된다면 부적응문제 가능성은 높아진다. '조화의 적합성' 개념은 영아 발달에서 교사의 역할이 얼마나 중요한지를 강조하는 개념이라 할 수 있다. 영아의 기질은 선천적이지만 선천적 기질의 성공 여부는 교사의 태도에 의해 변화될 수 있음을 시사하는 개념이기 때문이다. 따라서 교사는 획일적인 보육활동에서 벗어나 쉬운 기질, 까다로운 기질, 더딘 기질 등 영아의 선천적 기질 특성을 고려한 조화로운 보육활동을 실천할 필요가 있다.

(2) 애착 발달

영아와 주 양육자 간에 형성되는 정서적 친밀감이나 애정적 유대관계를 의미하는 애착(Bowlby, 1969)은 전 생애에 걸쳐 사회적 관계의 질에 영향을 미치는 주요 토대다. 애착행동은 선천적으로 갖고 태어나지만, 애착의 질은 영아의 애착행동에 대한 주 양육자의 반응에 따라 달라진다. 애착 발달단계 중 진 애착 형성clear-cut attachment 단계에 있는 생후 12~18개월 영아를 대상으로, 안전safety이 의심되는 낯선상황실험에서 나타난 영아의 반응행동을 토대로 Ainsworth 등은 애착 유형을 안전 애착secure attachment, 불안전 회피 애착insecure-avoidant attachment과 불안전 저항 애착insecure-ambivalent attachment으로 구분하였다(Ainsworth et al., 1978).

영아기 주 양육자와의 관계에서 안전 애착을 발달시킨 사람들은 자기 자신을 사랑하고 보살핌을 받을 가치가 있는 존재로 지각하는 동시에 타인에 대해서도 신뢰할 수 있고 접근 가능하다는 믿음의 내적 실행모델을 발달시키게 된다. 그러나 주 양육자와의 관계에서 불안전한 애착을 형성한 사람은 자신을 가치없고 무능한 사람으로 지각하고 타인을 신뢰하지 못하는 부정적 믿음의 내적 실행모델을 발달시키게 된다. 비록 주 양육자와의 관계에서 안전된 애착 형성에 어려움을 겪고 있다 하더라도 유아교육기관 내 교사와의 안전한 사회적 관계 형성은 더욱 건강한 내적 실행모델을 구축하는 데 도움이 될 수 있을 것이다.

2. 유아기 발달과 보육

유아기는 생후 24개월 후부터 5세까지의 시기로 영아기와 구분되는 신체 발달, 인지 발달, 사회정서 발달을 토대로 실내외에서 신체활동을 즐기고 건강하고 안전한 생활을 할 수 있도록 지도해야 하며, 일상 생활에서 필요한 의사소통능력과 상상력을 기를 수 있도록 해야 한다. 한편 자아를 존중하고 더불어 생활하는 태도의 기초를 닦아야 하며, 아름다움과 예술에 관심을 가지고 창의적 표현을 즐길 수 있도록 보육해야 한다. 이와 함께 탐구하는 과정을 즐기고 사인과 너불어 살아가는 태도를 가질 수 있도록 지원해야 한다.

1) 신체 및 운동 발달과 보육

유아기 신체활동 및 운동기능은 평생 동안의 신체활동과 운동능력을 좌우한다(Payne & Isaacs, 2002). 그러므로 다양한 신체활동과 운동기능을 사용할 수 있는 보육 환경을 구성하고 이를 토대로 정상적인 신체 발달을 지원할 수 있는 영양 및 유아 스스로 자신의 몸을 보호할 수 있도록 건강에 관련된 기본생활습관을 형성할 수 있도록 지원해야 한다.

(1) 키와 몸무게

영아기와 달리 유아기에는 머리가 신체에서 차지하는 비율이 줄어들고 볼록한 배가 들어가며 O자형 걸음걸이가 일자형 걸음걸이로 변하면서 성인과 비슷한 신체 비율과 골격을 갖는다(Berk, 2008).

유아기 동안 키는 매년 평균 7 cm, 몸무게는 2~3 kg씩 증가한다. 따라서 초등학교 입학 전인 6세가 되면 키는 112 cm, 몸무게는 20 kg 정도 된다. 유아기 동안 몸통이 길어지면서 체중이 빠져보인다. 머리가 몸에 비해 상당히 크지만 초등학교 입학 때에 이르면 머리가 더 이상 커 보이지 않게 된다.

(2) 운동기술 발달

뛰고 넘어지고 다시 일어나서 뛰는 등의 대근육운동 기술과 가위로 종이를 자르고 낙서를 하고 단추를 끼우는 등 소근육운동 기술도 상당히 발달한다.

대근육 발달과 관련해 이 시기 유아는 걷고, 달리고, 기어 오르고, 뛰어 오르고, 뛰어 내리고 등 '체중을 싣는 운동weight-bearing activity'을 즐겨 한다. 체중을 싣는다는 것은 중력에 반해 다리와 발이 자신의 체중을 지지하는 것을 말한다. 체중을 싣는 운동이 뼈를 단단히 만든다는 사실을 고려하면 뼈의 경화현상이 필요한 유아기에 유아가 달리고 뛰어 오르는 대근육운동 기술은 매우 효과적인 활동이라 할 수 있다(Pitukcheewanont et al., 2010).

영아기 이후 서서 걷는 활동이 가능해지면서 유아들은 뛰기, 오르기 등의 활동을 즐기는데 이런 활동은 뼈의 경화뿐 아니라 신체적 자율감과 자신감, 성취감 경험을 통해 신체적 자아인식을 발달시킨다. 그러므로 달리기, 줄넘기, 트램폴린 뛰기 등 대근육운동 기술을 활용할 수 있는 놀이 활동은 유아기 신체 발달과 자아 발달에 영향을 미치는 활동이 될 수 있을 것이다.

몸의 전체를 움직여 큰 운동을 하는 대근육운동과 달리 주로 손과 손가락을 눈과 협응하여 사용하는 작은 운동의 소근육운동 기술은 유아기에 더욱 정교하게 발달한다.

그림 2-6 <<< 체중을 싣는 운동(weight-bearing activity)

소근육운동 기술을 통한 조작능력은 유아의 자조기술을 키워주는 기반이 된다. 그러므로 교사는 유아의 소근육운동 기술이 성공할 수 있는 놀이나 과업 활동을 준비할 필요가 있다.

유아는 자신의 소근육 발달에 적합한 활동을 통해 성공감을 경험하는 것이 필요하다. 예를 들어, 혼자 이를 닦고 난 후 입을 헹굴 때 눈과 손의 협응 부족으로 옷이 물에 다 젖는다면 유아는 혼자 이닦기의 경험을 실패로 평가할 수 있다. 유아가 혼자 이를 닦으려 할 때 옷에 방수 처리가 된 턱받이를 미리 목에 걸어준다. 유아는 입을 헹굴 때 눈과 손의 협응 부족으로 양칫물을 거의 쏟을 가능성이 크지만 방수용 턱받이로 인해 옷이 젖지 않게 된다. 이때 유아는 혼자 이닦기의 성공감을 경험한다. 이와 마찬가지로 간식을 먹고 난 그릇을 유아 스스로 반납할 때 반납장소를 가까이 마련해 두면, 소근육이 충분히 발달하지 못한 유아들이 그릇을 나르는 과정에서 실패할 가능성을 예방할 수 있다. 이와 같이 보육 환경을 어떻게 운영하느냐에 따라 신체 발달의 제한점은 충분히 보완될 수 있으며, 유아의 성취감이나 성공감은 상대적으로 크게 평가될 수 있다.

2) 언어 발달과 보육

언어는 의사소통과 상징적 표현의 대표 수단이므로, 정신적 표상활동과 함께 빠르게 발달하는 언어능력을 기반으로 일상생활에 필요한 의사소통능력과 상상력을 기를 수 있는 방안을 모색해 본다.

(1) 어휘력

유아기 언어는 말문이 트인다고 표현할 정도로 급격히 발달한다. 어휘력과 기억력 향상이 두드러지게 나타나고 빠른 어휘 습득과 문법의 숙달로 인해 의사소통능력이 크게 성장한다. 만 2세경이 되면 두 단어 조합을 하게 되며 이를 통해 문장의 구조와 문법의 체계를 학습한다. 만 2~3세경에는 대략 200~300개의 어휘를 사용할 수 있다.

유아가 어휘를 사용할 때, 단어의 의미를 확대하여 사용하는 과잉 확대와 단어의 의미를 축소해서 사용하는 과잉 축소 현상이 나타난다. 그러므로 유아교육기관에서 유아가 교사를 "엄마"라고 불렀을 때 교사를 엄마로 인식하는 것이 아니라 과잉 확대의 한 형태로 볼 수 있다.

(2) 문장과 문법

영아기에 두 단어 문장을 사용했다면, 유아기에는 2~4개 정도의 단어로 문장을 만들기 시작하고, 5세경에 이르면 6~12개의 단어를 사용하여 문장을 구사하기도 한다. 3개 이상의 단어를 사용하는 다어문 시기가 되면서 주격조사와 동사어미와 같은 문법적 형태소가 나타나기 시작한다. 한편 문법적 형태소를 사용하는 과정에서 언어 사용 규칙 한 가지를 알면 다른 것에도 적용하여 사용하는 과잉 일반화 현상이 나타난다. "삼촌이가 줬어", "동생이가 없어졌어"와 같이 주격조사인 -이나 -가를 명사의 받침에 따라 구분하지 않고 무조건 붙여 사용한다거나 "나 로봇 샀다요"와 같이 올림말의 어미를 무조건 붙여 사용하는 것이다. 이것은 "나 안 이닦아", "나 안 사랑해", "나 안 말해", "나 안 잘해"와 같이 부정어 '안'을 어순에 상관없이 단어의 맨 앞에 붙여 부정의 뜻으로 사용하는 데서도 나타난다.

(3) 혼잣말과 자기중심적 언어

유아 언어의 특성 중 하나는 혼잣말이 증가한다는 점이다(Berk, 1999). Piaget는 유아들의 혼잣말을 자아중심적 말로 표현하면서 전조작기의 자아중심적 사고에 의해 나타나는 언어 형태라 설명했다. 이에 반해 Vygotsky는 유아들의 혼잣말이 문제 해결 및 사고의 수단이라고 보았다(Winsler et al., 2009). 즉, Piaget는 혼잣말을 다른 사람의 관점을 수용하지 못하는 유아의 인지 특성으로 인해 다른 사람의 경청 여부를 상관하지 않은 채 자기의 생각이나 느낌을 일방적으로 이야기하는 것이라고 보았다. 그러나 Vygotsky는 다른 사람의 관점을 수용하는 능력이 부족하기 때문에 나타난 것이 아니라 정신적 활동이나 행동 숙달을 위해 행동적 자기통제와 자기조절 수단으로 혼잣말을 사용하는 것이라 보았다. 따라서 혼잣말은 주어진 과제가 어렵거나 어떻게 해야 할지 당황스러운 상황에서 또는 자기조절이 상당히 필요한 상황에서 더욱 많이 나타난다고 보았다.

유아의 혼잣말은 유아교육기관에서 모든 일과 활동에서 끊임없이 나타나는 보편적 현상이다. 유아는 자신과 끊임없이 대화하면서 일과 활동을 수행하는 경우가 많다. 유아의 혼잣말은 유아의 사고과정이나 활동과정을 이해할 수 있는 주요 단서가 될 수 있다. 그러므로 교사는 유아의 혼잣말을 토대로 놀이 활동의 방향성이나 과정을 추론하고, 이를 기반으로 필요할 것으로 예상되거나 도움될 것이라 판단되는 자료나 환경 구성을 사전에 준비할 수 있다.

3) 인지 발달과 보육

뇌신경세포의 활발한 연계과정을 통해 뇌 기능이 비약적으로 발달하는 유아기의 인지 발달 특징은 Piaget의 인지 발달단계 중 전조작기를 통해 설명될 수 있다. 감각과 운동을 통해 환경을 이해하는 감각운동기의 영아와 달리 전조작기 유아는 정신적 표상을 통해 사고하고 환경을 이해한다.

(1) 자아중심적 사고

자기의 입장에서만 사물을 받아들이고 다른 사람의 입장을 이해하지 못하는 자아중심성은 전조작기 인지 발달단계의 가장 대표적 특성이다. 세상을 자신의 방식으로 이해하는 자아중심성 때문에 유아는 다른 사람의 관점을 이해하고 고려하지 못해 자신이 좋아하고 생각하는 대로 다른 사람들도 느끼고 생각한다. 이러한 자아중심성은 이기성과는 구분된다. 자아중심성은 다른 사람의 관점이 존재한다는 사실을 알지 못하기 때문에 자신의 방식으로 이해하는 현상이라면, 이기성은 다른 사람의 관점이 존재한다는 사실을 알고 있음에도 불구하고 자신의 관점만을 주장하는 것이다.

(2) 물활론적 사고

물활론적 사고는 자아중심적 사고의 한 측면으로, 사물이 살아 있으며 의지를 갖고 있다고 여기는 사고의 경향성을 말한다. 이러한 사고는 점차 움직이는 것만 살아 있다고 생각하는 것으로 전환되고, 다음에는 스스로 움직이는 것만 생명이 있다고 생각하는 것으로 발전된다. 물활론적 사고 특성으로 인해 유아는 세상의 모든 것들에 생각과 감정을 부여하며, 대화를 통해 자신의 생각과 감정을 전달한다. 따라서 이 시기 유아는 인형과 함께 이야기 하고 로봇과 함께 우주전쟁 놀이를 하며 많은 시간을 보낼 수 있다.

한편 유아의 물활론적 사고는 폭풍 질문이 시작되는 유아의 의문에 대한 답을 교사가 제시할 때 활용할 수 있다. 바람이 불어 머리가 날리고 있는 4세 유아가 "선생님, 바람이가 왜 나만 쫓아와요?"라고 물을 때 유아의 물활론적 사고 경향성을 고려해 "너랑 친구하고 싶어서"라고 답해 줄 수 있다.

(3) 상징적 사고

상징적 사고를 할 수 있다는 것은 일정시간 처리할 수 있는 정보의 양이 기하급수적으로 증가한다는 것을 의미한다. 그러므로 정신적 표상활동에 의한 유아의 상징적 사고는 인지 발달상 중요한 의미를 갖는 것이다. 유아의 상징적 사고는 베개를 아기처럼 업고 다니기도 하고, 막대기를 말처럼 타고 다니는 상징놀이 활동에서 알 수 있으며, 아빠인 척, 엄마인 척 또는 아기인 척, 아픈 환자인 척, 의사인 척, 강아지인 척 하는 가장하는 역할놀이를 통해서 알 수 있다. ~인양 또는 ~ 인체 하는 상징놀이symbol play나 가장놀이pretend play는 이미 알고 있는 정보를 연습하고 숙련시키는 기회일 뿐 아니라, 상징적 사고를 활성화시켜 유아의 사고 범위와 내용을 넓게 확장시키는 기회가 된다(김희태, 2012). 따라서 보육교사는 유아의 상징적 사고를 충분히 표현하는 데 도움이 될 물리적 환경 구성에 관심을 가져야 한다.

(4) 직관적 사고

직관적 사고intuitive thought란 사물이나 사건을 겉으로 드러나는 두드러진 특성을 바탕으로 보는 중심화centration를 기반으로 사고하는 것을 말한다. 직관적 사고에 의해 여자아이는 자신의 긴 머리를 짧게 자르면 남자아이가 된다고 생각하며, 남자아이는 치마를 입으면 여자아이가 된다고 생각한다. 한편 5개의 사탕이 있는 큰 접시보다 5개의 사탕이 있는 작은 접시를 더 선호한다. 작은 접시에 놓여 있는 사탕이 더 많다고 생각하기 때문이다.

이러한 직관적 사고는 외적인 모습은 변했다 해도 그와 관계없이 기본속성은 변하지 않았다는 것을 이해하는 능력인 보존개념이 발달하지 못함으로 나타난다. 따라서 유아의 직관적 사고를 통해 사물이나 사건을 보는 현상을 보육교사는 발달에 적합한 행동으로 인정하고 평가해야 한다.

(5) 도덕적 실재론

Piaget(1932)는 관습, 법, 도덕적 원리, 그리고 사회적 정의감을 먼저 깨달음으로써 도덕적 성숙에 비로소 이르게 된다고 보았다. 이러한 Piaget의 가설은 4~12세 유아 및 학령기 아동을 대상으로 한 연구를 통해 검증되었다. 이 연구에서 Piaget는 나이 어린 전조작기 유아들이 도덕적 원리를 우선시하는 실재론적 사고를 하고 있음을 확인하였다. 전조작기의 유아들은 도덕적 판단에서 도덕적 원리인 규칙만을 보는 실재론적 판단을 한다. 따라서 규칙이란 지키지 않으면 벌을 받기 때문에 절대적으로 지켜야 하며, 규칙은 본래 정해진 것으로 변경될 수 없다는 생각을 한다. 인간의 의도와 같은 주관적 이유는 도덕적 판단에서 배제한 채 객관적 사실만을 토대로 판단한 것이다. 이러한 유아의 도덕적 사고에 대해 Piaget는 '객관적 책임에 기반한 도덕적 실재론적 사고moral realism with objective responsibility'라고 설명하였다.

이러한 도덕적 사고를 갖고 있는 유아기의 사고 특성을 고려해 보면, 유아가 문지방에 걸려 넘어져 울 때 다친 곳을 찾아 보살펴 주는 동시에 문지방에게 객관적 책임을 물어 유아가 아파 우는 울음 크기만큼 교사가 처벌해 주는 반응을 보인다면 유아는 만족해할 수 있다.

생각해 보자

4세 유아가 어항 속 물고기를 손으로 가리키며 "선생님, 물고기는 왜 주황색이에요?"라고 물을 때 Piaget의 인지 발달 특성을 고려하여 바람직한 대답에는 어떤 것이 있을지 생각해 보자.

4) 사회성 발달과 보육

유아기는 사회적 관계가 가정 밖으로 확장되는 시기로, 유아기 사회성은 성공적 사회적응의 기초가 된다. 따라서 교사는 유아기에 나타나는 사회성 발달의 특징을 토대로 유아 스스로 자신을 존중하고 더불어 생활하는 태도를 가질 수 있도록 지도해야 한다.

(1) 자아개념

자아는 주변 환경과의 상호작용을 통해 자신이 환경과 구분된 존재임을 인식함으로써 획득된다(Lewis & Brooks-Gunn, 1979). 예를 들어, 딸랑이를 쥐고 있던 손을 펴면 딸랑이가 떨어지고, 울면 어머니가 달려온다는 사실을 경험적으로 알게 되면서, 유아는 비로소 자신이 타인과 개별화된 존재임을 깨닫게 된다.

자아개념은 사회적 상호작용을 통해 자신과 타인을 구분하는 것에서 발달하기 때문에 가족 외 다른 사회구성원과 사회적 상호작용을 확대하기 시작하는 유아기는 자아개념 획득에 있어 중요한 시기라 할 수 있다.

이 시기 유아는 상대방과 자기를 구분하기 위해 "나는", "내 것"이라는 인칭대명사를 사용할 수 있다. 한편 유아는 언어를 이용하여 자신에 대해 기술하기 시작한다. 자신의 신체적 특성, 자신이 가지고 있는 물건, 집 또는 가족 등을 이야기하면서 자신이 다른 사람과 구분된 특성을 지닌 독립된 존재임을 확인한다.

이 시기의 유아가 "우리집에는 로봇이 많다요" 또는 "나는 인형이 백개 천개 많아요"라고 말한다면 거짓말을 한다고 생각하기보다 소유물을 토대로 자아를 설명하는 것으로 이해하면 된다. 따라서 "우리집에는 로봇이 많다요"라고 유아가 말하면 교사는 "너는 힘센 로봇을 모두 네 마음대로 움직이게 할 만큼 힘이 세구나"라고 반응해 주면 된다.

(2) 사회적 자아

자아인식뿐 아니라 유아는 사회적 자아를 발달시킨다. 유아의 자아개념은 자신과 타인 간의 차이점을 깨달으면서 발달하지만, 사회적 자아는 현재 속해 있거나 장차 속하기 원하는 사회집단의 특성과 일치하는 방향으로 발전한다. 따라서 이 시기가 되면 유아는 자신이 누구의 자녀이며, 누구의 친구이며, 어느 어린이집의 무슨 반에 소속되어 있는지를 중요하게 생각한다. 이와 함께 유아는 자신이 소속된 또는 자신과 관계 맺고 있는 사람들의 사회적 특성에 맞추어 자신의 행동과 반응을 조절해 가면서 사회적 자아를 발달시켜 나간다.

(3) 공격성

공격적 행동은 타인에 대한 의도적인 가해 행동을 의미하는 것으로 단순히 타인을 해치려는 동기에서 나타나는 적대적 공격행동과 어떤 목표를 얻기 위해 타인에게 위해를 가하는 행동인 수단적 공격행동으로 구분된다(Hartup, 1974). 그러나 적대적 공격행동과 수단적 공격행동을 구분하는 것은 쉽지 않다. 예를 들어, 유아가 단순히 친구들을 때리고 못살게 군다면 적대적 공격행동을 했다고 할 수 있지만, 친구가 갖고 노는 놀잇감을 빼앗기 위해 때리고 못살게 군다면 수단적 공격행동이 되기 때문이다.

한편 공격적 행동을 타인을 지배하기 위해 타인에게 가하는 위해 행동인 위협적 공격행동과 타인을 지배하기보다 물건 소유와 같이 어떤 목표를 얻기 위해 타인에게 가하는 위해 행동인 도구적 공격행동으로 구분하기도 한다(Coie et al., 1991). 위협적 공격행동은 욕구가 좌절되었거나 타인으로부터 위해를 받았을 때 나타나며, 도구적 공격행동은 공격행동을 통해 자기욕구가 충족될 수 있을 것이라 기대될 때 나타난다. 어떤 유아는 위협적 공격행동을 더 많이 하는 한편 어떤 유아는 도구적 공격행동을 더 많이 하므로, 위협적 공격행동과 도구적 공격행동은 유아의 공격행동 특성을 파악하는 자료가 될 수 있다(Coie & Dodge, 1998).

유아가 자신의 욕구를 충족하기 위해 발버둥치며 울거나 떼쓰는 등의 도구적 공격행동을 사용할 때, 유아의 공격적 행동을 멈추기 위해 유아가 원하는 요구를 들어준다면 일시적으로 유아의 공격적 행동을 멈추는 데 성공할 수는 있다. 그러나 결과적으로 유아의 공격적 행동을 강화함으로써 유아의 공격적 행동을 습관화시킬 수 있다. 그러므로 부모나 교사는 유아가 자신의 요구를 관철시키는 방법으로 떼쓰기 등의 공격적 행동을 하더라도 이를 수용해서는 안 된다. 즉, 유아가 아무리 심하게 요구하고 귀찮게 굴어도 이를 받아주지 않음으로써 욕구 충족의 수단으로 공격적 행동을 하는 것이 소용없음을 깨닫게 해주어야 한다.

한편 유아의 공격적 행동은 유아의 친사회적 행동 강화를 통해 감소시킬 수 있다. 공격성을 자주 보이는 유아가 일과 생활 중 친구와 놀잇감을 함께 갖고 놀거나 협동적으로 문제 해결하는 등의 친사회적 행동을 보일 때마다 적극적으로 칭찬해 주거나 보상해 준다. 친사회적 행동을 권장하는 것은 공격적 행동을 통해 자신에게 주의를 집중시키려는 유아의 목적을 달성시키지 못하도록 하는 이점이 있으며, 무시되는 공격적 행동보다 강화되고 인정되는 친사회적 행동을 통해 친사회적 행동을 습관화할 수 있는 장점이 있다.

(4) 자아통제

외부의 감시 없이도 사회적 규칙을 준수하려는 능력 또는 바람직한 목표를 위해 충동적인 욕구나 행동을 자제하며 즐거움과 만족을 지연시키는 능력인 자아통제는 정서지능, 사회적 유능성, 도덕성 등의 발달을 예측할 수 있는 중요한 변인이다(Mayer &

Salovey, 1997; Tangney et al., 2004).

TV, 놀잇감, 먹을 것 등 유아의 일상에 여러 형태의 유혹들이 많이 있는 가운데 유혹에 적절히 저항하는 능력을 갖는 것은 유아기의 중요한 발달과제다. 유혹에 대한 저항능력은 3~4세경에 시작하여 학령전기 동안 발달한다.

자아통제는 유아기에 기대하기 어려운 행동 특성일 수 있다. 따라서 자아통제가 능숙하게 이루어지지 않는 유아에게 높은 수준의 자아통제적 행동을 기대하는 것은 유아의 자연스런 자아통제 발달을 오히려 방해할 수 있다. 그러므로 유아의 통제적이지 못한 행동에 대해 교사는 유아의 관심이 다른 곳으로 옮겨질 때까지 기다리도록 노력해야 한다. 예를 들어, 블록놀이를 하는 유아에게 간식을 주려할 때, 유아에게 간식을 곧 먹을 것이라는 심리적 준비를 시키는 것이 좋다. "간식을 먹어야 하니까, 10분 내에 놀잇감을 치워놓고 오세요"와 같이 이야기한다면 유아는 주어진 시간 동안 블록놀이를 정리해야겠다는 스스로의 계획과 함께 하던 것을 끝마칠 수 있도록 자기행동을 조정할 수 있을 것이다. 만약 유아가 교사의 요구를 곧바로 수행하지 않을 때, 요구사항을 되풀이하여 지적하기보다 유아가 스스로 행동하도록 잠시 기다리도록 해야 한다. 한편 유아에게 선택의 기회(예를 들어, "간식을 친구들이랑 먹을래요? 아니면 블록놀이 끝나고 혼자 먹을래요?"라고 물음)를 제공함으로써 유아 스스로 행동에 대한 통제감을 느끼도록 도와주어야 한다.

3. 보육 경험과 영유아 발달

「영유아보육법」 제10조에 의한 국공립, 사회복지법인, 법인 · 단체등, 직장, 가정, 협동, 민간 어린이집을 이용하는 영유아에게 양육수당에 해당하는 보육료 지원이 2013년부터 시행된 이후 대부분의 만 3~5세 유아가 어린이집을 포함한 유아교육기관에 다님으로써 영유아의 보육 경험은 조기화 · 장기화되고 있다. 조기화 · 장기화되고 있는 영유아의 보육 경험이 신체 발달 및 언어 발달, 인지 발달 그리고 사회정서 발달에 미치는 영향을 살펴보는 것은 보육의 방향성을 모색하는 데 도움이 될 수 있다.

1) 신체 발달 및 건강

제1성장급등기의 영아기와 주도적이고 자발적인 운동활동이 활발히 이루어지는 유아기에 어린이집은 인증된 물리적 환경 구성을 토대로 다양한 신체활동과 운동 기회를 보육 프로그램을 활용하여 영유아에게 지속적으로 제공한다. 뿐만 아니라 어린이급식관리지원센터(https://ccfsm.foodnara.go.kr/)의 위생적이고 균형 잡힌 식단을 기초로 양질의 급·간식을 영유아에게 규칙적으로 제공한다. 이것은 취약한 가정 환경으로 인해 방치되기 쉬운 저소득층 영유아의 정상적인 성장과 발육의 신체 발달 및 질병 감염을 예방하는 데 긍정적 요소라 할 수 있다.

그럼에도 불구하고 어린이집에 다니는 영유아의 감염률이 일시적이고 지엽적이기는 하지만 비교적 높은 것으로 덴마크에서 보고되었다(Kamper-Jørgensen et al., 2011). 중국에서도 생후 9개월, 2세, 4세 영유아를 대상으로 한 연구에서 보육 경험이 있는 영유아의 호흡기질환이 일반 영유아에 비해 더 높은 것으로 나타났다(Chen, 2013).

이러한 사실은 면역능력이 부족한 영유아들의 경우, 다수의 영유아가 생활하는 어린이집에서 감기, 편도선염, 발진 등과 같은 감염성 질병에 걸릴 가능성이 클 수 있으므로 주의깊은 관리가 필요함을 시사하는 것이다. 하루 6시간 이상을 다수의 영유아들과 함께 생활해야 한다는 점, 면역력이 약하다는 점, 단독의 전적 돌봄이 어렵다는 점 등은 어린이집에서의 활동이 영유아의 신체 발달 및 건강 부분의 취약조건으로 평가될 수 있다. 따라서 이러한 취약조건을 중재하거나 보완할 수 있는 방안이 보육 현장에서 강구되어야 할 것이다.

2) 언어 발달

어린이집에서 또래 및 서로 다른 연령층의 영유아와 하루 일과를 보내야 하는 영유아들은 가족 중심의 의사소통에서 더 확장된 사회적 관계망을 토대로 한 다양한 형태의 의사소통 기회를 갖게 된다. 의사소통의 기회가 다양하게 주어진다는 것은 영유아 자신의 요구나 감정, 생각, 의도 등을 비언어적 활동이나 언어적 활동을 통해 표현할 수 있는 기회가 많다는 것이다. 이는 말문이 트이기 시작하는 영아기나 세 단어 이상의 다어문 문장이 급속도로 발달하는 유아기에 언어 발달을 증진시킬 수 있는 환경이라 할 수 있다.

보육 현장에서 또래 간 이루어지는 놀이 활동은 영유아의 언어 발달을 증진시키는 요소다. 특히 가상놀이는 의사소통을 적극적으로 자극함으로써 놀이에 참여하는 유아들의 언어활동을 촉진시킨다고 볼 수 있다. 슈퍼맨이나 자동차 경주와 같은 가상놀이에 참여한 유아들은 상호작용을 통해 놀이 의도와 내용을 이해하고 공통된 주제를 탐색하고 가상의 내용을 발전시키는 데 노력해야 한다. 또한 가상놀이의 지속을 위해 자신의 의견을 주장하거나 또래의 의견을 수용하는 등 조화로운 의사소통을 도모하는 기술을 구사해야 한다. 이러한 과정은 유아들에게 현실세계뿐 아니라 가상의 세계에서 요구되는 다양한 어휘력이나 문장 표현, 의사소통 기술 등을 발달시키는 요인이 된다.

3) 인지 발달

지식, 의식, 지능, 사고, 상상력, 창의력, 계획과 전략의 산출, 추론 등과 같은 인간 정신의 지적 과정과 산물이 인지(Flavell et al., 2002)임을 고려해 볼 때 능동적이고 사회적인 학습의 기회를 제공하는 놀이(DeVries & Sales, 2011)는 지식, 사고, 창의력 등을 자기주도적으로 증진시킬 수 있는 인지 발달의 주요한 매체라 할 수 있다. 인지 발달 측면에서 놀이가 갖는 긍정적 기능을 고려해 볼 때, 놀이가 보육과정의 중심이 되는 어린이집은 영유아의 인지 발달을 자극하고 강화하며 발달시키는 주요 활동장소이다.

하루 6시간 이상을 생활해야 하는 어린이집은 혼자 또는 한두 명의 형제와 노는 가정 환경과 달리 다수의 또래와 자유롭게 놀 수 있는 기회가 하루 종일 제공된다. 혼자 노는 병행적 놀이라 할지라도 또래와 한 공간에서 함께 하는 놀이는 영유아를 즐겁고 재미있게 만들며 지칠 줄 모르고 거침없이 활동하도록 만든다. 즐겁게 몰입하는 놀이 활동 속에서 영유아는 끊임없는 내적 동기를 가지고 새로운 활동을 시도하며 흥미를 가지고 주위 환경을 탐구하고, 시행착오의 시험적 활동을 통해 호기심을 해결한다.

한편 놀이에서 즐겨하는 게임도 유아의 인지 발달에 긍정적 영향을 미친다. 게임은 놀이 활동 중 가장 높은 수준의 놀이 형태라 할 수 있다. 2명 이상의 유아가 규칙을 이용하여 달성할 목표를 이루기 위하여 상호 의존하면서 협력적으로 놀아야 하기 때문이다(Kami & DeVries, 1980). 자아중심성이 강한 유아기에 작업을 협력적으로 하는 것은 쉽지 않다. 그러나 게임은 흥미롭고 재미있는 놀이이기 때문에 유아는 또래와 놀이를 시작하고 유지하기 위해 상대방의 생각과 감정 등을 이해하는 데 적극적으로 노력한다.

4) 사회성 발달

사회성이란 다른 사람과 효율적으로 관계를 맺을 수 있는 능력이나 다른 사람과 유능하게 상호작용할 수 있는 기술들을 적절하게 사용할 수 있는 능력을 말한다. 이러한 사회성은 나와 다른 사람 간의 관계에서 요구되는 것이므로 또래와의 상호작용이 광범위하게 일어나는 어린이집은 영유아의 사회성 발달에 영향을 미치는 중요한 장소로 평가될 수 있다. 실질적으로 유아교육기관에 최소 2년 이상 다닌 유아들은 단지 가정에서만 지냈던 유아들에 비해 사회성에서 더욱 발달된 경향을 나타냈다(Aureli & Procacci, 1992).

사회성 발달에서 상호 호혜적인 방법으로 주어진 상황 속에서 다른 사람과 상호작용하는 능력인 사회적 기술은 중요하다. 친구를 어떻게 도우며, 어떻게 친구와 사이좋게 지내는가에 대한 방법론의 문제이기 때문이다. 이러한 사회적 기술은 다양한 사회적 관계가 형성되는 어린이집에서의 생활을 통해 향상될 수 있다. 어린이집에서의 사회적 기술은 또래와의 놀이 활동 속에서 개발될 수 있다. 또래와의 놀이를 지속하기 위해서 유아들은 상호작용 유지에 필요한 사회적 기술을 사용해야 하기 때문이다.

사회적 능력이 삶에서의 많은 선택과 도전, 기회를 효율적으로 다루기 위해 개인이 개발해야 하는 지식과 기술을 통해 발달(Han & Kemple, 2006)한다면, 모험과 도전이 이루어지는 놀이를 일과 속에서 제공하는 어린이집은 유아의 사회적 역량을 배양하는 훈련의 장이라 할 수 있다.

생각해 보자

유아의 사회적 기술 발달에 도움이 될 전래놀이에는 어떤 것이 있을지 찾아보자.

참고문헌

교육부, 보건복지부, 육아정책연구소(2019). **2019 개정 누리과정 교사 연수**.

김희태(2012). 자유선택활동에서의 유아들의 의사소통의 의미. **유아교육학논집**, 16(4), 303–326.

박주희, 한석실, 최인수(2008). 구성놀이 경험이 유아의 문제해결력에 미치는 영향. **유아교육연구**, 28(3), 91–94.

방소영, 황혜정(2011). 가정형태에 따른 유아의 발달수준 비교 연구: 다문화 · 저소득 · 일반가정의 유아를 대상으로. **육아정책연구**, 5(2), 1–22.

정윤주, 이강이(2011). 유아의 기질, 유아–어머니 조화적합성이 유아의 자기지각에 미치는 영향. **아동학회지**, 32(3), 59–76.

조미숙(2000). 영유아 보육시설 어린이들의 영양, 건강상태. **한국식생활문화학회지**, 15(4), 313–323.

Ainsworth, M. S., Blehar, M. C., Waters, E., & Wall, S. (1978). *Patterns of attachment: A psychological study of the strange situation*. Oxford, England: Lawrence Erlbaum.

Aureli, T. & Procacci, M. A. (1992). Day–care experience and children's social development. *Early Child Development and Care*, *83*(1), 45–54.

Baron, R. A. & Byrne, D. (1984). *Social psychology: Understanding human interaction*. Boston: Allyn & Bacon.

Berk, L. E. (1999). Children's private speech: An overview of theory and the status of research. In P. Llyod & C. Fernyhough (Eds.), *Lev Vygotsky: Critical assessments: Thought and language*, *Vol. 2* (p. 33–70). Routledge: Taylor & Frances.

Bowlby, J. (1969). *Attachment. Attachment and loss: Vol. 1. Loss*. New York: Basic Books.

Buss, A. H. (1961). *The psychology of aggression*. New York: John Wiley.

Chen, J. (2013). Multiple childcare arrangements and health outcomes in early childhood. *Maternal and Child Health Journal*, *17*, 448–455.

Chess, S., & Thomas, A. (1991). Temperament and the concept of goodness of fit In Strelau, J., & Angleitner, A. (Eds) Explorations in temperament. *Perspectives on individual differences*.(pp. 15–28). Boston, MA: Springer.

Clarke-Stewart, A. & Allhusen, V. D. (2005). *What we know about childcare*. MA: Harvard University Press.

Coie, J., Dodge, K. A. (1998). Aggression and antisocial behavior. In W. Damon & N. Eisenberg (Eds.), *Handbook of child psychology*(pp. 779-862). New York: John Wiley & Sons, Inc.

Coie, J., Dodge, K. A., Terry, R., & Wright, V. (1991). The role of aggression in peer relations: An analysis of aggression episodes in boy's play groups. *Child Development*, *62*, 812-826.

DeVries, R. & Sales, C. (2011). *Ramps & pathways: A constructive approach to physics with young children*. Washington, DC: National Association for Education of Young Children.

Fantuzzo, J. W., Coolahan, K. Mendez, J., McDermott, P., & Sutton-Smith, B. (1998). Contextually-relevant validation of peer play constructs with African American head start children: Penn interactive peer play scale. *Early Childhood Research Quarterly*, *13*(3), 411-431.

Flavell, J. H., Miller, P. H., & & Miller, S. A. (2002). *Cognitive development* (4th ed.). NY: Prentice Hall.

Frost, J. L., Wortham, S. C., & Reifel, S. (2005). *Play and child development*. Upper Saddle River, NJ: Pearson.

Han, H. S. & Kemple, K. M. (2006). Components of social competence and strategies of support: Considering what to teach and how. *Early Childhood Education Journal*, *34*(3), 241-246.

Hartup, W. W. (1974). Aggression in childhood: Developmental perspective. *American Psychologist*, *29*, 336-341.

Kami. C. Y. & DeVries, R. (1980). *Groups games in early education*. Washington: National Association for the Education of Young Children.

Kamper-Jørgensen, M., Benn, C. S., & Wohlfahrt, J. (2011). Childcare and health: A review of using linked national registers. *Scandinavian Journal of Public Health*, *39*(7), 126-130.

Lewis, M & Brooks-Gunn, J. (1979). *Social cognition and acquisition of self*. New York: Plenum.

Main, M., Kaplan, N., & Cassidy, J. (1985). Security in infancy, childhood, and adulthood: A move to the level of representation. *Monographs of the Society for Research in Child Development*. *50*(1-2), 66-104.

Main M., & Solomon J. (1986). Discovery of a new, insecure-disorganized/disoriented attachment pattern In Yogman M. & Brazelton T. B. (Eds.), *Affective development in infancy* (pp. 95-124). Norwood, NJ: Ablex.

Mayer, J. D. & Salovey, P. (1997). What is emotional intelligence? In P. Salovey & D. J. Sluyter (Eds.), *Emotional development and emotional intelligence: Educational implications* (pp. 3-34). New York: Harper Collins.

Payne, V. G. & Isaacs, L. D. (2002). *Human motor development: A lifespan approach*. Boston: McGraw Hill.

Piaget, J. (1932). *The moral judgement of child*. London: Kegan, Paul, Trench, & Trubner.

Pitukcheewanont, P., Punyasavatsut, N., & Feuille, M. (2010). Physical activity and bone health in children and adolescents. *Pediatric Endocrinology Reviews*, 7(3), 275-82.

Slaughter, V. & McConnell, D. (2003). Emergence of joint attention: Relationships between gaze following, social referencing, imitation, and naming in infancy. *The Journal of genetic psychology*, *164*(1), 54-71.

Tangney, J. P., Baumeister, R. F., & Boone, A. L. (2004). High self-control predicts good adjustment, less pathology, better grades, and interpersonal success. *Journal of Personality*, 72(2), 271-324.

Thomas, A., & Chess, S. (1977). *Temperament and Development*. New York: Brunner/Mazel.

Winsler, A., Fernyhough, C., & Montero, I. (2009). *Private speech, executive functioning, and the development of verbal self-regulation*. Cambridge University Press Cambridge.

CHAPTER 3

보육교직원의 역할과 자질

개인의 사회적 위치나 지위에 따라서 기대되는 행동을 역할이라고 하며, 그 역할을 수행하기 위한 타고난 능력, 성품, 소질을 자질이라고 한다. 「영유아보육법」에서 "보육은 영유아를 건강하고 안전하게 보호 · 양육하고 영유아의 발달 특성에 맞는 교육을 제공하는 어린이집 및 가정양육 지원에 관한 사회복지서비스를 말하며, 보육 교직원 직무로 보육교사는 영유아를 보육하고 어린이집의 원장이 불가피한 사유로 직무를 수행할 수 없을 때에는 그 직무를 대행한다. 어린이집의 원장은 어린이집을 총괄하고 보육교사와 그 밖의 직원을 지도 · 감독하며 영유아를 보육한다"고 되어 있다.

CHAPTER

3

1. 보육교사의 역할과 자질
2. 원장의 역할과 자질

1. 보육교사의 역할과 자질

표 3-1 하루일과를 통해 본 보육교사의 역할

어린이집으로 들어가며 인사를 하고 손을 씻은 후 보육실로 들어간다. 보육실 온도를 체크하고 창문을 열어 환기를 시킨 후에 공기청정기를 작동시킨다. 놀잇감이 정리가 되어 있는지 확인하고 물컵, 물통, 행주, 양치컵, 수건 등을 챙겨 놓은 후에 안전점검 체크리스트를 체크한다. 간단한 교직원회의를 한 후 보육실로 들어오니 우리 반 아이들의 등원이 시작된다. 체온 체크를 하며 등원 시 부모님의 전달사항을 같은 반 동료 선생님에게 구두로 전달 후 메모를 해놓는다.

오전간식을 먹기 전 손을 씻을 수 있도록 하니 우리 반 친구들이 손에 물만 묻히고 간다. 이름을 불러 비누로 꼼꼼히 씻을 수 있도록 알려준다. 보육실로 돌아와 소독제를 뿌려 행주로 책상을 닦고 간식을 먹는다. 비가 와 바깥놀이를 할 수 없어 유희실에서 대체놀이를 한다. 바깥놀이 및 대체놀이 시간에 등원을 하면 우리 반 초인종을 눌러도 들을 수 없으니 교사실 초인종을 눌러달라고 전달했는데도 부모님들은 우리 반 초인종을 누른다. 기분 좋게 등원하는 친구도 있고 주말을 지내고 와서 부모님이랑 헤어지기 어려워하는 친구도 있다. 마음을 읽어주며 안아주니 금방 또 웃으며 춤춘다. 10시가 되어도 등원하지 않은 친구들을 파악해 원장님께 보고한다. 유희실에서 놀이가 끝나고 보육실로 들어오기 전 화장실로 이동해 소변을 본 후 손을 씻도록 하는데 흐르는 물로 물놀이를 한다. 조금 기다려 보지만 지속되어 물의 소중함을 알려준 후 함께 손을 씻는다.

보육실로 들어가 물 마신 후 놀이가 시작된다. 겨울이 주제인데 공룡에 더 흥미를 보여 공룡 모형과 공룡시대 그림자료를 추가하였더니 사각블럭으로 공룡집을 짓고, 공룡동산을 만들어 놀이한다. 이제 조금씩 교사의 개입없이 친구와 놀이하는 모습이 기특하고 뿌듯하다. 오늘은 우리 반의 분위기를 주도하는 친구가 결석해 분쟁없이 평화롭다. 그 친구가 오면 또 분위기가 어떻게 변할까 걱정이 된다. 발달이 느린 친구가 다른 친구의 놀이를 방해한다. 다가가서 마음을 읽어주고 다른 놀이로 제안하여도 안 된다. 이 친구를 다른 친구의 놀이를 방해하지 않도록 안아서 분리한다. 허리가 아프다. 놀이 중간마다 배변훈련하는 친구들이 있어 수시로 이동한다. 이제 만 3세인데 아직 언어 표현이 미숙하고 쉬가 나오는 느낌을 모르는 친구가 있어 내년이 걱정된다. 만 3세반으로 보내기 전에 조금 커서 갈 수 있도록 노력해야겠다. 보육실로 들어오니 한 친구가 그림책을 들고 온다. 다 읽으니 또 다른 책 1권을 들고 온다. 또 다른 친구가 책을 들고 기다리고 있다. 힘을 내본다.

점심시간임을 안내하자 스스로 정리하기 시작하는 것에 뿌듯하면서도 '관찰자 왔을 때 이렇게만 해줬어도…'라는 생각이 들며 아쉬운 마음도 든다. 배식 후 밥 먹기 전에 손을 씻는데 또 물을 틀어놓고 장난을 치고 있어 속상하지만 심호흡하고 알려준다. 밥과 반찬의 맛, 모양, 지난번에 먹어보았던 경험을 이야기하는데 "선생님 이거 보세요~" 하고 잘먹는 모습을 선생님에게 보여준다. 칭찬해 주니 더 잘먹어 귀엽다. 그런데 손으로 먹는 친구가 있어 숟가락과 젓가락으로 먹어보자고 권유한다. 양치 후 오후 자유놀이를 하고 낮잠 잘 준비를 한다.

(계속)

모두 잠이 들자 놀이시간에 짧게 메모했던 내용을 보며 스마트알림장을 작성한다. 무슨 놀이를 어떻게 했는지 곰곰이 생각하고 조금이라도 더 적어보려 한다. 스마트알림장 작성 후 운영일지를 작성한다. 이번 주는 보육일지를 적는 주가 아니라서 한가하면서도 놓치는 부분이 있을까 불안하다.

오후간식시간이 되어 낮잠을 깨우는 음악을 튼다. 잠이 많은 쌍둥이 친구들 부모님께서 낮잠시간이 끝나면 깨워달라고 부탁하셔서 이 방법 저 방법을 써보는데 쉽지 않다. 동료 선생님이 간식을 배식하면 여자친구들의 머리를 묶어주고 옷차림과 가방을 챙긴다. 하원 후 오늘 놀이 시 부족했던 놀잇감과 추가해야 할 놀잇감을 찾아 준비하고 청소 후 개별 영아 사진 정리를 하고 퇴근한다.

– ○○어린이집 만 2세반 4년차 교사

1) 보육교사의 역할

Katz(1984)는 영유아의 발달 특성 및 교육과정의 특성상 보육교사의 역할은 다른 어떤 시기보다 절대적이며 어떤 물리적 환경이나 내용보다 더 중요하다고 하였다. 영유아와 많은 시간을 함께 하며 영향을 미치는 보육교사의 역할을 살펴보면 다음과 같다.

(1) 양육자 역할

영유아는 하루 중 많은 시간을 어린이집에서 보내므로 보육교사는 영유아가 등원하여 하원할 때까지 급·간식, 수면·휴식, 배변활동 등 일상생활에서 필요한 기본욕구를 충족시켜주어 편안하고 행복한 일상생활을 할 수 있도록 하여야 한다. 실내외 시설,

그림 3-1 ⋘ 양육자의 역할

놀잇감을 점검하고 청결하게 유지하여 건강하고 안전하게 생활할 수 있는 환경을 제공하여 위험으로부터 보호하여야 한다. 손씻기와 양치질 등 위생적인 생활습관을 가질 수 있도록 지원하고, 다치거나 병에 걸렸을 때 사려 깊게 파악하여 심신을 돌보고 투약 등 적절한 지원을 해주어야 한다. 영유아의 연령이 낮을수록 식습관, 배변훈련, 낮잠 등 양육자의 역할이 크다.

(2) 교수자 역할

영유아의 신체 · 정서 · 언어 · 사회성 및 인시 발달을 도모할 수 있도록 표준보육과정의 목표와 지침을 정확하게 인지하고, 영유아의 흥미와 요구, 어린이집의 철학 및 특성이 반영된 연간 · 월간 · 주간 · 일일 보육프로그램을 계획하고 실행한다.

인간은 출생 후 신체, 정서, 언어, 사회성이 양적 · 질적으로 변하고, 영유아의 성장과 발달은 성인과는 질적으로 다른 변화를 나타낸다. 영유아는 자신의 발달 수준에 맞는 다양한 경험에 능동적으로 직접 참여할 때 새로운 학습과 경험을 의미있게 지속적으로 해나간다. 놀이는 자발적이고 내적 동기를 가지며 반복하도록 하여 지속적인 즐거움을 영유아에게 제공하므로, 놀이는 의미있는 학습과 경험을 이끄는 가장 중요한 방법이다. 영유아의 흥미와 관심, 경험, 교육적 필요, 날씨, 건강상태, 어린이집 상황 등을 반영하여 운영한다. 영유아가 자발적이며 수도적으로 놀이를 할 수 있는 환경을 제

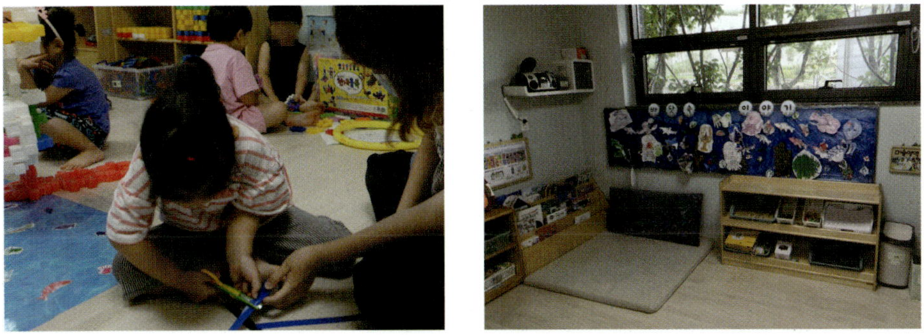

그림 3-2 교수자의 역할

공하고, 영유아의 놀이를 관찰하며, 개방적 질문 등 적절한 상호작용을 해야 한다.

영유아는 호기심과 활동량은 많고 자아중심적이며 주의력은 낮은 시기이므로 보육하는 동안 부딪힘, 낙상, 긁힘 등 안전사고에 주의를 기울여야 한다. 보육교사는 영유아가 안전하게 놀이할 수 있도록 환경을 구성하고 자신을 보호하는 능력을 가지도록 정기적인 안전교육을 하여야 하며, 건강 · 영양 교육을 통해 자신의 신체 및 정신 건강에 관하여 인식하고 관리할 수 있는 기초를 형성할 수 있도록 발달에 적합한 건강 · 영양 교육을 하여야 한다.

(3) 지지자 역할

영유아는 민감하고 반응적인 성인과의 신뢰로운 관계 속에서 최적의 발달을 이룬다. 보육교사는 영유아를 이해하고 수용하는 지지자로 영유아를 하나의 인격체로 대하며 영유아의 관심, 요구, 홍미, 행동 등에 주의를 기울여 마음을 읽어주고 인정하고 공감해 준다. 새로운 시도를 격려해 주고 자신의 역량을 확인하고 활용해 볼 수 있는 기회를 충분히 주어야 한다. 교사가 믿고 지지해 줄 때 영유아는 자신에 대한 긍정적인 자존감을 느끼며 안정감을 갖고 어린이집 생활을 할 수 있다.

영유아는 교사의 모습을 지켜보고 모방함으로써 또래, 다른 성인과 관계를 형성해 나간다. 따라서 긍정적인 상호작용을 통해 바람직한 사회적 기술을 터득하고 사회적 유능성을 기를 수 있도록 하여야 한다. 일상생활에서 또래와의 관계가 자연스럽게 이

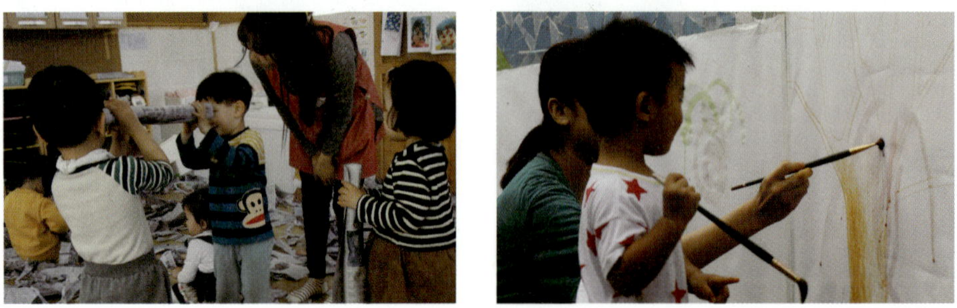

그림 3-3 ⋘ 지지자의 역할

루어질 수 있도록 자신의 의견, 생각 등을 서로 나누며, 돕고 협동할 수 있는 기회를 제공하여 감정이입, 공감, 모델링 등의 방법을 통해 영유아 간 상호작용을 지원해야 한다.

(4) 평가자 역할

보육교사는 영유아의 발달 수준, 건강, 행동 특성을 파악하고 지원해 주어야 한다. 일상생활과 보육과정 활동 전반에 걸쳐 관찰하고 표준보육과정의 목표와 내용에 근거하여 영유아의 특성과 변화 정도를 평가하며 활동 결과물 분석, 부모 면담 등을 포함하여 종합적으로 평가한다. 평가결과는 보육과정 운영에 반영하도록 하며, 부모와 공유하여 일관된 보육이 될 수 있도록 한다.

또한 보육과정이 적절히 편성·운영되었는지, 영유아의 발달 수준과 흥미·요구에 적합하였는지, 다양한 활동과 교수-학습방법이 계획되고 통합적으로 운영되었는지, 놀이 활동과 일상생활 활동의 양과 내용이 각 연령의 발달에 적합하게 계획되고 운영되었는지를 고려하여 영유아 보육과정의 효과와 효율성을 높여야 한다. 평가 결과는 보육과정 운영계획을 수정·보완하거나 다음 연도의 계획 수립 및 운영에 반영하여야 한다. 놀이 중심 보육과정을 잘 운영하려면 영유아의 놀이를 관찰하여 어떤 활동에 흥미를 느끼고 어떻게 놀이하는지, 놀이를 확장하고 심화시키기 위해 지원해야 하는 것이 무엇인지, 놀이로 어떤 발달이 이루어지며 전인적인 발달이 이루어지고 있는지를 관찰하고 평가하는 교사의 역량이 중요하다.

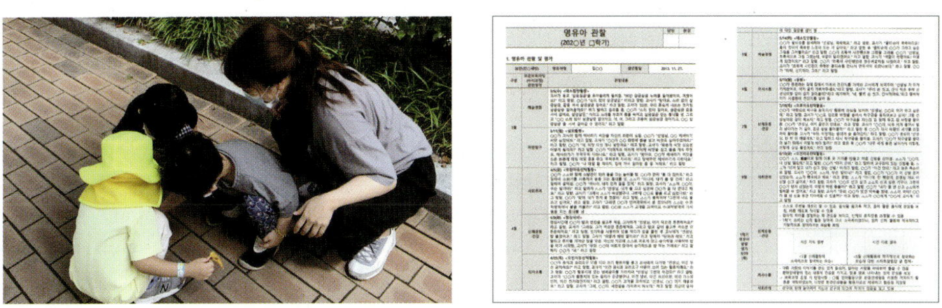

그림 3-4 ⟪⟪ 평가자의 역할

(5) 가정 지원자 역할

보육교사는 영유아 특성, 발달 수준, 변화 정도를 부모와 공유하여 영유아에 대한 이해를 돕고 어린이집의 경험을 가정과 연계하여 일관된 양육을 할 수 있도록 지원한다. 발달센터, 상담기관 등 전문기관을 연계하여 육아에서 오는 어려움을 도울 수 있고, 긴급 지원이 필요한 경우 시 · 군 · 구청과 연계하여 복지 지원을 받을 수 있도록 도울 수 있으며, 아동학대가 의심되면 주의 깊게 살펴 관계기관에 신고하여야 한다.

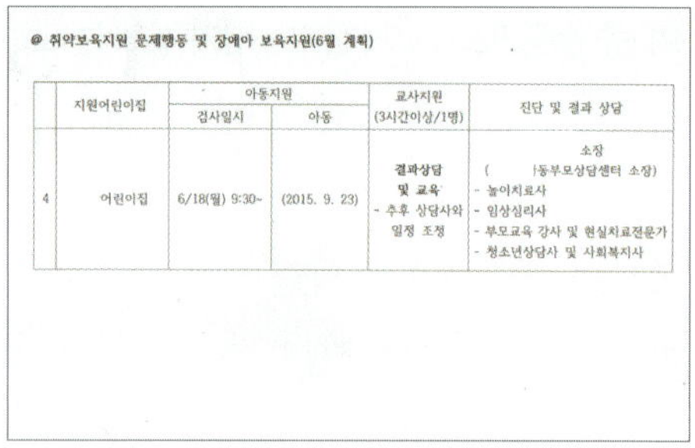

@ 취약보육지원 문제행동 및 장애아 보육지원(6월 계획)

	지원어린이집	아동지원		교사지원 (3시간이상/1명)	진단 및 결과 상담
		검사일시	아동		
4	어린이집	6/18(월) 9:30~	(2015. 9. 23)	결과상담 및 교육 - 추후 상담사와 일정 조정	소장 (동부모상담센터 소장) - 놀이치료사 - 임상심리사 - 부모교육 강사 및 현실치료전문가 - 청소년상담사 및 사회복지사

그림 3-5 ⋘ 가정 지원자의 역할

(6) 기타 역할

보육교사는 어린이집에서 근무하는 일원으로서 시설관리, 기자재 · 물품 관리, 실습생 지도 등 어린이집에서 주어진 업무를 수행한다.

표 3-2 ⋙ 보육교직원 업무분장표(예시)

구분	담당	업무내용
고유 업무	원장	• 원의 전반적인 교육 및 운영 계획 / 견학 및 행사 계획 • 업무 분장, 감독, 근무평정 등 업무관리 • 시설 · 설비 및 재정 관리 / 운영 및 교육 정보 수집 • 행정당국 및 단체와의 관계 유지 / 일지 취합 검사

(계속)

구분	담당	업무내용
고유 업무	교사	• 보육활동 진행 및 준비 / 보육일지 작성 • 각 보육실의 환경 구성 및 청결 관리 / 학부모 상담 • 영유아에 대한 관찰일지 및 보고서 작성 • 영유아 건강 및 안전 관리 / 영유아 영양 및 급식 관리
업무 분장	교사 ○○○	• 영아반의 전반적인 교육내용 관리 • 연간보육계획안, 주간보육계획안, 일일보육계획안 작성 • 원아관리 및 관찰지도 / 소모성 교재 점검 및 신청 • 시청각 기자재관리(O.H.P, 빔프로젝터, 비디오 카메라 등) • 안전관리(소화기 점검), 비상 대피 훈련 담당
	교사 ○○○	• 입학상담 및 자원봉사자 담당 / 위생 소독 • 식단표 작성 및 주문 담당 / 화분 관리 • 게시판(주간보육계획안, 주간식단표, 월 행사) 담당 및 관리
	교사 ○○○	• 유아반의 전반적인 교육내용 관리 • 연간보육계획안, 주간보육계획안, 일일보육계획안 작성 • 원아관리 및 관찰지도 / 교재 · 교구 정리 및 관리 • 행사일지 작성 / 비디오 및 테이프 정리 담당

출처: 한국보육진흥원(2016).

2) 보육교사의 자질

보육교사는 영유아가 일상생활을 원활하게 할 수 있도록 돕고, 놀이와 활동을 통해 영유아의 전인적인 성장과 발달을 지원하며 보육의 질을 좌우한다. McNairy(1988)는 보육의 질을 향상시키기 위해서는 법적 · 행정적 기준이나 양질의 교육 프로그램도 중요하지만, 영유아와 일차적인 접촉을 하고 직접적인 영향을 미치는 보육교사의 자질보다 더 중요한 것은 없다고 하였다.

(1) 개인 자질

① 영유아에 대한 애정

보육교사가 어린이집에서 가장 많은 시간을 함께하는 사람은 영유아다. 영유아는 자아중심적이며 개별적인 존재로 교사가 출근해서 퇴근까지 함께한다. 영유아를 좋아하고 영유아와 함께 있고 놀이하는 것을 즐기며, 영유아가 조금씩 성장하고 발달하는 모습에서 즐거움을 느낄 때, 보육교사로서 업무가 즐겁고 성장할 수 있다.

영유아는 교사로부터 애정어린 관심과 사랑을 받고 긍정적인 상호 관계를 맺을 때 자존감을 발달시킬 수 있다. 사람은 사랑을 먹고 자라며, 사랑을 바탕으로 세상을 살아갈 힘을 얻는다. 사랑받은 영유아는 자기 자신을 사랑할 수 있고 타인을 배려하며 제대로 된 인간관계를 맺을 수 있다. 영유아에 대한 애정을 바탕으로 보육할 때, 보육교사 자신과 영유아 모두에게 행복한 일이 될 것이다.

② 신체적 · 정신적 건강

활동량이 많고 성인의 도움을 필요로 하는 영유아의 개별적 요구를 수용하여 하루 일과를 보내려면 교사는 신체적으로 건강해야 한다. 교사는 영유아의 눈높이에 맞추기 위해서 몸을 낮춰야 하며, 영유아가 흘린 코를 닦아주기 위해 일어서서 휴지를 가져와 코를 닦아주고 손을 씻어야 한다. 영유아의 기저귀를 갈아주기 위해 영유아를 눕히고 일으켜 세워야 하며, 급 · 간식을 위하여 책상을 정리하여 닦고 그릇에 나눠 담아 주어야 하고, 한 명의 영유아와 상호작용하면서도 전체를 주시하는 등 많은 신체적 활동이 필요하기 때문이다.

영유아는 교사의 감정을 온전히 받아들이는 존재로 보육교사의 정서적인 상태나 수준은 영유아에게 그대로 영향을 미친다. 교사 자신의 감정을 잘 인식하고 표현하며 정서적인 안정감과 조절능력을 가지고 있어야 영유아의 요구에 안정적으로 반응하고 배려할 수 있다. 보육교사는 영유아들 간의 다툼, 영유아의 요구, 부모의 요구, 동료교사와의 협업 등으로 늘 긴장되어 있는 상태이다. 하지만 여유를 가지고 영유아들의 행동, 모습에서 웃음을 찾을 수 있어야 한다. 일상생활에서 발생하는 갈등상황에 대해 힘든 과제로 생각하기보다 잘될 것이라는 믿음을 가지고 새로운 해결책을 찾을 수 있는 기회로 보는 긍정적인 시각이 필요하다. 힘든 문제는 다른 사람들과 경험을 나누고 지식을 공유하는 것이 좋으며, 잠시 휴식을 취하는 것은 신체적 · 정신적 건강에 도움이 된다.

③ 성실성과 인내심

교사는 자신이 맡은 일을 정확하게 이해하고 책임을 다하여야 한다. 영유아의 놀이를 위해 전문서적과 관련 자료를 찾아 교구를 선택하고, 영유아의 건강과 안전을 위해 매일 교구를 세척하고 소독하는 등 업무를 꾸준하고 성실히 수행할 때 영유아는 어린이집에서 행복하고 안전하게 생활할 것이다.

영유아가 발달과업을 수행하기 위해서는 수많은 시행착오가 필요하다. 식사 시 교사가 떠먹여주면 빠르고 편하겠지만 영아가 혼자서 먹어 볼 수 있는 기회를 주고 도와주며 기다려야 한다. 떼쓰고 우는 것으로 문제를 해결하려 하는 영유아의 마음을 읽어주고 토닥인 후 대처방법을 반복적으로 알려주어야 한다. 영유아가 익숙하게 과업을 수행할 수 있을 때까지 인내심을 가지고 일관성 있게 대해야 한다.

④ 공정성

보육교사는 모든 영유아를 공평하게 대해야 한다. 유엔아동권리협약에는 "모든 사람은 인종, 피부색, 성, 언어, 종교, 정치적 또는 기타의 견해, 민족적 또는 사회적 출신, 재산, 출생 또는 기타의 신분 등 어떠한 종류의 차별이 없어야 한다"고 되어 있고, 「영유아보육법」(제3조 보육이념)은 "보육은 영유아의 이익을 최우선적으로 고려하여 제공되어야 하며 영유아는 자신이나 보호자의 성, 연령, 종교, 사회적 신분, 재산, 장애 및 출생지역에 따른 어떠한 종류의 차별도 받지 아니하고 보육되어야 한다"고 되어 있다. 영유아는 보육교사의 눈빛, 말투, 손길, 행동에서 교사의 사랑을 느낄 수도 있고 편애를 느낄 수 있다. 보육교사는 모든 영유아를 차별하지 않고 공평하게 대하여야 한다.

⑤ 원만한 인간관계

보육교사는 영유아, 부모, 동료교사, 원장, 지역사회 담당자 등과 관계를 맺는다. Leavitt(1995)은 보육교사의 효과적인 업무 수행을 위해서는 영유아뿐만 아니라 그들의 부모와도 긴밀한 관계를 형성하고 동료 및 관련 구성원들과도 대인관계를 맺는 것이 필요하다고 하였다. 또한 이들과의 관계가 우호적이고 상호 협력적일 때 영유아에게도 긍정적인 영향을 준다고 하였다.

영유아와 민주적인 관계를 형성하여 일과 구성, 놀이공간, 자료 등에 참여시킨다. 놀이가 활발하게 이루어지고 있다면 영유아에게 의견을 물어 놀이시간을 늘려주거나 영유아와 보육실에서 지켜야 할 약속과 규칙을 만들거나 현장학습 장소를 선택할 때 의사결정과정에 참여시키는 등 영유아의 선택을 존중한다.

부모, 동료교사와의 상호 협력적인 관계는 업무의 만족도와 효율성을 증진시킬 수 있는 반면, 비협조적인 관계는 불신하고 업무의 능률을 떨어뜨리기도 한다. 각자가 다름을 인정하고 교사 자신만의 입장이 아닌 부모의 입장, 어린이집 전체 입장에서 바라보고 배려하며 대화를 통해 긍정적이고 협력적인 관계를 형성할 수 있도록 한다.

(2) 전문 자질

① 영유아 발달에 대한 전문 지식

보육교사는 영유아의 성장과 발달에 대한 체계적인 지식을 갖고 있어야 한다. 모든 영유아는 타고난 기질, 유전적 특성, 발달 속도 등 여러 측면에서 개인차를 지닌 존재로, 발달 속도가 빠르고 연령에 따른 발달 수준이 질적으로 다르다. 영유아는 살아가는 데 필요한 지식뿐 아니라 기술, 태도가 형성되는 중요한 시기이며 개개인의 독특하고 고유한 존재로 존중을 받을 때 최적의 발달을 이룰 수 있다. 영유아는 오감각으로 탐색하고 다양한 경험을 통해 세상을 알아가며 놀이를 통해 스스로 배울 수 있다.

영유아는 민감하고 반응적인 성인과의 신뢰로운 관계 속에서 최적의 발달을 이룬다. 말로 표현하는 것이 서툰 영유아는 표정, 눈빛, 몸짓으로 자신의 의사를 표현한다. 영유아가 놀잇감을 가지고 싶어하는지, 안아주기를 원하는지, 화장실에 가고 싶은지를 관찰하여 민감하게 반응하여야 한다. 영유아의 말, 몸짓, 행동 등을 끊임없이 관찰하여 욕구, 발달 정도를 파악하여야 하고, 주의력이 낮고 판단력이 부족한 영유아는 자신의 위험을 쉽게 감지하거나 대처하지 못하며 위험한 상황에 접할 확률이 높으므로 교사는 영유아의 행동에 민감하게 반응하여 안전하게 보육하여야 한다.

② 보육과정 운영능력

영유아 발달에 대한 전문적인 지식을 바탕으로 보육과정을 운영하여야 한다. 어린이집에서 추구하는 보육철학을 토대로 표준보육과정, 영유아의 흥미와 요구를 반영하여 보육계획을 수립하고 실행·평가할 수 있어야 한다. 보육계획은 영유아가 편안하게 일상생활을 유지하고 자유놀이와 바깥놀이를 충분히 경험할 수 있도록 하며, 하루일과는 영유아의 자발적 놀이, 활동, 일상생활 경험이 균형 있게 이루어지도록 운영하여야 한다.

교사는 영유아의 놀이와 활동이 원활하게 이루어질 수 있도록 놀이 및 활동 자료, 공간, 시간을 충분히 제공하고, 또래 간에 일어나는 상호작용에도 적절히 개입하도록 한다. 영유아의 놀이는 예측하기 어렵고 상황에 따라 다양하게 일어나므로, 교사가 영유아의 놀이를 통한 배움을 최대한 지원하기 위해서는 영유아의 놀이를 관찰하고 놀이에 대한 의미를 이해하여 자율성을 기반으로 상황에 적합하게 판단하고 지원하는 것이 중요하다.

③ 직업에 대한 소명의식

보육교사는 자신이 수행하는 직업의 가치, 중요성을 인식하고 직무를 수행하여야 한다. 자신의 말, 행동, 업무 하나 하나가 영유아의 현재와 미래에 얼마나 큰 영향을 미치는지를 인식하여야 한다.

한편, 보육교사는 출근해서 퇴근까지 영유아들과 정신없이 하루를 보내면 금세 한 달이 가고, 일 년이 가기 쉽다. 반복되는 일상에 적응하기도 하고, 지치기도 하며 안주하기 쉽다. 따라서 재교육을 통해 기존 지식을 상기시키고 수정하며 부족한 부분을 보완하여 발전시켜야 한다. '아는 만큼 보인다'라는 격언처럼 영유아, 보육과정에 대해 더 이해하게 되면 영유아의 발달, 관계 등에서 자신감, 새로움, 즐거움, 만족감을 느껴 성장할 수 있을 것이다.

④ 사무능력

보육교사는 보육계획안, 보육일지, 관찰일지, 안전교육일지, 생활기록부, 행사의 계획 및 실행 등 여러 서류를 작성 · 관리하고, 보육환경 구성, 보육활동 자료의 제시, 부모 대상 간담회 진행 등 다양한 업무를 효과적이고 능률적으로 하기 위해서는 문서 작성능력 및 문자, 그림, 동영상 등 멀티미디어 프로그램을 만들고 실행하는 능력이 필요하다.

생각해 보자

질문 하나. 사진을 보면 어떤 생각이 드나요?

질문 둘. 영유아, 교사, 부모, 원장은 어떤 생각을 할까요?

영유아

부모

교사

원장

이 사진을 보며 떠오르는 생각

부모

퇴근이 늦어져 마음이 바쁘다. 칼퇴를 하지 않으면 내 아이는 마지막 하원이다.
오늘도 혼자 있으려나? 속상해하는 건 아닐까?
어린이집에 전화를 해본다.
"괜찮아요 잘 놀고 있어요, 천천히 오세요"
선생님은 언제나 친절하지만, 나는 아이와 선생님에게 미안하다.
아이가 나를 보자 울면서 짜증을 낸다.
지금까지 나만 기다리면서 우울해했던 건 아닐까?
선생님이 조금 더 아이에게 신경 써줬으면 좋겠다.

교사

혼자 남은 아이와 놀고 있다.
어린이집으로 전화가 온다.
늦으신다고 걱정하시는 어머니께 괜찮다고 이야기하고 아이에게 전한다.
실망한 표정을 짓는 아이를 보면서 기분좋게 집에 갈 수 있도록 도와주고 싶다.
술래잡기만 1시간째... 한편으로는 아이와 둘이서 노는 것이 쉬운 것은 아니다.
분명히 조금 전까지 재미있게 놀았는데, 엄마가 오자 아이가 운다.

원장

연신 문을 바라보는 아이도 안쓰럽고, 일 마치고 달려올 부모도 안쓰럽고, 저녁 당직을 마치고 혼자 퇴근할 선생님도 걱정이다.
엄마는 아이가 잘 놀다가도 반가운 마음과 그리움에 울 수 있다는 것을 알아주었으면 좋겠다.
선생님도 엄마가 미안해하면서 온다는 것을 알았으면 좋겠다.

출처: 박경아 외(2019).

2. 원장의 역할과 자질

표 3-3 하루일과를 통해 본 원장의 역할

출근하여 선생님들과 인사를 하며 얼굴, 복장, 기분 등을 파악한 후 밖으로 나가 어린이집 주변을 한 바퀴 둘러본다. 이웃분들과 인사하며 쓰레기를 줍고 잡초를 뽑으며 외부 환경을 정돈한 후 실내로 들어와 보육실을 차례대로 둘러본다. 보육실이 따뜻하고 정돈되어 있는지, 주제에 맞게 환경 구성이 되어 있는지, 유희실과 도서실, 복도, 화장실은 정돈되어 있는지, 조리실에서 간식은 준비되고 있는지 등을 확인한다. 원장이 점검하는 모습을 보고 교사가 실내외 환경을 좀 더 챙기기를 바란다. 등원하는 영유아를 맞이하고 부모들과 인사를 나누며 친밀감, 신뢰감을 형성하는 시간을 갖는다.

실내외 환경 점검과 등원 맞이가 끝나면 책상에 앉아 문서24로 들어온 공문, 보육통합정보시스템으로 들어온 업무들을 확인하고, 선생님들이 결재 요청한 서류들을 확인한다. 보육일지, 관찰일지, 운영일지, 식단 검수일지, 안전교육일지, 비상대응훈련일지, 행사계획안, 행사평가 등을 확인하면서 틈틈이 어린이집에 걸려오는 전화를 받는다. 영유아 결석 전화, 구청에서 걸려오는 전화, 교육 확인전화 등이다. 동시에 반별 결석아동을 체크해 알려주면, 스마트알림장으로 결석을 알린 가정이 없는지 확인 후 전화를 걸어 확인한다. 보육실로 가서 전화내용을 전달하며 영유아 놀이상황, 교사 상호작용을 살피고 영유아들을 한 번 안아주며 놀이하고 나오려 한다. 그리고 옆 보육실에 들르거나 복도에 서서 창문으로 아이들이 놀이하는 것을 지켜본다. 점심시간 전에 모든 서류를 확인하려 했지만 결국 실패다.

음식의 맛, 상태 등을 확인하며 점심을 먹고 서둘러 다시 책상에 앉는다. 또 전화가 온다. 전자출결시스템업체 선정 건으로 이런저런 이야기를 하고 관련 자료를 찾다 보면 하원시간이다. 하원하는 아이들과 부모님을 배웅하고 들어와 걸레 들고 청소하고 나면 오후 다섯 시, 물품구매내역 영수증을 보육애 시스템에 입력하고, 내일 급여일에 맞춰 4대보험 사이트에 들어가 확인하고 봉급대장을 작성한다. 달력을 보며 며칠 뒤 있을 현장학습, 부모님들과의 면담, 선생님들과 회의, 교사교육, 연말정산, 연합회 회의 출장 등 일정을 확인하고, 마지막으로 달력 뒤에 붙여둔 일별, 월별 업무들을 체크하여 빠진 작업이 없는지 확인하며 내일은 서류를 다 결재하기로 다짐한다.

– ○○어린이집 원장

1) 원장의 역할

Decker와 Decker(2001)는 원장이 수행해야 할 직무에 대해 전반적인 운영계획의 수립과 관리, 보육목표 설정 및 보육과정의 계획과 관리, 교직원 채용 및 인사관리, 원아모집 및 관리, 시설 · 설비 관리, 비품 및 교재 · 교구의 구입과 관리, 재정관리, 행정

업무 처리 및 기록의 보관 · 유지, 부모 교육 및 부모와의 관계 유지, 행정 당국 · 지역사회 관련 기관 및 단체들과의 관계 유지라고 하였다. 저출산, 가족구조 변화, 무상보육, 보육지원체계 개편 등 사회와 정책이 변하고 보육에 대한 높은 사회적 관심으로 원장에게 다양한 역할 수행이 요구된다.

(1) 운영관리자 역할

원장은 어린이집 운영의 총 책임자로 조직 · 인사 · 급여 · 회계 · 물품 · 기타 시설의 운영관리에 관하여 필요한 규성을 관련 법(영유아보육법, 근로기준법, 식품위생법, 노로교통법, 개인정보보호법 등)에 준하여 운영규준을 제정 · 시행하고, 인간, 재정, 기술, 자연 등의 유용한 자원을 활용하며 효율적으로 배분하여 운영하여야 한다.

어린이집의 반 구성, 교사 임용 및 배치, 입소원아 결정, 운영시간, 보육프로그램 계획, 필요경비 수납액 결정, 건강 · 영양 · 안전 관리 등 어린이집을 어떻게 운영할 것인지에 대한 계획을 세우고 보육교직원에게 업무를 분장하여 운영한다. 보육지원체계 개편, 전자출결시스템 도입, 사회보험요율 변경 등 여러 방면에서 빠르게 변하는 보육 정책, 법규들에 대한 정보를 수집하여 어린이집 운영에 반영하여야 한다. 시설관리(CCTV 점검, 일 · 월 안전점검), 회계업무(예산 수립 · 집행 · 정산), 행정업무(교사임면보고, 인건비 신청, 정산보고 등 행정기관 공문 접수 · 시행 보고), 물품에 대한 결정과 구매 등의 업무를 한다. 따뜻한 물이 나오는지 확인하는 것부터 시설 관련 전문업체를 선정하여 보일러 수리 및 배관공사를 하고, 보육교직원이 능률적으로 일할 수 있는 환경을 조성하여 업무에 집중할 수 있도록 하는 등 보육하고 근무하기 적합한 환경으로 만드는 일까지 원장이 해야 할 일이다. 이처럼 원장은 어린이집 운영 전반을 실질적으로 책임지는 대표자로서의 책임을 지니고 있다.

(2) 의사결정자 역할

원장은 어린이집에서 일어나는 수많은 일들을 진행하기 위해 크고 작은 선택을 하고 결정해야 한다. 상황에 따라 무엇을 언제 어디서 어떻게 해야 할지 결정하는 경우에 예산, 어린이집의 환경 등 여러 요인을 고려하여 결정하되, 영유아에게 가장 적합한 것은 무엇인지, 우리 어린이집이 추구하는 가치가 무엇인지 등을 고려하여 결정하여야 한다. 보육교직원들을 참여시켜 활발하고 민주적인 의사소통을 통해 결정을 내리며 원장은 이에 대한 최종 책임을 진다.

정확하고 빠른 판단으로 보육교직원들이 일을 효율적으로 진행할 수 있도록 해야 한다. 원장의 판단이 늦어지거나 잘못되어 일을 번복하게 되면 업무가 지연되거나 불필요하게 수행해야 할 일이 많아질 확률이 높기 때문이다.

더불어 다양한 요구들이 한꺼번에 주어지는 경우가 많으므로 일의 중요도, 처리기한 등을 고려하여 업무의 순서를 결정하고 신속하게 진행하여 일을 빠뜨리거나 실수하는 부분을 줄여야 한다.

생각해 보자

사례 1. 바이러스 감염증이 유행하여 사회적 이슈인 상황에서 교사가 해외여행을 다녀왔다. 교사는 해당 지역이 아니라 인근 다른 나라를 여행했으며 바이러스 잠복기는 2주이다. 오늘 밤에 도착하여 내일 아침에 출근해 영유아를 돌보아야 한다. 어떻게 하는 것이 좋을까?

사례 2. 계획하였던 현장학습 당일 미세먼지 농도가 기준치 이하이나 점점 나빠질 것으로 예상된다. 영유아는 기대하고 있고, 당연히 취소할 것으로 예상하는 부모와 진행하길 바라는 부모가 있다. 어떻게 하는 것이 좋을까?

사례 3. 영아반 부모가 특별활동을 요구하였으나 영유아의 발달을 이유로 특별활동을 실시하지 않았더니 부모만족도의 해당 영역에서 점수가 낮게 나왔다. 어떻게 하는 것이 좋을까?

(3) 교육자 역할

원장은 교사의 직무, 경력, 능력 등을 고려하여 교육을 계획하고 실시하여 전문성을 향상시켜야 한다. 아동권리존중교육, 건강 · 영양 · 안전 교육, 승급 · 직무 교육 등 필수교육부터 보육과정, 인성교육, 상담교육, 상호작용교육 등 여러 분야의 교육을 자체, 기관 연계, 워크숍, 경력과 관심이 유사한 교직원들의 모임 등 다양한 형태로 실시하여야 한다. 보육과정, 상호작용, 업무태도 등에 대하여 수시·정기적으로 평가하여 교사의 장점은 살리고 부족한 부분은 보완할 수 있도록 돕는다. 힐링 프로그램(영화·공연 관람), 상담, 단합회 등을 실시하여 보육교직원이 직무에서 오는 스트레스를 해소하여 건강하게 일할 수 있도록 하고, 보조교사 배치, 복지제도 운영 등을 통해 보육에 좀 더 집중할 수 있도록 하여야 한다.

(4) 비전제시자 역할

원장은 어린이집의 발전을 위해 분명한 방향성을 가지고 보육교직원들에게 명확한 비전을 제시해 줄 수 있어야 한다. 특히 보육교사가 소명감과 자긍심을 가지고 일하며 성장할 수 있도록 비전을 제시해 주고 다양한 기회를 주고 지지해 주어야 한다. 보육교사가 자신의 업무에 만족하여 일상에 안정과 활력을 느끼고 역량을 발휘할 때 보다 질 높은 보육이 이루어진다.

(5) 부모 및 지역사회와의 협력자 역할

원장은 영유아에게 보다 양질의 보육 서비스를 제공하기 위해 가정 및 지역사회와 적극적으로 협력하고 소통해야 한다. 이를 위해 운영위원회, 학부모 오리엔테이션, 부모면담, 부모교육, 어린이집 행사 참여, 봉사활동(식사도우미, 청소도우미, 교재교구 수선, 텃밭활동 지원 등), 부모만족도 조사 등 다양한 프로그램 참여가 원활하게 이루어질 때 보육의 질은 더 높아진다.

더불어 이웃 주민, 시·군·구청, 학교, 병원, 소방서, 육아종합지원센터, 은행 등 여러 기관과 협력적인 관계를 맺어 보육과정 운영, 시설관리, 가정지원을 원활하게 할 수 있다. 가령 보건소, 소방서, 사회복지공동모금회, 장애인복지관, 노인복지관 등과 연계

그림 3-6 ≪≪ 원장의 역할 : 부모 및 지역사회와의 협력

하여 건강 · 영양 · 안전 · 나눔 교육을 받을 수 있으며, 어린이집 주변 공원, 동물원, 생태체험관, 안전체험관, 박물관 등을 이용하며 다양한 경험을 할 수 있다.

2) 원장의 자질

(1) 보육에 대한 철학 및 전문성

원장의 보육철학은 보육과정의 수립 · 운영, 보육환경, 건강 · 영양 · 안전의 관리 등 보육 전반에 영향을 미친다. 원장은 보육의 중요성, 소명감을 바탕으로 한 영유아 중심의 구체적인 보육철학이 있어야 하고 윤리적인 의식과 태도를 지녀야 한다.

영유아 발달, 보육과정, 건강 · 영양 및 안전, 가족 및 지역사회 협력, 보육실습 등 이론 및 실제에 대한 보육 관련 전문지식을 갖추고, 인적 · 물적 자원을 활용하여 필요한 곳에 적용하여야 한다. 보육정책, 보육 관련 연구 등에 관심을 두어 앞으로 일어날 수 있는 여러 상황을 예측하고 준비하여야 한다.

놀이 중심 보육과정은 의미있는 놀이의 중요성을 강조하는 반면, 다양한 특별활동을 통해 경험하고 학습하는 것을 요구하는 부모도 많다. 원장은 부모에게 놀이의 중요성과 흥미와 경험을 반영한 놀이를 통한 영유아의 성장하는 과정을 안내하여 교사가 놀이 중심의 보육과정을 잘 운영할 수 있도록 지지하고 영유아의 놀 권리를 제대로 보장할 수 있도록 해야 한다.

(2) 리더십

원장은 어린이집이 추구하는 보육방향으로 나아가기 위해 보육교직원을 이끌어야 한다. 어린이집은 규모가 작고 감정을 나누는 인간관계가 밀접한 조직이다. 따라서 서로의 지지를 통해 즐겁고 활기찬 곳이 되어 보육의 질을 높일 수도 있고, 마음의 상처를 주고받으며 만족감과 능률이 떨어지는 곳이 될 수도 있다. 민주적인 의사소통으로 건전한 조직문화를 조성하여 교사가 자유롭게 의견을 제시할 수 있도록 하고 역량을 발휘할 수 있는 기회를 주어야 한다.

원장은 영유아, 보육교사의 모델이 됨을 잊지 않고 바르게 행동하도록 노력하여야 한다. 영유아가 보육교사를 닮아가듯 보육교사는 좋은 점이든 나쁜 점이든 원장을 닮아간다. 보육교사가 영유아를 존중하고 사랑하길 바란다면, 원장도 영유아와 보육교사를 존중하고 사랑하여야 한다. 교사가 보육에 최선을 다하길 바라며, 보육 외 과도한 업무를 준다던지, 교사에게 단정한 옷차림을 원하며 원장은 화려한 옷차림을 한다면 교사들이 진정으로 믿고 따르지 못할 것이다. 관계는 상대적인 것으로 자신에게 주어진 역할에 최선을 다할 때 좋은 관계를 형성하고 발전해 나갈 수 있으며, 교사는 원장의 진정성을 알고 신뢰하며 따를 것이다.

(3) 신체적 · 정신적 건강

원장에게 주어지는 다양한 역할을 수행하기 위해서는 신체적, 정신적으로 건강해야 한다. 신체적 건강을 기초로 정신적으로 건강할 때 보육교사에게 긍정적인 영향을 미쳐 건전한 관계를 형성하게 되고 합리적으로 운영할 수 있다. 긍정적인 부분을 바라보고 주어진 상황에 감사하며 적극적인 사고방식을 가져야 한다.

(4) 행정업무능력

원장은 어린이집 예산을 수립하고 실행하여야 하며, 부모들을 대상으로 어린이집에 대한 운영을 안내하고, 관할 행정기관과 공문서를 주고받는 등 많은 행정업무를 수행하고 있으며 이를 원활하게 하기 위해 다양한 사무 처리능력이 필요하다. 어린이집을 운영함에 있어 여러 법규를 적용받고 법과 정책은 사회적 관심과 이슈에 따라 변한다. 행정기관에서 직접 알려주는 것들도 있지만, 관심을 기울이지 않으면 놓쳐 제재를 받을 수 있으므로 주의를 기울여 새로운 변화에 빠르게 대처할 수 있도록 하여야 한다.

참고문헌

경기도교육청(2019). **놀이 2019: 놀이 중심 교육과정 심화자료**.

공인숙, 한미현, 김영주, 권기남(2013). **최신 보육학개론**. 파주: 교육과학사.

교육부, 보건복지부(2019). **2019 개정 누리과정 놀이실행자료**.

교육부, 보건복지부(2019). **2019 개정 누리과정 해설서**.

박경아, 안정선, 오영은, 윤덕주, 윤정미, 이현주(2019). **어린이집 삶자대면**. 울산: 테이크엠.

보건복지부(2020). **보육사업안내**.

보건복지부, 육아정책연구소(2013). **제3차 어린이집 표준보육과정 교사용 지침서**.

한국보육진흥원(2016). **2016 어린이집 평가인증 안내**.

한국보육진흥원(2019). **2019 어린이집 평가 매뉴얼**.

Decker, C. A. & Decker, J. R. (2001). *Planning and administering early childhood programs*. NJ: Prentice-Hall.

Katz, L. G. (1984). The professional early childhood teacher. *Young Children*, *39*(5), 3-10.

Leavitt, R. (1995). The emotional culture of infant-toddler day care. In J. A. Hatch (ED), *Qualitative research in early childhood settings*. New York: Westport.

McNairy, M. R. (1989). Multiple staffing and teacher action: The effect of team teaching in early childhood education, *Early child development and care*, *30*(1-4), 1-15,

CHAPTER 4

보육과정의 이해

어린이집에서 보육교사는 '영유아가 무엇을 경험하고 어떻게 놀이하며 놀이를 어떻게 이어나갈까?'라는 물음을 끊임없이 가진다. 이 물음을 해결하기 위해 보육과정을 아는 것이 중요하다. 보육과정은 어린이집에서 이루어지는 보육의 목적 및 목표를 설정하고 보육내용 계획, 실행, 이에 대한 평가를 아우르는 총체적인 설계도라 할 수 있다. 이 장에서는 2019년 개정된 누리과정과 2020년 개정된 제4차 표준보육과정을 중심으로 보육과정의 개념 및 구성요소, 구성체계 및 구성내용에 대해 구체적으로 살펴보고자 한다.

CHAPTER

4

1. 보육과정의 개념 및 구성요소
2. 어린이집 표준보육과정의 이해
3. 어린이집 표준보육과정의 구체적 내용

1. 보육과정의 개념 및 구성요소

1) 보육과정의 개념

「영유아보육법」 제29조에서 보육과정은 "영유아의 신체 · 정서 · 언어 · 사회성 및 인지적 발달을 도모할 수 있는 내용을 포함하여야 한다."고 명시되어 있다. 이는 영유아를 건강하고 안전하게 보호하고, 발달에 적합한 교육을 통하여 건강한 사회 구성원으로 성장시키고자 하는 것이다. 즉, 어린이집에서 보육과정의 방향과 방법을 제시한 것으로 어린이집의 보육철학에 근거하여 보호 및 교육의 내용을 선택하고, 이를 편성하고 실시하는 등 보육활동 전반을 계획한 틀이라고 할 수 있다(공인숙 외, 2013).

보육과정은 어린이집의 목적 및 목표를 실현하기 위해 보육계획을 수립, 실행, 평가하는 순환적인 실행과정인 보육프로그램을 통해 실현된다. 이때 보육과정 내용에는 신체, 정서, 언어, 사회성 및 인지적 발달을 포함할 뿐만 아니라 안전, 건강과 영양, 부모 및 지역사회 연계 프로그램까지 포함된다. 보육과정을 균형 잡힌 성장과 발달을 위한 영양소라 한다면 보육프로그램은 영양소로 구성된 식단이라고 할 수 있다(중앙육아종합지원센터, 2014).

Robins과 Schwartz(1982)는 보육과정의 개념을 우연히 일어난 것으로서의 보육과정, 영유아가 어린이집에서 갖게 되는 모든 경험으로서의 보육과정, 교수계획으로서의 보육과정, 교수요목으로서의 보육과정, 프로그램으로서의 보육과정 등 5가지로 분류하였다. 2019 개정 누리과정과 제4차 표준보육과정에서는 영유아 · 놀이 중심의 보육과정을 추구한다. Robins과 Schwartz(1982)의 보육과정 개념 중 영유아의 흥미와 요구를 반영하는 우연히 일어난 것으로서의 보육과정, 어린이집에서 갖게 되는 모든 경험으로서의 보육과정, 철학적 배경으로 이루어진 프로그램으로서의 보육과정을 지향한다. 반면 연간 · 월간 · 주간 · 일일 계획에 의거하여 체계적으로 계획하여 운영되는 교수계획으로서의 보육과정, 보육목표에 의해 실행되는 교수요목으로서의 보육과정에서는 영유아가 주도적으로 즐겁게 참여하도록 특별히 유의해야 한다.

2) 보육과정의 구성요소

보육과정은 보육 목적 및 목표 설정, 보육계획 수립, 보육과정 실행, 보육과정 평가의 네 가지 요소로 구성되어 있다. 보육 목적 및 목표를 설정한 후 이를 바탕으로 계획하고 실행하며 평가를 거친다. 평가 결과를 토대로 하여 다시 보육계획에 반영하는 순환과정을 통해 보육과정이 운영된다.

제4차 표준보육과정에서는 사전 계획을 최소화하고 놀이 중심의 보육과정 실행을 중요시한다. 또한 보육계획 수립, 보육과정 실행, 보육과정 평가에서 자율화를 강조함에 따라 무엇보다 교사의 보육에 대한 전문성이 요구된다.

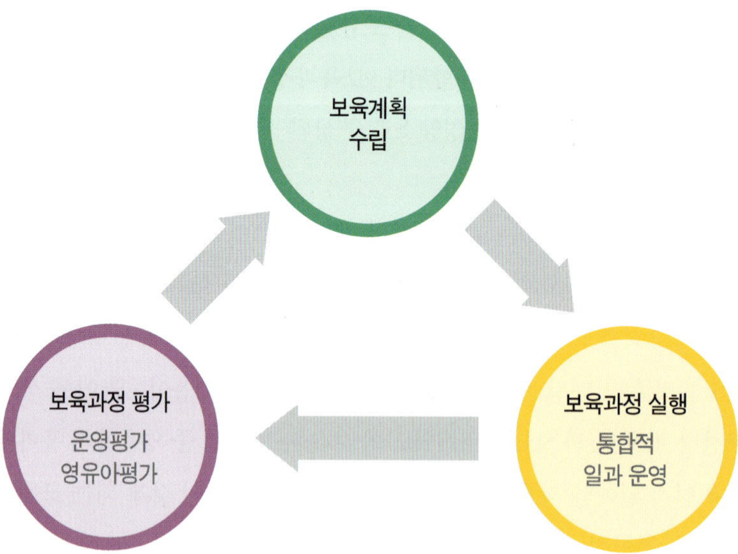

그림 4-1 보육과정 운영

출처 : 보건복지부, 중앙육아종합지원센터(2018).

(1) 보육 목적 및 목표

보육 목적 및 목표는 보육과정 운영의 방향성을 나타내는 기준이다. 보육 목적 및 목표 설정 시 고려해야 할 점은 첫째, 보육철학에는 어린이집 원장 및 보육교사의 영유아에 대한 발달 이론적 관점 및 교육관이 담겨져 있어야 한다. 예를 들어, 어린이집에서 표준보육과정의 보육 목적 및 목표를 담고자 한다면 원장 및 보육교사는 우선 인간 중심 및 경험 중심 철학이 바탕이 되어야 한다.

둘째, 사회 구성원들의 공통된 가치관 요구를 반영해야 한다. 예를 들면, 공감, 배려, 협농, 감사, 평화, 공동체 지향 등과 가치관을 수용하는 보육과정이어야 한다. 이러한 사회 구성원들의 공통된 가치관이 명시적인 보육활동뿐만 아니라 보육환경에도 반영되어야 한다. 일례로 공동체적 가치를 지향한다고 하면서 미술활동 도구나 일상생활 도구를 개인적으로 관리하기보다는 나눠 쓰며 공동 관리를 하도록 하는 것이 더 좋을 것이다.

셋째, 영유아의 발달적 특성과 요구를 반영해야 한다. 보육과정은 영유아 중심으로 영유아의 흥미와 요구를 우선으로 주도적 놀이가 충분히 이루어질 수 있는 공간과 시간, 자료를 충분히 제공해야 한다(공인숙 외, 2013).

(2) 보육계획 수립

보육 목적 및 목표에 따라 연간, 월간 또는 주간, 하루를 어린이집 일과 운영시간에 맞게 보육계획을 수립하여야 한다. 보육계획을 수립할 때 영유아가 주도적으로 놀이할 수 있는 충분한 실내·외 시간뿐만 아니라 등·하원, 급·간식, 배변, 낮잠 시간 등 일상생활이 포함되어 편안하고 즐겁게 이루어져야 한다. 이때 영유아의 발달 특성 및 개인차, 사전 경험을 고려해야 한다.

제4차 표준보육과정에서는 연간보육계획안을 수립할 때 어린이집의 보육 목적 및 목표, 지역사회의 특성, 영유아의 개인차, 일 년간의 중요한 경험 등을 고려하여 어린이집 전체 차원에서 자율적으로 이루어진다. 월간, 주간 또는 일일 보육계획안은 반별로 수립되며, 계획안의 양식과 내용 및 작성주기는 자율적이고 융통성 있게 이루어진다.

(3) 보육과정 실행

수립된 보육과정 계획에 따라 어린이집 실정에 맞춰 실내・외 공간뿐만 아니라 지역사회의 공간에서 실행이 이루어진다. 보육과정을 실행할 때 우선 영유아가 주도적이고 능동적으로 놀이를 하고 있는지 살펴보고, 계획 그대로 실행하기보다는 날씨, 영유아의 흥미 등을 고려하여 유연하게 실행하여야 한다.

영유아가 주도적이고 능동적으로 놀이하기 위해서는 놀이공간, 놀잇감 및 활동자료, 영유아와의 상호작용의 적절한 지원이 중요하다. 놀이공간을 구성할 때 학기 초에는 연령을 고려하여 흥미영역을 구성한다. 영유아들의 놀이를 지켜보며 놀이의 공간이 협소하거나 놀이 확장이 이루어질 때는 놀이공간을 넓혀줘야 한다. 또한 보육실외 다른 안전한 공간에서도 놀이가 이루어질 수 있도록 융통성이 필요하다.

놀잇감 및 활동자료는 영유아가 스스로 선택해서 놀이를 만들어 가고 자연물, 영유아의 몸, 일상용품 등 안전한 모든 것으로 놀이가 이루어질 수 있다. 영유아와의 상호작용에 있어 보육교사는 영유아를 존중하고 신뢰감 형성이 될 수 있는 긍정적인 상호작용이 이루어져야 하며, 놀이를 지켜보면서 영유아의 놀이가 유지되거나 촉진될 수 있도록 적절한 지원을 해야 할 것이다(교육부, 보건복지부, 2019).

(4) 보육과정 평가

보육과정 평가의 목적은 영유아의 발달을 이해하고 어린이집 보육 목적 및 목표에 따라 영유아에게 적합하게 계획, 실행이 되었는지 평가함으로써 보육과정의 질을 높이기 위함이다.

보육과정 평가는 영유아 평가, 보육과정 운영평가로 나눌 수 있다. 이를 위해 원장은 반별로 보육과정 운영에 대한 정기적인 평가와 어린이집 보육 목적 및 목표에 맞게 이루어지고 있는지 점검한 후 어린이집 운영에 반영한다. 그리고 보육교사는 평가의 기본적인 개념을 이해하고 평가에 있어 평가 도구와 방식을 적절하게 선택한 후 이에 대한 결과를 상호작용 및 보육과정에 반영함으로써 보육의 질은 향상된다.

2. 어린이집 표준보육과정의 이해

1) 표준보육과정의 의미와 개정과정

1991년 「영유아보육법」이 제정될 당시에는 '표준보육과정'이 제공되지 않았다. 어린이집마다 실행하는 보육활동과 프로그램이 다르고, 질적인 차이도 심했다. 모든 영유아에게 질 높고 평등한 보육 경험을 제공하기 위해 보편적 보육과정이 필요하게 되었다. 이에 2005년 「영유아보육법」을 전면 개정하면서 국가에서 표준보육과정을 제공해야 함을 명시하고, 2007년 '표준보육과정'의 구체적 보육내용이 고시되었다. 이때 수준별・연령별 보육 프로그램이 최초로 개발・보급되어 전국 어린이집의 질적 향상의 계기를 마련하였다.

2011년 보건복지부, 교육과학기술부에서 어린이집과 유치원 5세를 위한 '5세 공통과정(누리과정)'을 고시하였고, 보건복지부에서 '5세 누리과정' 제정과 더불어 '제2차 표준보육과정'을 개정・고시하였다. 2013년에는 보건복지부, 교육과학기술부가 '3~4세 누리과정'을 도입하면서 '제3차 어린이집 표준보육과정'을 개정・고시하였다.

'제3차 어린이집 표준보육과정'은 0~1세 보육과정, 2세 보육과정, 3~5세 보육과정(누리과정 포함)으로 구성되어 있다. 국가수준의 어린이집 표준보육과정을 시행함으로써 전국 어린이집에서는 연령집단별로 영유아의 발달 수준에 적합하며 연속성과 통합성을 유지하는 국가수준의 보육목표와 보육내용 체계를 지니게 되었다.

이러한 노력으로 보육과정의 질적 수준이 향상되었으나 표준보육과정 적용의 획일성에 대한 문제점이 제기되었다. 이에 영유아의 개별성 존중, 놀 권리, 현장의 자율성을 확보하기 위하여 2019년에 '누리과정'을 개정하였고, 보건복지부는 0~1세 보육과정과 2세 보유과정의 영역별 내용을 개정하여 2020년 4월 9일 '제4차 어린이집 표준보육과정'을 고시하였다.

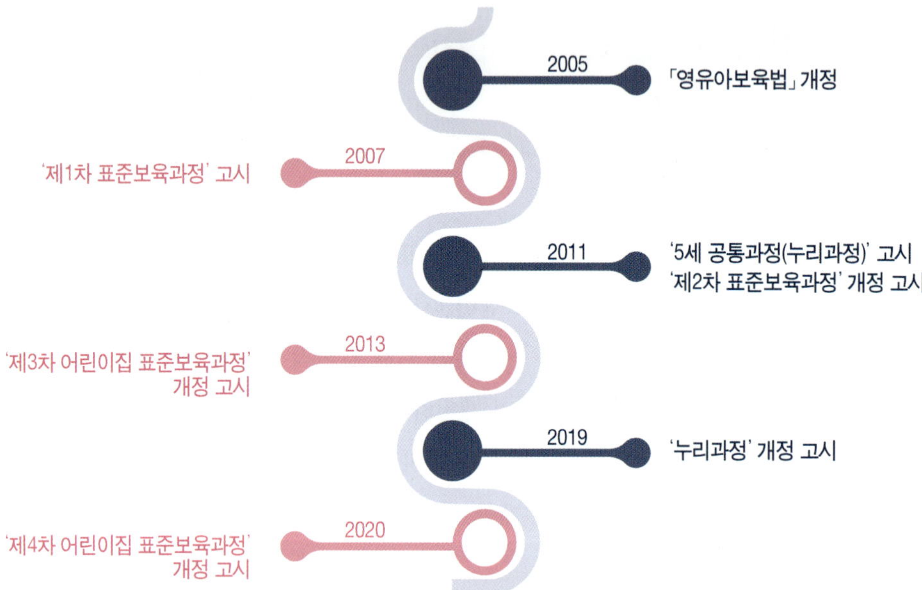

그림 4-2 표준보육과정 고시 연혁

[2019 개정 누리과정 홍보영상] 아이들이 행복하고 놀이를 통해 성장하는 누리과정 영상

누리과정	유아편	교사편	부모편

2) 표준보육과정의 기초

(1) 추구하는 인간상

'표준보육과정'이 추구하는 인간상은 '2019 개정 누리과정' 개정 방향과 취지를 수용하되 보육의 정체성을 유지하고 영 · 유아 보육의 특성을 반영하고 있다. 표준보육과정이 추구하는 다섯 가지 인간상은 몸을 움직이는 영유아의 특성이 '건강한 사람', 하고 싶은 것을 스스로 선택하는 영유아의 특성이 '자주적인 사람', 상상하는 영유아의 특성이 '창의적인 사람', 재미와 기쁨을 느끼는 영유아의 특성이 '감성이 풍부한 사람', 주변과 관계를 맺는 영유아의 특성이 '더불어 사는 사람'이다.

이러한 인간상은 놀이를 통해 구현될 수 있다. 놀이의 의미와 특성이 주도, 상상, 표현, 탐색, 몰입, 자유, 움직임, 협력, 호기심, 즐거움, 다양성이기 때문이다. 이와 같은 놀이의 의미와 특성은 다섯 가지 인간상과 서로 연계하고 통합한다. 이는 그림 4-3과 같다.

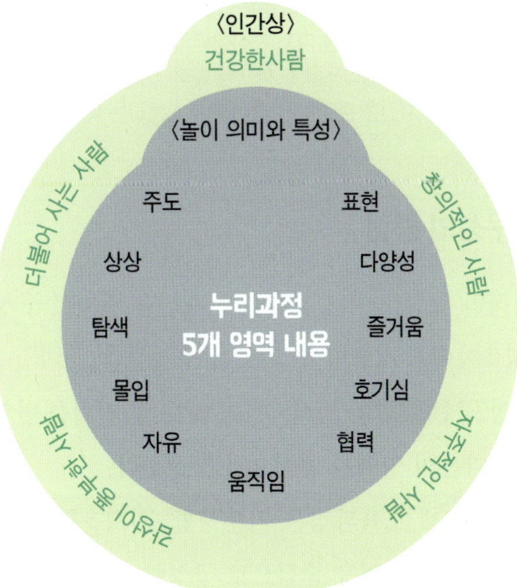

그림 4-3 ≪≪ 유아 놀이 경험과 '개정 누리과정'이 추구하는 인간상

출처 : 교육부, 보건복지부(2019).

(2) 표준보육과정 목적과 목표

표준보육과정의 목적은 영유아가 놀이를 통해 심신의 건강과 조화로운 발달을 이루고 바른 인성과 민주 시민의 기초를 형성하는 데에 있다. 표준보육과정 목적에는 영유아기의 고유한 특성인 놀이를 강조하였으며 바른 인성을 추가하여 영유아가 추구하는 인간상으로 성장하기 위한 필요한 사항을 중심으로 구성하였다.

표준보육과정 목적을 실현하기 위한 목표는 다음과 같다.

표 4-1 표준보육과정 목표

0~2세 보육과정 목표	• 자신의 소중함을 알고, 건강하고 안전한 환경에서 즐겁게 생활한다. • 자신의 일을 스스로 하고자 한다. • 호기심을 가지고 탐색하며 상상력을 기른다. • 일상에서 아름다움에 관심을 가지고 감성을 기른다. • 사람과 자연을 존중하고 소통하는 데 관심을 가진다.
3~5세 보육과정 (누리과정) 목표	• 자신의 소중함을 알고, 건강하고 안전한 생활습관을 기른다. • 자신의 일을 스스로 해결하는 기초능력을 기른다. • 호기심과 탐구심을 가지고 상상력과 창의력을 기른다. • 일상에서 아름다움을 느끼고 문화적 감수성을 기른다. • 사람과 자연을 존중하고 배려하며 소통하는 태도를 기른다.

(3) 표준보육과정 구성의 중점

① 영유아는 개별적인 특성을 지닌 고유한 존재임을 전제로 구성한다.

② 0~5세 모든 영유아에게 적용할 수 있도록 구성한다.

③ 추구하는 인간상 구현을 위한 지식, 기능, 태도 및 가치를 반영하여 구성한다.

④ 표준보육과정은 다음의 영역을 중심으로 구성한다.

- 0~1세 보육과정과 2세 보육과정은 기본생활, 신체운동, 의사소통, 사회관계, 예술경험, 자연탐구의 6개 영역을 중심으로 구성한다.

• 3~5세 보육과정(누리과정)은 신체운동・건강, 의사소통, 사회관계, 예술경험, 자연탐구의 5개 영역을 중심으로 구성한다.

⑤ 0~5세 영유아가 경험해야 할 내용으로 구성한다.

⑥ 초등학교 교육과정의 연계성을 고려하여 구성한다.

0~1세 보육과정	2세 보육과정		3~5세 보육과정
기본생활, 신체운동, 의사소통 사회관계, 예술경험, 자연탐구		영역	신체운동 · 건강, 의사소통 사회관계, 예술경험, 지연탐구
내용범주			
영유아가 경험해야 할 내용			

초등학교 교육과정

그림 4-4 표준보육과정 구성

3. 어린이집 표준보육과정의 구체적 내용

표준보육과정은 기본생활, 신체운동, 의사소통, 사회관계, 예술경험, 자연탐구 6개 영역으로 구성된다. 기본생활 형성이 중요한 0~2세는 기본생활, 신체운동 영역을 포함한 6개 영역으로 구성되며, 3~5세는 기본생활, 신체운동 영역이 신체운동・건강 영역으로 합쳐져 5개 영역으로 구성된다.

각 영역 명칭의 앞 두 글자는 그 영역의 내용을 나타내는 단어이고, 뒤 두 글자는 그 내용을 이루기 위한 방법을 의미한다. 표준보육과정 영역의 의미는 다음 표 4-2와 같다.

표준보육과정의 6개 영역은 영유아가 앞으로 경험해야 할 삶의 지식, 기능, 태도 및 가치를 담고 있으며 다양한 영역이 통합적으로 이루어진다. 표준보육과정의 내용범주는 표 4-3과 같다.

표 4-2 >>> 표준보육과정의 6개 영역

영 · 유아의	기본습관은	생활 속에서	습득한다.
	신체발달은	운동을 통해서	
	의사표현은	소통 속에서	
	사회성은	관계 속에서	
	예술에 대한 이해는	경험을 통해서	
	자연에 대한 이해는	탐구하면서	

출처: 보건복지부, 중앙육아종합지원센터(2013).

표 4-3 >>> 표준보육과정 내용범주

<table>
<tr><td rowspan="4">0~1세, 2세 보육과정</td><th>기본생활</th><th>신체운동</th><th>의사소통</th><th>사회관계</th><th>예술경험</th><th>자연탐구</th></tr>
<tr><td>건강하게 생활하기</td><td>감각과 신체 인식하기</td><td>듣기와 말하기</td><td>나를 알고 존중하기</td><td>아름다움 찾아보기</td><td>탐구과정 즐기기</td></tr>
<tr><td>안전하게 생활하기</td><td>신체활동 즐기기</td><td>읽기와 쓰기에 관심 가지기</td><td>더불어 생활하기</td><td>창의적으로 표현하기</td><td>생활속에서 탐구하기</td></tr>
<tr><td></td><td>신체활동에 참여하기</td><td>책과 이야기 즐기기</td><td></td><td></td><td>자연과 더불어 살기</td></tr>
<tr><td rowspan="4">3~5세 보육과정 (누리과정)</td><th colspan="2">신체운동 · 건강</th><th>의사소통</th><th>사회관계</th><th>예술경험</th><th>자연탐구</th></tr>
<tr><td colspan="2">신체활동 즐기기</td><td>듣기와 말하기</td><td>나를 알고 존중하기</td><td>아름다움 찾아보기</td><td>탐구과정 즐기기</td></tr>
<tr><td colspan="2">건강하게 생활하기</td><td>읽기와 쓰기에 관심 가지기</td><td>더불어 생활하기</td><td>창의적으로 표현하기</td><td>생활 속에서 탐구하기</td></tr>
<tr><td colspan="2"></td><td>책과 이야기 즐기기</td><td>사회에 관심 가지기</td><td>예술 감상하기</td><td>자연과 더불어 살기</td></tr>
</table>

1) 0~1세, 2세 보육과정 영역별 내용

(1) 기본생활

기본생활 영역은 영아들이 즐겁고 편안한 일상생활 속에서 건강하고 안전한 생활을 경험하고, 기초를 형성하는 영역으로 '건강하게 생활하기', '안전하게 생활하기'의 내용범주로 구성되어 있다.

표 4-4 >>> 0~1세, 2세 기본생활영역의 내용범주와 연령별 내용

내용범주	0~1세 내용	2세 내용
건강하게 생활하기	• 도움을 받아 몸을 깨끗이 한다. • 음식을 즐겁게 먹는다. • 하루 일과를 편안하게 경험한다. • 배변 의사를 표현한다.	• 자신의 몸을 깨끗이 해 본다. • 음식에 관심을 가지고 즐겁게 먹는다. • 하루 일과를 즐겁게 경험한다. • 건강한 배변 습관을 갖는다.
안전하게 생활하기	• 안전한 상황에서 놀이하고 생활한다. • 안전한 상황에서 교통수단을 이용해본다. • 위험하다는 말에 주의한다.	• 일상에서 안전하게 놀이하고 생활한다. • 교통수단을 안전하게 이용해 본다. • 위험한 상황에 대처하는 방법을 경험한다.

(2) 신체운동

신체운동 영역은 영아가 다양한 감각과 신체를 탐색을 통해 자신과 주변을 긍정적으로 인식하고, 대·소근육의 조절로 기본운동능력을 기르며, 신체활동에 참여함으로써 움직임의 즐거움을 경험하는 영역이다. 영아의 감각과 신체운동능력을 기르기 위해 '감각과 신체 인식하기', '신체 활동 즐기기'의 내용범주로 구성되어 있다.

표 4-5 ⋙ 0~1세, 2세 신체운동영역의 내용범주와 연령별 내용

내용범주	0~1세 내용	2세 내용
감각과 신체 인식하기	• 감각적 자극에 반응한다. • 감각으로 주변을 탐색한다. • 신체를 탐색한다.	• 감각능력을 활용한다. • 신체를 인식하고 움직인다.
신체활동 즐기기	• 대소근육을 조절한다. • 기본 운동을 시도한다. • 실내외 신체활동을 즐긴다.	• 대소근육을 조절한다. • 기본 운동을 즐긴다. • 실내외 신체활동을 즐긴다.

(3) 의사소통

의사소통 영역은 영아가 자신의 감정이나 요구를 비언어적 몸짓으로 시작하여 다른 사람에게 자신의 욕구를 말하고, 다른 사람의 말을 듣고 이해하며, 다른 사람과 소통할 수 있는 기초를 이루는 영역으로 '듣기와 말하기', '읽기와 쓰기에 관심 가지기', '책과 이야기 즐기기'의 내용범주로 구성되어 있다.

표 4-6 ⋙ 0~1세, 2세 의사소통영역의 내용범주와 연령별 내용

내용범주	0~1세	2세
듣기와 말하기	• 표정, 몸짓, 말과 주변의 소리에 관심을 갖고 듣는다. • 상대방의 이야기를 들으면서 말소리를 낸다. • 표정, 몸짓, 말소리로 의사를 표현한다.	• 표정, 몸짓, 말에 관심을 갖고 듣는다. • 상대방의 이야기를 듣고 말한다. • 표정, 몸짓, 단어로 의사를 표현한다. • 자신의 요구와 느낌을 말한다.
읽기와 쓰기에 관심 가지기	• 주변의 그림과 상징에 관심을 가진다. • 끼적이기에 관심을 가진다.	• 주변의 그림과 상징, 글자에 관심을 가진다. • 끼적이며 표현하기를 즐긴다.
책과 이야기 즐기기	• 책에 관심을 가진다. • 이야기에 관심을 가진다.	• 책에 관심을 가지고 상상한다. • 말놀이와 이야기에 재미를 느낀다.

(4) 사회관계

사회관계 영역은 영아가 자신을 다른 사람과 분리된 존재로 인식하며, 자신과 다른

사람의 감정을 알고 친숙한 환경 속에서 다른 사람과의 긍정적인 관계를 경험으로써 사회관계의 기초가 되는 영역으로 '나를 알고 존중하기', '더불어 생활하기'의 내용범주로 구성되어 있다.

표 4-7 >>> 0~1세, 2세 사회관계영역의 내용범주와 연령별 내용

내용범주	0~1세 내용	2세 내용
나를 알고 존중하기	• 나를 인식한다. • 나의 욕구와 감정을 나타낸다. • 나와 친숙한 것을 안다.	• 나와 다른 사람을 구별한다. • 나의 감정을 표현한다. • 내가 좋아하는 것을 한다.
더불어 생활하기	• 안정적인 애착을 형성한다. • 또래에게 관심을 가진다. • 다른 사람의 감정과 행동에 관심을 가진다. • 반에서 편안하게 지낸다.	• 가족에게 관심을 가진다. • 또래와 함께 놀이한다. • 다른 사람의 감정과 행동에 반응한다. • 반에서의 규칙과 약속을 알고 지킨다.

(5) 예술경험

예술경험 영역은 영아가 일상생활과 주변 환경 속에서 소리나 움직임, 색 모양 등 아름다움에 관심을 가지고 반응하며 창의적인 표현을 하는 영역으로 '아름다움 찾아보기', '창의적으로 표현하기'의 내용범주로 구성되어 있다.

표 4-8 >>> 0~1세, 2세 예술경험영역의 내용범주와 연령별 내용

내용범주	0~1세 내용	2세 내용
아름다움 찾아보기	• 자연과 생활에서 아름다움을 느낀다. • 아름다움에 관심을 가진다.	• 자연과 생활에서 아름다움을 느끼고 즐긴다. • 아름다움에 관심을 갖고 찾아본다.
창의적으로 표현하기	• 소리와 리듬, 노래로 표현한다. • 감각을 통해 미술을 경험한다. • 모방 행동을 즐긴다.	• 익숙한 노래와 리듬을 표현한다. • 움직임과 춤으로 자유롭게 표현한다. • 미술 재료와 도구로 표현해 본다. • 일상생활 경험을 상상놀이로 표현한다.

(6) 자연탐구

자연탐구 영역은 영아가 주변 환경에 호기심을 가지고 탐색하며 생명과 자연에 관심을 가지는 영역으로 '탐구과정 즐기기', '생활 속에서 탐구하기', '자연과 더불어 살기'의 내용범주로 구성되어 있다.

표 4-9 >>> 0~1세, 2세 자연탐구영역의 내용범주와 연령별 내용

내용범주	0~1세 내용	2세 내용
탐구과정 즐기기	• 주변 세계와 자연에 대해 호기심을 가진다. • 사물과 자연 탐색하기를 즐긴다.	• 주변 세계와 자연에 대해 호기심을 가진다. • 사물과 자연을 반복하여 탐색하기를 즐긴다.
생활 속에서 탐구하기	• 친숙한 물체를 감각으로 탐색한다. • 물체의 수량에 관심을 가진다. • 주변 공간과 모양을 탐색한다. • 규칙성을 경험한다.	• 친숙한 물체의 특성과 변화를 감각으로 탐색한다. • 물체의 수량에 관심을 가진다. • 주변 공간과 모양을 탐색한다. • 규칙성에 관심을 가진다. • 주변 사물을 같고 다름에 따라 구분한다. • 생활 도구에 관심을 가진다.
자연과 더불어 살기	• 주변의 동식물에 관심을 가진다. • 날씨의 변화를 감각으로 느낀다.	• 주변의 동식물에 관심을 가진다. • 날씨와 계절의 변화를 감각으로 느낀다.

2) 3~5세 보육과정 영역별 내용

(1) 신체운동 · 건강

신체운동 · 건강 영역은 유아가 신체 활동에 즐겁게 참여하여 기본운동능력과 건강하고 안전한 생활 습관을 기르는 영역으로 '신체활동 즐기기', '건강하게 생활하기', '안전하게 생활하기'의 내용범주로 구성되어 있다.

표 4-10 3~5세 신체운동 · 건강영역의 내용범주와 내용

내용범주	내용
신체활동 즐기기	• 신체를 인식하고 움직인다. • 신체 움직임을 조절한다. • 기초적인 이동운동, 제자리운동, 도구를 이용한 운동을 한다. • 실내외 신체활동에 자발적으로 참여한다.
건강하게 생활하기	• 자신의 몸과 주변을 깨끗이 한다. • 몸에 좋은 음식에 관심을 가지고 바른 태도로 즐겁게 먹는다. • 하루 일과에서 적당한 휴식을 취한다. • 질병을 예방하는 방법을 알고 실천한다.
안전하게 생활하기	• 일상에서 안전하게 놀이하고 생활한다. • TV, 컴퓨터, 스마트폰 등을 바르게 사용한다. • 교통안전 규칙을 지킨다. • 안전사고, 화재, 재난, 학대, 유괴 등에 대처하는 방법을 경험한다.

(2) 의사소통

의사소통 영역은 유아가 일상생활에서 다른 사람과 자신의 경험, 느낌, 생각을 상황에 맞게 소통하고 다양한 책과 이야기를 통해 상상하기를 즐기는 영역으로 '듣기와 말하기', '읽기와 쓰기에 관심 가지기', '책과 이야기 즐기기'의 내용범주로 구성되어 있다.

표 4-11 3~5세 의사소통영역의 내용범주와 내용

내용범주	내용
듣기와 말하기	• 말이나 이야기를 관심 있게 듣는다. • 자신의 경험, 느낌, 생각을 말한다. • 상황에 적절한 단어를 사용하여 말한다. • 상대방이 하는 이야기를 듣고 관련해서 말한다. • 바른 태도로 듣고 말한다. • 고운 말을 사용한다.
읽기와 쓰기에 관심 가지기	• 말과 글의 관계에 관심을 가진다. • 주변의 상징, 글자 등의 읽기에 관심을 가진다. • 자신의 생각을 글자와 비슷한 형태로 표현한다.

(계속)

내용범주	내용
생활 속에서 탐구하기	• 물체의 특성과 변화를 여러 가지 방법으로 탐색한다. • 물체를 세어 수량을 알아본다. • 물체의 위치와 방향, 모양을 알고 구별한다. • 일상에서 길이, 무게 등의 속성을 비교한다. • 주변에서 반복되는 규칙을 찾는다. • 일상에서 모은 자료를 기준에 따라 분류한다. • 도구와 기계에 대해 관심을 가진다.
자연과 더불어 살기	• 주변의 동식물에 관심을 가진다. • 생명과 자연환경을 소중히 여긴다. • 날씨와 계절의 변화를 생활과 관련 짓는다.

생각해 보자

표준보육과정의 내용범주와 내용의 문장 중 유아의 경험과 놀이성을 살리는 문구를 찾아보자. 그리고 놀이성 문구를 보며 나의 어린 시절의 추억을 떠올려보자.

참고문헌

공인숙, 한미현, 김영주, 권기남(2013). 최신보육학개론. 서울: 교육과학사.

교육부, 보건복지부(2019). 2019 개정누리과정 놀이실행자료.

교육부, 보건복지부(2019). 2019 개정누리과정 놀이이해자료.

교육부, 보건복지부, 육아정책연구소(2019). 2019 개정누리과정 교사 연수자료.

교육부, 충청남도교육청, 육아정책연구소(2019). 누리과정 개정 정책연구.

보건복지부(2013). 어린이집 표준보육과정에 기초한 영아보육프로그램 운영의 이해.

보건복지부(2013). 제3차 어린이집 표준보육과정 해설서.

보건복지부(2020). 제4차 어린이집 표준보육과정 해설서.

보건복지부, 교육부(2013). 3~5세 연령별 누리과정 해설서.

보건복지부, 중앙육아종합지원센터(2013). 어린이집 표준보육과정 및 0~2세 영아보육프로그램의 이해.

보건복지부, 중앙육아종합지원센터(2018). 표준보육과정의 이해와 실제.

중앙육아종합지원센터(2014). 보육과정컨설팅 운영매뉴얼.

Robins, H. F. & Schwartz, S. L. (1982). *Designing curriculum for early childhood*. Boston: Allyn and Bacon, Inc.

I-누리 https://i-nuri.go.kr

CHAPTER 5

보육과정의 운영

4장에서 우리는 보육과정의 이론적 개념과 우리나라의 국가수준 어린이집 표준보육과정에 대해 살펴보았다. 이 장에서는 표준보육과정 중, 특히 '2019 개정 누리과정'(3~5세)과 '2020 개정 표준보육과정'(0~5세)을 중심으로 보육과정을 실제 현장의 어린이집에서 어떻게 적용하고 운영할지에 대해 살펴보고자 한다. '2019 개정 누리과정'과 '2020 개정 표준보육과정'의 기본방향인 '영 · 유아 중심', '놀이 중심', '교사의 자율권 강화'를 바탕으로 구체적인 편성과 운영, 교수와 학습, 평가와 함께 영유아 · 놀이 중심의 보육과정을 어떻게 실천할지도 함께 살펴본다.

CHAPTER

5

1. 보육과정 운영 이해하기
2. 놀이 중심 보육과정 실천하기

‘구슬이 서 말이라도 꿰어야 보배다.’라는 속담은 아무리 훌륭하고 좋은 것이라도 다듬고 정리하여 쓸모 있게 만들어 놓아야 값어치가 있음을 비유적으로 이르는 말이다. ‘보육과정의 운영’을 이 말에 비추어 보면 국가에서 어린이집의 영유아들을 위해 표준보육과정을 심사숙고 끝에 만들어 냈다 하더라도, 실제 현장의 어린이집에서 제대로 적용해야 그 효과를 낸다는 말로 풀어낼 수 있을 것이다.

1. 보육과정 운영 이해하기

표준보육과정은 단어의 의미 그대로 보육과정에 대한 근거와 기준을 국가에서 ‘표준’으로 제시한 것이므로, 개별 어린이집의 수준에서 재구성하여 적합하게 운영한다. ‘2019 개정 누리과정’과 ‘2020 개정 표준보육과정’(이하 표준보육과정)에 따른 영아와 유아를 위한 보육과정의 편성 · 운영, 교수 · 학습, 평가의 원리는 다음과 같다.

1) 편성 · 운영의 원리

(1) 어린이집의 운영시간에 맞추어 편성한다.

어린이집 설치 및 운영의 지침서인『보육사업 안내』에 따라 어린이집 운영시간은 주 6일 이상(‘관공서의 공휴일에 관한 규정’에 따른 공휴일 제외), 연중 계속 운영[월~금요일 12시간(07:30~19:30), 토요일 8시간(07:30~15:30)]을 원칙으로 한다. 보호자의 근로시간 등을 고려하여 미리 보호자의 동의를 받은 경우에는 어린이집 운영일 및 운영시간을 조정하여 운영할 수 있다.

운영시간 내에 보육과정을 편성할 때에는 2020년 3월의 보육지원체계 개편에 따라 기본보육(09:00~16:00)과 연장보육(16:00~19:30)을 기반으로 하며 개별 어린이집의 일과 운영시간에 따라 조정하여 편성할 수 있다.

표준보육과정을 일정 시간에만 분절하여 적용하는 것이 아니라, 영유아가 어린이집에서 머무르는 전체 일과에서 자연스럽게 경험할 수 있도록 한다. 또한 영유아가 편안하고 즐겁게 보육내용을 경험할 수 있도록 바깥놀이, 휴식과 낮잠 등을 포함한다.

(2) 표준보육과정을 바탕으로 각 기관의 실정에 적합한 계획을 수립하여 운영한다.

표준보육과정에서 추구하는 인간상, 목적 및 목표와 어린이집의 철학에 기초하여 작성한 연간보육계획, 영유아의 흥미와 요구를 반영한 월간, 주간, 일일 보육계획 등 각 기관의 실정에 따라 각각의 계획을 통합할 수 있고, 보육계획의 종류, 형식, 분량 등도 자율적으로 수립하여 운영한다. 월간 또는 주간 또는 일일 보육계획은 영유아의 흥미와 요구, 놀이, 사전경험, 지역사회 특성, 계절 등을 반영하여 반별로 수립, 운영한다. 일일보육계획의 경우, 급·간식, 낮잠 및 휴식 시간 등과 같은 일상생활 관련 내용을 포함한다.

보육과정을 편성할 때에는 개별 어린이집이 가지고 있는 특성과 요구도 반영하여 편성한다. 지역적 특성, 보육실 크기 등 물리적 환경, 놀이터 이용 여부, 혼합연령 구성 등 개별 어린이집마다 기관 고유의 특성과 이에 따른 요구의 차이가 있다. 따라서 표준보육과정을 그대로 적용하는 것이 아니라 어린이집과 각 반의 실정을 정확하게 파악하고 이에 따른 요구를 편성에 반영해야 한다.

(3) 하루 일과에서 바깥놀이를 포함하여 영유아의 놀이가 충분히 이루어지도록 편성하여 운영한다.

영유아 스스로 놀이를 통해 표준보육과정의 영역별 세부내용을 통합하는 바람직한 경험을 위해 공간, 시간, 자료 등을 충분히 제공하여 영유아의 발달 특성, 개인차, 경험에 따른 흥미와 자발적 선택을 우선으로 한 주도적인 놀이가 이루어질 수 있도록 한다.

보육과정은 영유아의 일상생활을 통해서도 의미 있게 전개되도록 한다. 일상생활과 관련된 경험은 보육시간의 많은 부분을 차지하며, 매일, 반복적으로 일어나므로 영유아의 신체적 욕구 등을 반영하여 급·간식, 배변, 낮잠, 휴식 등에 필요한 내용을 계획하고, 발달 특성에 맞추어 적합하게 운영한다.

(4) 성, 신체 특성, 장애, 종교, 가족 및 문화적 배경 등으로 인한 차별이 없도록 편성하여 운영한다.

개별 영유아 독특성을 수용, 존중해 줄 수 있도록 영유아의 성별, 신체 특성, 장애, 종교, 가족 환경, 문화적 배경을 고려하여 보육과정을 편성한다. 편성한 주제나 자료가 성차, 성역할 고정관념을 포함하거나 특정 종교를 강조하고 있지는 않는지, 장애영유아를 배려하는지, 한부모·조손·다문화 등 다양한 가족 형태·구성을 고려하는지 등 개별 영유아의 특성을 고려하여 모든 영유아에게 바람직한 보육과정을 편성한다.

(5) 영유아의 발달과 장애 정도에 따라 조정하여 운영한다.

개개인마다 발달 차가 큰 영유아 시기를 고려하여 보육과정 운영 시 연령 차, 개인 차, 개인 내 발달 영역 간의 차 등을 반영, 보육내용을 적절히 조정하여 표준보육과정을 운영한다. 특히 장애영유아의 특별한 요구를 배려하여 개별화 보육계획을 수립, 적합한 보육내용을 구성하고, 보육환경, 놀이, 활동자료를 제공한다. 이를 통해 영유아가 장애에 따른 차별 없이 놀이, 활동할 수 있도록 하고, 자기주도성과 긍정적 관계 형성을 지원한다.

(6) 가정과 지역사회와의 협력과 참여에 기반하여 운영한다.

보육과정의 실시 효과를 극대화할 수 있도록 부모교육을 실시한다. 연령별 영유아의 발달과 특성, 상황에 따른 적절한 부모 역할 및 대처기술을 알고 실천할 수 있도록 안내한다. 가정통신문, 홈페이지, 대 · 소집단 모임 등 비대면 · 대면 교육의 방법을 통해 실시하거나 보육실 참관, 자원봉사, 현장학습 동반, 급식 지원 등의 다양한 참여, 지역사회 부모교육 정보 안내 등을 통해 부모교육을 실시할 수 있다.

영유아의 성장을 위한 지원은 어린이집이 가정, 지역사회와 협력적인 관계를 맺을 때 더 적극적으로 이루어질 수 있다. 어린이집의 보육 목표와 내용을 가정과 지역사회 구성원들에게 다양한 방법으로 안내하고, 가정의 재능 기부나 육아종합지원센터, 보건소 등 지역사회의 물적 · 인적 자원의 충분한 활용을 통해 보육과정을 효율적으로 운영한다.

(7) 교사 연수를 통해 표준보육과정의 운영이 개선되도록 한다.

교사 장학, 현장 연구 등의 배움 공동체, 소모임 등을 포함한 자발적 자체 연수와 직무 · 승급 교육 등의 외부 연수를 통해 교사의 전문성을 유지하고 향상시킨다.

이전 표준보육과정에서는 계획에 따른 실행과 평가가 중요했다면 개정 표준보육과정에서는 실행에 따른 평가와 계획이 강조됨에 따라 현장의 실행력이 중요해졌다. 영유아의 '놀이'에 대한 이해를 바탕으로 교사의 개입(정도, 시간, 방법 등), 확장기술, 호기심과 흥미를 지속 · 발달시킬 수 있는 상호작용 기법의 습득 등 영유아의 놀이를 지원하는 교사의 역할을 위해 다양한 교사 연수가 이루어져야 한다.

2) 교수 · 학습의 원리

(1) 영유아의 의사표현을 존중하고 민감하게 반응한다.

개별적인 상호작용을 통해 이루어지는 영유아의 언어적 · 비언어적 의사표현을 존중하고, 작은 의사표현이라도 민감하게 읽고 반응하는 교사의 태도는 영유아-교사 간의 신뢰를 형성할 수 있는 기초가 된다. 영유아의 발달 차이, 기질, 경험의 내용과 범위, 관심사, 학습능력, 가정 문화 등의 개인차를 인정하는 개별 상호작용을 통해 영유아에게 적합한 놀이 및 활동을 제공하여 배움을 지원한다.

(2) 영유아가 흥미와 관심에 따라 놀이에 자유롭게 참여하고 즐기도록 한다.

영유아가 흥미를 가지는 것에서 놀이, 활동을 시작한다. 영유아에 따른 관심과 흥미의 차이를 고려하여 다양한 놀이, 활동을 준비하고, 영유아가 직접 선택할 수 있는 환경을 충분히 마련한다. 영유아 스스로의 관심에 따라 선택한 놀이를 자유롭게 즐기면서 지속할 수 있도록 지원한다.

(3) 영유아가 놀이를 하며 배우도록 한다.

영유아의 자유로운 선택이 보장되며 충분한 시간 동안 자발적이고 적극적으로 참여하는 것을 주도적 놀이로 정의할 수 있다. 영유아의 놀이는 안정애착 이후, 적극적인 탐색으로 시작되므로 가장 적합한 교수 · 학습 방법은 탐색과 놀이를 통해 가르치고 배우는 것이다. 영유아의 놀이를 주의 깊게 관찰하며, 교사 주도적인 전달에서 벗어나 참여와 개입을 적절하게 조절해 영유아가 놀이에 몰입하여 사고를 확장하며 배울 수 있도록 한다.

(4) 영유아가 다양한 놀이와 활동을 경험할 수 있도록 실내외 환경을 구성한다.

영유아의 연령(월령) 및 발달 수준 등을 고려하여 구성한 흥미영역 또는 놀이영역은 영유아의 놀이 요구를 충족시킬 수 있다. 영유아가 놀이와 활동을 자율적으로 선택하고 능동적으로 참여할 수 있도록 다양한 놀잇감 및 활동자료를 충분히 마련해 주어야 한다. 개별 어린이집의 특성을 반영해 재구성한 보육과정은 차이가 있기 때문에 실내외 환경도 특성에 맞게 흥미영역 또는 놀이영역으로 구성한다. 흥미영역 또는 놀이영역은 영유아의 요구, 주제, 계절 등에 따라 확장하거나 축소하여 융통성 있게 조절하고 지속적으로 재구성해 나간다. 특정한 영역에 영유아의 관심이 집중되는 경우 교구장, 책상, 의자 등을 재배치해 영유아가 편안하게 놀이하도록 한다.

(5) 영유아와 영유아, 영유아와 교사, 영유아와 환경 간에 능동적인 상호작용이 이루어지도록 한다.

또래, 교사, 놀잇감이나 자연 등 환경과의 상호작용을 통해 영유아는 새로운 지식, 기술, 태도 등 의미 있는 경험을 한다. 상호작용은 서로 영향을 주고받으며 이루어지므로 교사는 영유아가 능동적 · 적극적으로 또래, 교사, 환경과 상호작용할 수 있도록 놀이 및 활동, 환경을 지원해야 한다. 이때 교사는 영유아의 발달 수준, 사전 경험, 발달적 연계성 등을 고려하는 것이 필요하고, 특히 발달적 연계를 위해 영유아의 사전 경험, 현재 발달 수준을 고려하여 상호작용에 적용한다.

표준보육과정의 경험해야 할 내용은 영유아의 놀이 유형에 따라 적절한 교수 · 학습 방법을 선택, 적용해야 한다. 동일한 놀이, 활동도 교사의 모델링, 함께 구성하기, 시범 보이기 등 교수유형에 따라, 영유아 개별 또는 집단 크기에 따라, 교수매체의 종류에 따라 관심, 몰입도가 다르게 나타나기 때문에 각각의 특성에 따라 다양한 교수 · 학습 방법을 계획한다.

(6) 각 영역의 내용이 통합적으로 영유아의 경험과 연계되도록 한다.

보육내용을 분절하여 영역별로 배우는 것이 아니라 주제 중심의 통합적 경험을 하는 것이 중요하다. 여러 놀이, 활동을 서로 연관하여 경험함으로써 주제를 보다 깊이 이해하게 된다. 이때 교사는 계획을 그대로 실행하기보다는 영유아의 주된 놀이, 반응, 흥미에 따라 융통성 있게 운영하여 영유아에게 보다 의미 있는 과정이 되도록 한다.

(7) 개별 영유아의 요구에 따라 휴식과 일상생활이 원활히 이루어지도록 한다.

영유아는 일상생활 속에서 여러 가지 경험을 통해 의미 있는 내용을 습득한다. 영유아가 배워나가는 지식, 기술, 바람직한 태도는 일상생활의 문제를 해결할 수 있는 실제적인 것이어야 한다. 등 · 하원, 급 · 간식, 전이 등 일과 중에서 일어나는 여러 상황을 포착하고 적절히 개입하여 배움의 기회로 활용한다. 교사는 영유아 개인의 생활 속 경험을 통해 영유아가 습득해야 할 지식, 기술, 바람직한 태도가 무엇인지 인지해야 한다.

영유아와 유아의 발달 특성의 차이를 분명히 알고, 영유아의 일상생활인 급·간식, 배변, 씻기 등과 개별 활동, 휴식 등을 영유아의 신체적 욕구를 고려하여 균형감 있게 배치한다. 특히 휴식은 영유아의 연령(월령)이 낮을수록 개별 리듬에 맞추어 융통성 있게 조절한다. 일상생활 활동을 영유아의 발달 특성에 맞추고 개별적으로 표준보육과정의 관련 내용들을 적절하게 경험할 수 있도록 한다.

(8) 영유아의 연령, 발달, 장애, 배경 등을 고려하여 개별 특성에 적합한 방식으로 배우도록 한다.

영유아는 동일한 연령(월령)이라 할지라도 개인 간 발달차가 크고, 개인 내 발달 영역에 있어서도 그 정도가 다르다. 어떤 영유아는 신체를 통해 새로운 환경을 적극적으로 탐색하는가 하면, 또 다른 영유아는 전혀 다른 반응을 보이기도 한다. 신체 발달이 무척 빠른 영유아가 언어 발달이 빠른 것 또한 아니니다. 따라서 교사는 영유아의 연령(월령), 발달 정도, 장애 상황, 민족·문화적 배경 등 개별 영유아의 다양한 특성을 파악하고, 영유아가 가장 적합한 방식으로 배울 수 있도록 돕는다.

3) 평가의 원리

(1) 표준보육과정 운영의 질을 개선하기 위해 평가를 계획하고 실시한다.

타율에 의한 평가를 위한 평가가 아니라, 우리 어린이집에서 표준보육과정이 어떻게 이루어지고 있는지에 대한 자율의 평가가 되어야 한다. 따라서 실제 표준보육과정 운영의 질을 진단하고, 더 나은 방향으로의 개선을 위해 개별 어린이집의 특성, 상황과 요구를 고려하여 평가계획을 수립해야 한다. 각 기관의 구성원들이 평가의 목적을 충분히 인지하고, 평가의 내용, 주기, 시기, 방법 등을 민주적으로 협의할 때 궁극적인 평가의 목적이 이루어질 수 있다.

(2) 영유아의 특성 및 변화 정도와 표준보육과정의 운영을 평가한다.

영유아의 행복과 전인적 발달을 지원하기 위해 영유아의 관심과 흥미가 높은 것, 일상생활의 변화, 놀이의 특성, 또래관계 등에 주목하여 관찰하고, 영유아의 특성 및 변화 정도를 이해한다.

국가수준 어린이집 표준보육과정은 영유아를 위한 '보편적' 목표와 내용을 제시하고 있다. 따라서 개별 어린이집 특성, 개인 차를 반영하여 영유아의 일상생활, 놀이, 활동을 지원해야 한다. 동일한 만 1세반 영아라 할지라도 그 해 구성된 학급 영아의 연령(월령)이 어리다면 일상생활 활동의 비중을 높이고, 연령(월령)이 높아질수록 놀이 중심의 활동 비중을 각각에 맞게 늘려 배치한다. 이러한 일상생활, 놀이, 활동을 영유아 · 놀이 중심으로 적절하게 지원, 운영했는지 평가한다.

(3) 평가의 목적에 따라 적합한 방법을 사용하여 평가한다.

영유아의 특성과 변화 정도를 파악하기 위해 가장 적합한 방법을 자율적으로 정하여 활용한다. 유아와는 다른 영아의 발달 특성은 놀이 결과물과 작품보다는 실제 놀이 모습에 대한 기록, 사진, 음성 녹음, 영상 녹화 등을 통해 자료를 수집하고 이를 분석해 봄으로써 파악할 수 있다.

표준보육과정 운영에 대한 평가는 협의에 의해 교사의 자율권을 바탕으로 가장 적합한 방법으로 실시한다. 평가 결과는 운영계획에 융통성 있게 반영해 수정 · 보완하는 데 기초자료로 활용한다. 계획, 실행, 평가, 다시 계획의 순환적 과정을 통해 표준보육과정의 목표를 실현하고 내용을 경험할 수 있다.

(4) 평가의 결과는 영유아에 대한 이해와 표준보육과정 운영 개선을 위한 자료로 활용할 수 있다.

평가의 궁극적인 목적인 영유아가 행복감을 느끼고 전인적으로 발달하도록 도움을 주기 위해 영유아의 특성과 변화 정도를 이해하고, 이를 배움과 성장에 도움이 되도록 지원하는 데 활용한다.

보육계획안, 보육일지의 실행 기록 등을 비교 분석하거나, 수업 참관 등의 장학을 통해 영유아의 흥미, 요구, 개인 차 등을 고려하여 놀이를 지원하는 방법을 개선해 나간다. 영유아의 놀이를 적절하게 지원했는지, 놀이가 배움이 되기 위한 교수방법과 상호작용 정도가 우수한지 등을 스스로 관찰하거나 동료나 선배 교사, 원장으로부터 평가내용을 듣고 진단하여 표준보육과정을 좀 더 바람직하게 운영하기 위한 방안을 모색할 수 있다.

2. 놀이 중심 보육과정 실천하기

여기에서는 앞서 살펴본 '2019 개정 누리과정'과 '2020 개정 표준보육과정'을 기반으로 한 보육과정의 편성 · 운영, 교수 · 학습, 평가의 원리를 토대로 보육과정의 운영 실제에 어떻게 적용할지 영아와 유아로 구분하여 살펴본다.

1) 보육계획하기

영유아를 위한 바람직한 보육과정의 운영은 목표, 계획, 실행, 평가 각 단계가 상호작용을 통해 유기적인 관계를 맺고 서로 적극적으로 반영, 수정될 때 이루어질 수 있다. 보육계획은 영유아의 전인적 발달을 위한 보육 방향을 주제, 시기, 형태, 장소, 자료 등으로 구분하여 구체적으로 기술해 놓은 것으로 실행과 평가를 통해 지속적으로 수정된다.

(1) 영아를 위한 보육계획

어린이집 영아를 위한 보육과정의 실천은 표준보육과정과 어린이집의 철학, 영아의 흥미와 요구를 반영한 보육계획을 중심으로 하고, 어린이집 및 영아의 상황에 맞추어 조절하여 운영한다. 어린 영아일수록 발달 특성 및 수준, 흥미 등을 고려하여 융통성 있게 운영해야 한다.

연간보육계획은 표준보육과정에서 추구하는 인간상, 목적 및 목표와 어린이집의 철학에 기초하여 작성한다. 월간, 주간, 일일 보육계획은 영아의 흥미와 요구, 놀이, 사전 경험, 지역사회 특성, 계절 등을 반영해 수립한다. 특히 월간 또는 주간 또는 일일 보육계획(선택 가능)은 영아의 흥미와 요구를 반영하여 반별로 수립, 운영한다. 보육계획은 1년 단위의 연간, 1개월 단위의 월간, 1주 단위의 주간, 하루 단위의 일일 보육계획으로 구분한다. 각 보육계획은 표 5-1과 같은 특징과 유의점이 있다.

표 5-1 >>> 보육계획의 특징과 유의점

구분	특징
연간 보육계획	어린이집에서 1년 동안 진행되는 보육내용. 영아들에게 흥미 있는 주제, 계절, 어린이집이나 지역사회의 행사 등을 근거로 작성
월간 보육계획 (주제별 보육계획)	연간 보육계획을 토대로 월 단위로 작성. 연간 보육계획에 수립한 주제를 '월/주'로 구분하여 계획
주간 보육계획	한 주별 진행될 놀이, 활동, 일상양육(일상생활) 내용을 요일별, 실내 · 외 공간별로 배치
일일 보육계획	주간 보육계획을 기본으로 하루의 보육계획을 영아의 놀이 흥미와 반응, 사전 경험의 연계, 놀이의 지원 등을 고려하여 수립

개정 표준보육과정에서는 연령, 발달 수준, 흥미, 계절적 요인 등을 고려하여 기본적인 연간계획을 하고, 각 주제는 영아의 놀이 경험에 적합하게 재구성하여 '각 기관의 실정에 적합한 계획'을 마련할 수 있다.

보육계획은 표 5-2와 같이 등원 및 맞이하기, 기본생활 및 안전, 일상생활, 실내자유놀이, 실외놀이, 귀가 및 가정과의 연계 등으로 구성한다. 일일보육계획의 경우, 급・간식, 낮잠 및 휴식 시간 등과 같은 일상생활 관련 내용과 놀이, 활동을 하루 시간대별로 계획하여 포함한다.

영아의 연령이 증가함에 따라 일상적 양육활동(일상생활활동)과 놀이, 활동의 비율을 달리하여 구성한다. '수유・이유식'을 '점심・간식'으로, '기저귀 갈이'를 '배변활동'으로 발달 특성에 맞게 용어를 사용한다. 자유놀이를 위한 흥미영역 또는 놀이영역 구성에 있어서도 개별 어린이집의 보육과정과 영아의 연령 및 발달 특성을 고려한다. 만 0세는 '신체, 언어, 감각・탐색'으로 구성한 영역을, 만 2세에는 '신체, 언어, 감각・탐색, 역할・쌓기, 미술, 음률'로 더 세분화하여 구성할 수 있다.

표 5-2 >>> 영아반 월간 및 주간 보육계획의 구성 예시

구분	0세	1세	2세
등원	맞이하기 및 가정과의 연계	등원 및 맞이하기	등원 및 맞이하기
일상생활	수유 및 이유 낮잠 기저귀갈이	기본생활 및 안전 점심 및 간식 낮잠 기저귀갈이/배변활동	기본생활・안전 점심 및 간식 낮잠 배변활동
실내 자유놀이*	신체 언어 감각・탐색	신체 언어 감각・탐색 역할・쌓기	신체 언어 감각・탐색 역할・쌓기 미술 음률
실외놀이	실외놀이	실외놀이	실외놀이
하원	귀가 및 가정과의 연계	귀가 및 가정과의 연계	귀가 가정 및 지역사회 연계

* 자유놀이를 위한 흥미영역 또는 놀이영역은 개별 어린이집의 보육과정과 영아의 연령 및 발달 특성을 고려하여 구성함

보육계획은 영아의 흥미, 관심, 지속시간 등에 따라 달라질 수 있고, 교사는 영아 스스로 놀이를 주도하며 경험을 통합할 수 있도록 계획을 적절히 조절하여 지원해야 한다. 표 5-3은 만 1세 보육일지에 기록한 주간보육계획의 수정 예시이다. 영아의 자발적 놀이를 포함하여 보육계획을 실행하는 중에 영아가 보이는 흥미나 요구, 예기치 못한 상황이나 사건 등을 고려하여 계획을 확장, 축소, 대체하여 융통성 있게 운영한다. 영아가 지속적인 흥미를 보이는 경우 계획된 시간에 맞추어 마무리하기보다 놀이, 활동의 시간을 연장하는 것이 바람직하다. 영아의 흥미와 요구에 따라 이루어진 놀이 및 활동을 평가해 이후 계획에 반영하는 것 또한 중요하다.

'2019 개정 누리과정'과 기본방향과 맥락을 같이 한 '2020 개정 표준보육과정'에 맞춰 표 5-3을 수정하여 사용할 수 있다. 영아의 개별적 요구에 따라 휴식과 일상생활이 원활히 이루어지도록 일과를 구성해 진행하고, 놀이 및 활동은 계획에 따른 실행 여부를 묻는 'ㅇ, X'로 표기하는 대신 실제 이루어진 영아 주도적인 놀이와 놀이를 배움으로 지원하는 교사의 활동으로 기록한다.

표 5-3 ⋙ 만 1세 보육일지에 기록한 주간보육계획 수정 예시

○○반 보육일지(만 1세)						담임	원장
주제	놀이할 수 있어요	소주제		물놀이는 재미있어요			
목표	• 물을 이용하여 다양한 놀이를 즐긴다. • 몸이 깨끗해졌을 때 기분이 좋음을 알고 몸을 깨끗이 한다.						
기간	20○○. 7. 15.(월) ~ 7. 19.(금)	월 (날씨: 맑음)	화 (날씨: 맑음)	수 (날씨: 맑음)	목 (날씨: 맑음)	금 (날씨: 맑음)	
일과 및 시간	계획 및 실행						
등원 및 통합보육 (07:30~09:00)	• 아침 등원할 때의 기분에 대해 이야기하기	○	○	○	○	○	

(계속)

<table>
<tr><td colspan="2">오전 간식
(09:00~09:30)</td><td colspan="6">• 교사의 도움 받아 손 씻고 오전 간식 맛있게 먹기</td></tr>
<tr><td rowspan="7">오전 실내 자유 놀이
(09:30 ~ 10:30)</td><td rowspan="2">신체</td><td>• 움직이는 놀잇감을 따라가요(월~화)</td><td>○</td><td>○</td><td>–</td><td>–</td><td>–</td></tr>
<tr><td>• 물주머니로 놀아요(수~금)</td><td>–</td><td>–</td><td>○</td><td>○</td><td>○</td></tr>
<tr><td>언어</td><td>• 물에 뜨는 그림책</td><td>○</td><td>○</td><td>○</td><td>○</td><td>○
〈확장〉 전지에 미역 모양 끼적이기</td></tr>
<tr><td rowspan="2">감각 • 탐색</td><td>• 샤워볼을 담고 쏟아요(월~화)</td><td>○</td><td>○</td><td>–</td><td>–</td><td>–</td></tr>
<tr><td>• 주물주물 미역, 미끌미끌 다시마(화~금)</td><td>–</td><td>X
〈축소〉 주물주물 미역</td><td>X
→</td><td>X
→</td><td>X
→</td></tr>
<tr><td rowspan="2">역할 • 쌓기</td><td>• 보글보글 목욕놀이
(1수준: 보글보글 목욕놀이/2수준: 아기인형 목욕놀이)</td><td>○</td><td>○</td><td>○
〈확장〉 동물인형 목욕놀이</td><td>○
→</td><td>○
→</td></tr>
<tr><td>• 종이벽돌블록으로 욕조를 만들어요</td><td>X</td><td>○</td><td>○</td><td>○</td><td>○</td></tr>
<tr><td colspan="2">기저귀갈이 또는 배변활동
(10:30~10:50)</td><td colspan="6">• 교사의 도움 받아 함께 정리정돈하기
• 기저귀갈이 또는 아기 변기에 앉아 소변보기/교사의 도움 받아 손 씻기</td></tr>
<tr><td colspan="2" rowspan="2">바깥놀이
(10:50~11:30)</td><td>• 물놀이하기</td><td>○</td><td>○</td><td>X
(초미세먼지)</td><td>X
(미세먼지)</td><td>X
(미세먼지)</td></tr>
<tr><td>• 〈대체〉 실내에서 인형 목욕시키기</td><td>–</td><td>–</td><td>○</td><td>→</td><td>→</td></tr>
<tr><td colspan="2">점심식사
(11:30~12:10)</td><td>• 교사의 도움 받아 손 씻기
• 점심 맛있게 먹고 이 닦기</td><td>○</td><td>○</td><td>○</td><td>○</td><td>○</td></tr>
</table>

(계속)

낮잠 및 휴식 (12:10~14:10)	• 기저귀갈이 또는 아기 변기에 앉아 소변보기 • 잠자기 전에 얼굴 닦기/음악 들으며 낮잠 자기					
기저귀갈이 또는 배변활동 (14:10~14:30)	• 낮잠 깨기 및 휴식하기 • 기저귀갈이 또는 아기 변기에 앉아 소변보기					
오후 간식 (14:30~15:00)	• 교사의 도움 받아 손 씻기 • 간식 맛있게 먹기					
오후 실내 자유놀이 (15:00~17:00)	• 오후 실내자유놀이 • 연장보육 시작(16:00) • 기본보육반 귀가(16:00~ 17:00)	○	○	○	○	○
연장보육 및 귀가 (16:00~19:30)	• 연장보육반 오후 실내자유놀이 – 종이벽돌블록 놀이하기 – 내가 좋아하는 그림책 보기	○	○	○	○	○
일일 평가 – 월	**[총평]** 날씨가 더워져서 소주제인 '물놀이는 재미있어요'와 관련하여 각자 준비해 온 수영복에 관심이 많았고 다소 들뜬 모습이었음 **[활동평가]** 〈역할 · 쌓기〉 교사가 덥다고 말하며 목욕하는 흉내를 내자 영아가 관심을 보임. 역할영역에 미리 비치해 놓은 샤워타올과 샤워기, 의자, 샴푸통 등에 영아가 흥미를 보이며 자신의 몸을 씻는 흉내를 내며 즐거워함. 2수준 영아들은 "아기 인형도 목욕시켜주면 어떨까?" 하는 상호작용에 자기 몸을 샤워타올로 문지르는 데에 관심을 보임. '종이벽돌 블록으로 욕조 만들기'는 아직 흥미를 나타내지 않음. 내일은 욕조 사진을 벽에 붙여두어 욕조 만들기에 흥미를 촉진할 예정임 **[특이사항]** 없음					
일일 평가 – 화	**[총평]** 오전에 물놀이를 하며 즐거운 시간을 보낸 후 옷을 갈아입을 때 이유 없이 우는 영아가 많았음. 영아들이 신이 나서 물놀이를 하다 보니 평소보다 활동량이 많아져 피곤할 수 있으므로 물놀이 시 영아의 컨디션에 따라 시간 조정을 할 수 있도록 해야겠음 **[활동평가]** 〈감각 · 탐색〉 투명 그릇에 물에 불린 미역과 다시마를 넣어두었더니 영아들이 관심을 보이며 냄새를 맡아보기도 함. 다시마는 두꺼워서인지 잘 만지려고 하지 않고, 미역에 흥미를 보임. 교사가 미역을 얼굴에 붙이며 기분 좋아하는 모습을 보여주니 미역을 교사의 팔에 올려주며 즐겁게 놀이함. 〈역할 · 쌓기〉 바구니에 목욕용품을 넣고 아기 인형을 함께 담아 와서 목욕간다고 말한 영아가 매트 위로 가서 샤워타올과 샤워기를 이용해 인형을 목욕시키며 즐거워함. 2수준 영아들은 목욕용품과 사용법을 잘 알고 놀이함. 목욕을 마친 영아들이 목욕 바구니에 수박 등 과일과 주스를 담고 다니며 목욕 바구니에 많은 흥미를 보임. 벽에 붙여둔 욕조 사진에 조금씩 흥미를 보이며 종이벽돌블록으로 무언가를 만들어보려는 영아도 있었음 **[특이사항]** 물놀이를 해서인지 낮잠이 길어져 10분 연장함					

(계속)

	수	**[총평]** 감기와 구내염으로 결석한 영아를 제외하고는 영아들의 컨디션이 모두 좋았고 특별한 일 없이 편안하고 조용히 흘러간 하루였음. 감염병이 유행하고 있어 청결 유지에 더 신경 써야겠음 **[활동평가]** 〈신체〉 비닐봉지에 바람을 넣어 크게 부풀려서 보여주자 영아가 관심을 보임. 봉지에 물을 넣어 물주머니를 만들어주니 영아가 조물조물 만지며 즐거워함. 봉지 안에 물을 넣었다 빼보기도 하고 물을 넣은 봉지를 흔들어 보이기도 함. 교사가 비닐봉지를 묶어주자 물주머니를 손바닥 위에 올리고 탁탁 치며 재미있어함. 미역을 가리키는 영아에게 미역을 넣어주자 감각 · 탐색 놀이와 연계하여 놀이함. 불어서 커진 미역을 봉지 안에 가득 넣어서 자랑함. 〈역할 · 쌓기〉 영아들이 자신과 친구의 몸에 샤워타올로 문지르는 흉내를 내며 즐기다가 아기 인형에게도 목욕을 시켜주는 등 놀이가 활성화됨. 내일은 동물 인형도 추가로 제공하여 목욕놀이에 대한 흥미가 지속되도록 돕겠음 **[특이사항]** 〈바깥놀이〉 초미세먼지 농도가 높아 실내유희실에서 대체활동을 진행함
	목	**[총평]** 오전 미세먼지 '나쁨'으로 바깥놀이를 대체놀이로 변경하여 실시함 **[활동평가]** 〈언어〉 대야에 물을 받아 물에 뜨는 그림책을 탐색하며 아주 즐거워하였음. 처음에는 소리 나는 그림책에 관심을 보이던 영아가 물에 띄워보며 물놀이에 집중함. 〈역할 · 쌓기〉 동물 인형도 추가로 제공해 주었더니 자연스럽게 동물 인형 목욕놀이에도 흥미를 보임 **[특이사항]** 〈바깥놀이〉 오전 미세먼지 '나쁨'으로 실내에서 대야에 물을 떠놓고 인형 목욕시켜보는 놀이를 진행함. 〈안전교육—감염병 및 약물의 오용 · 남용 예방 등 보건위생관리 교육〉 안전교육일지 참조
	금	**[총평]** 더운 날씨로 인해 한 주 동안 물을 이용한 놀이를 하기에 적합하였음. 물놀이를 많이 해서인지 낮잠도 평소보다 잘 자는 모습을 보였음 **[활동평가]** 〈언어〉 미역에 대한 관심이 커지면서 벽에 붙여둔 전지에 크레파스로 무언가를 그리던 영아가 교사에게 "미역"이라고 말함. 〈역할 · 쌓기〉 동물 인형도 추가로 제공하자 동물 흉내를 내며 어제보다 목욕놀이에 더 적극적임 **[특이사항]** 〈영양교육〉 들깨미역국을 보고 영아들이 미역에 관심을 보임. 감각 · 탐색 놀이에서 미역을 탐색한 영아들이 미역이라고 말하며 미역을 포크로 찍어 맛있게 먹음. 밥만 먹고 반찬을 골고루 먹지 않던 영아들이 반찬의 이름을 불러주며 먹도록 권유하자 오징어채소볶음과 숙주나물, 김치를 골고루 밥과 함께 잘먹음. 〈바깥놀이〉 미세먼지 '나쁨'으로 실내에서 할 수 있는 물놀이로 대체하여 진행함

* 용어 설명: 확장(시간을 늘리거나 놀이 및 활동을 확대하여 진행)/축소(시간을 줄이거나 놀이 및 활동을 단순화시켜 진행)/대체(계획과 다른 놀이 및 활동으로 진행)

출처: 울산광역시육아종합지원센터(2019).

(2) 유아를 위한 보육계획

'개정 누리과정'은 유아가 중심이 되고 놀이가 살아나는 교육과정을 교사가 유아와 함께 실천하도록 구성한 분명한 목적과 의도가 있다. 그동안 일부에서 교사용 지도서에 의존하여 획일적으로 누리과정을 운영하거나 교사가 계획한 자유선택활동을 중심으로 놀이를 운영하여 유아가 자유롭게 주도하는 놀이를 실천하는 데 한계가 있었다(교육부 외, 2019). '개정 누리과정'에서는 유아가 스스로 선택한 놀이를 주도하며 배움을 얻는다는 점을 강조한다. 교사는 어린이집에서 유아와 가장 가까이에서 많은 시간을 함께하며 개별 유아의 특성과 놀이를 잘 안다. 교사가 유아의 놀이를 최대한 이해하고 지지·지원하기 위해 '개정 누리과정'에는 교사의 자율권을 강조한다. 즉, '개정 누리과정' 고시문의 세부지침 간략화를 통한 자율화, 계획안 형식과 방법의 자율화, 흥미영역의 운영 방식 자율화, 5개 영역 통합 방식의 다양화, 평가를 자율화한다.

교사의 자율성을 강조하는 이유는 유아 스스로 선택해 주도하는 놀이는 예측이 어렵고 상황에 따라 다양하게 일어나므로, 유아의 놀이에서 적합한 배움이 일어나는 과정에서 교사의 교육적 판단이 특히 중요하기 때문이다.

유아·놀이 중심 교육과정의 실천을 위해 그동안 작성하던 계획안은 각 기관의 실정에 따라 자율적으로 활용한다. 연간, 월간, 주간, 일일 계획안의 형식과 내용을 다양한 방식으로 작성할 수 있다. 월간, 주간, 일일 계획을 통합하여 작성하거나 하나를 사용해도 무방하다. 정해진 형식 없이 분량도 필요에 따라 자율적으로 계획한다. 실행을 강조해 사전 계획을 최소화함으로써 교사의 지원 계획을 메모지나 수첩, 변경한 계획안이나 일지에 자율적으로 기록하는 방식으로 안내한다.

표 5-4는 계획안의 자율화에 따라 적응, 계절, 명절, 행사, 진급 등 중요한 일정을 염두해 작성한 연간계획의 예시이다. 어린이집에서 진행해야 할 행사나 부모교육 등이 있고, 이는 어린이집 전체 구성원이 공유하는 자료이므로 연간 계획을 정확하게 세우고 검토해야 한다. 기존 연간보육계획안의 주제는 포함시키지 않아도 되며, 유아의 놀이 경험에 따라 시기와 기간을 조정하여 운영할 수 있다.

표 5-4 >>> 주요 행사 일정, 계절 관련 주제만 기록한 연간계획의 예시

구분	행사 일정	행사내용	계절/명절
3월	2(월)~6(금)/9(월)~13(금)	신입 · 재원아 적응	봄
4월	6일(월)~10일(금)/22일(수)	부모 개별면담/식물원 봄나들이	
5월	2일(토)/20일(수)	가족의 날/인형극 관람	
6월	12일(금)	부모 놀이 워크숍	여름
7월	20일(월)~24일(금)	물놀이	
8월		–	
9월	–	–	가을/추석
10월	14일(수)	가을 소풍	
11월	9일(월)~13(금)	부모 개별면담	
12월	18일(금)	가족 음악회	겨울/설날
1월	–	–	
2월	23일(화)	진급 및 수료식	

출처: 교육부, 보건복지부, 육아정책연구소(2019) 일부 수정 제시.

이전의 '누리과정'에서는 유아들이 흥미와 관심이 주제에 맞지 않는다면 확장해 주기 어려웠지만, '개정 누리과정'에서는 그 흥미와 관심에 따라 주제를 정해 반복할 수도 있고, 계획한 주제도 유아의 놀이를 담은 주제와 병행하여 진행할 수 있다. 표 5-5의 상단은 일반적인 월간보육계획안의 예시이다. '봄' 주제(소주제)로 구분해 주제에 맞는 놀이와 활동을 계획했다. 이러한 계획안에 따른 놀이와 활동은 사실 실제 놀이 상황에서는 정말로 딱 맞게 일어나지 않는다. 우연히 제시한 반짝이끈에 유아가 관심을 가지게 되면서 교사는 주제와 전혀 상관없었던 놀이가 다양하게 일어나자 기존의 계획을 유아와 함께 만들어가기 위해 변경한다. 반짝이끈에 관심을 보이지 않는 다른 유아들도 있겠지만, 교사가 계획한 주제 활동을 축소하고 유아들의 주된 놀이를 반영한다. 유아들

표 5-5 만 3세 계절 주제 '봄' 월간 보육계획안에 기록한 수정 예시

<table>
<tr><th rowspan="2">주제에 따른 월간계획</th><th>주제</th><th colspan="4">봄</th></tr>
<tr><th>주</th><th>5월 1주</th><th>5월 2주</th><th>5월 3주</th><th>5월 4주</th></tr>
<tr><td>주제에 맞게 계획된 놀이</td><td>자유선택</td><td>• 봄꽃 만들기
• 모형꽃, 화분으로 놀기
• 산책 사진으로 만든 책</td><td>• 꽃가게 꾸미기, 꽃가게 놀이
• 꽃씨 마라카스
• 씨앗 그림책</td><td>• 꽃모양 막대인형</td><td>• 티슈로 나비 만들기
• 봄의 곤충 그림책</td></tr>
<tr><td rowspan="5">주제에 맞게 계획된 활동</td><td rowspan="3">대소집단 활동</td><td colspan="4">• 우리 교실에는 어떤 장난감이 있으면 좋을까?
• 놀이의 진행과정에 따라 문제 해결 의견 나누기</td></tr>
<tr><td colspan="4">• 동화 '우리 가족', 동화 '봄소풍'</td></tr>
<tr><td>• 노래 '봄에 피는 꽃'</td><td>• 봄꽃 찾아오기 게임</td><td>• 노래 '씨앗이 자라서'</td><td>• 노래 '개미'
• 애벌레 신체표현</td></tr>
<tr><td>바깥놀이</td><td>• 꽃길 산책하기
• 상자 돗자리 깔고 놀이하기</td><td>• 꽃 모종 심기</td><td>• 풀 찧어 소꿉놀이하기</td><td>• 개미 찾아보기</td></tr>
<tr><td>행사일정</td><td colspan="4">5일: 원내 어린이날 행사
8일: 원내 어버이날 행사 & 포토존
22일: 원내 손 씻기 교육
29일: 급식 도우미 활동</td></tr>
</table>

▼

<table>
<tr><th rowspan="4">기존의 계획하여 교사가 계획한 놀이 대신 유아의 놀이를 지원</th><th colspan="2">주</th><th>5월 1주</th><th>5월 2주</th><th>5월 3주</th><th>5월 4주</th></tr>
<tr><td rowspan="3">놀이
(바깥
놀이
포함)</td><td rowspan="3">봄</td><td>• 봄꽃 만들기</td><td colspan="3">• ~~꽃가게 꾸미기~~, 꽃가게 놀이</td></tr>
<tr><td>• 모형꽃, 화분으로 놀기</td><td colspan="2">• ~~꽃씨 마라카스~~</td><td>• ~~티슈로 나비 만들기~~</td></tr>
<tr><td>• 산책 사진으로 만든 책</td><td>• 씨앗 그림책</td><td>• ~~꽃모양 막대인형~~</td><td>• 봄의 곤충 그림책</td></tr>
</table>

(계속)

<table>
<tr><td rowspan="2">유아의 흥미에 따라 새로운 주제 '반짝이끈' 시작</td><th colspan="2">주</th><th>5월 1주</th><th>5월 2주</th><th>5월 3주</th><th>5월 4주</th></tr>
<tr><td></td><td>반짝이끈</td><td colspan="4">• 반짝이끈 가지고 나가 놀기
• 반짝이끈 나뭇가지에 묶기
• 반짝이끈으로 만든 도구로 운동하기</td></tr>
<tr><td rowspan="3">필요한 경우 활동을 통해 유아의 놀이를 지원</td><td colspan="2" rowspan="3">활동</td><td colspan="4">• 우리 교실에는 어떤 장난감이 있으면 좋을까?
• 상자와 반짝이끈으로 어떻게 놀이할 수 있을까?
• 놀이의 진행과정에 따라 문제 해결 의견 나누기</td></tr>
<tr><td colspan="4">• 동화 '우리 가족', 동화 '봄소풍', 동화 '빨간 끈'</td></tr>
<tr><td>• 노래 '봄에 피는 꽃'</td><td>• ~~봄꽃 찾아오기 게임~~
• 반짝이끈으로 신체표현하기</td><td>• 노래 '씨앗이 자라서'
• 반짝이끈으로 게임하기</td><td>• ~~노래 '개미'~~
• 애벌레 신체표현</td></tr>
<tr><td></td><td colspan="2">행사일정</td><td colspan="4">5일: 원내 어린이날 행사
8일: 원내 어버이날 행사 & 포토존
22일: 원내 손 씻기 교육
29일: 급식 도우미 활동</td></tr>
</table>

출처: 교육부, 보건복지부(2019a); 교육부, 보건복지부, 육아정책연구소(2019).

이 현재 경험하고 있는 놀이를 지원하기 위해, 놀이와 관련된 주제로 이야기나누기, 게임, 유률 활동을 제공하여 놀이를 더 풍부하게 지원한다.

통합 학급의 주간보육계획을 유아의 놀이 발현에 따라 수정한 예시인 표 5-6은 우연히 점심식사 반찬으로 나온 봄나물을 탐색하면서 유아의 놀이에 따라 계획을 수정한다. 계절 및 주제인 '봄—봄의 식물'의 놀이환경을 유지하면서 소주제 '봄나물'을 추가하고, 실내와 실외의 장소변경을 통해 유아들의 관심에 따른 놀이를 지지하고 지원한다.

표 5-6 만 5세 계절 주제 '봄' 주간 보육계획안에 기록한 수정 예시

기간	2020년 월 일~ 월 일	연령	만 5세	담임	
주제	봄	소주제	봄의 식물 + 봄나물		
목표	• 봄이 되어 변화하는 동식물의 특성을 탐색한다. • 동물과 식물을 보살피며 소중히 여기는 마음을 갖는다.				
주	월	화	수	목	금
등원 및 맞이하기	등원 길에 보이는 봄의 식물에 관심가지기				
놀이	• ~~개구리 연못 만들기~~ → 봄나물 식당 만들기 • ~~꽃가게 놀이~~ • 여러 가지 식물도감 • 식물의 성장과정 • 식물 뿌리 관찰 + 봄나물 즙내기 • ~~봄을 담은 모빌~~ → 폐품과 봄나물로 자유롭게 만들기 • 다양한 악기 소리 탐색				
활동	〈이야기 나누기〉 • 봄의 식물 • 봄에 볼 수 있는 동물과 곤충 • ~~동·식물의 성장 과정~~ → 봄나물 놀이 마무리에 대한 이야기나누기 진행 〈동시〉 • ~~호랑나비 하얀나비~~ 〈동시〉 • 꽃장수				
바깥놀이	• 개미 등 곤충 찾아보기 • 산책, 식물탐색 • 들풀의 뿌리 관찰 • ~~〈대체활동〉 장애물 공굴리기 / 2인 1각 달리기~~				
지역사회연계	이야기 할머니 / ~~우당도서관 북버스~~ → 이야기 할머니와 산책하며 풀 이름 알아보기				
기본생활습관	이럴 땐 손을 꼭 씻어요				
안전교육	약물오남용 – 약은 정해진 양만 먹어요				

출처: 교육부, 보건복지부(2019a).

2) 일과 구성하기

(1) 영아를 위한 일과 구성

표 5-7에 제시한 영아의 일과는 개별 영아의 신체 리듬과 개별 욕구를 바탕으로 등원에서 귀가에 이르기까지 적절한 시간 배분과 순서를 가지고 진행한다. 일관성을 바탕으로 한 규칙적인 하루 일과는 영아가 예측할 수 있어 안정감을 가지게 된다. 규칙성을 바탕으로 개별 영아의 컨디션, 흥미, 날씨, 어린이집 상황 등을 반영하여 융통성 있게 조절할 수 있다.

2019년 6월, 어린이집 평가인증제도의 의무평가제 전환으로 모든 어린이집은 평가제 지표기준을 충족하도록 보육계획을 편성·운영하여야 한다. 일과에 실내 자유놀이를 영아 모두 매일 2시간(오전 1시간 이상 연속적 운영) 이상 충분하게 계획하고, 바깥놀이는 연령에 따라 0세는 주 3회·30분 이상, 1~2세는 매일 30분 이상, 유아는 매일 1시간 이상 배정하고 실행한다(보건복지부 외, 2019). 만약 영유아의 바깥놀이가 겹치는 경우, 시간대를 다르게 하여 바깥놀이가 충분히 이루어질 수 있도록 진행한다.

표 5-7 ≫≫ 영아반 하루 일과의 예시

순서	주요 일과			
	0~6개월	7~12개월	1세	2세
1	등원 및 맞이하기		등원 및 맞이하기	등원 및 통합보육
2	이유식 기저귀 갈이/씻기	오전간식(이유식) 기저귀갈이/씻기	오전 실내자유놀이	오전 실내자유놀이
3	오전 실내자유놀이		기저귀 갈이 및 손 씻기	화장실 가기 및 오전 간식
4	오전 수유 및 낮잠 준비		오전 간식	오전 바깥놀이 및 손 씻기
5	오전 낮잠	오전 낮잠 또는 오전 실내자유놀이	오전 바깥놀이 및 손 씻기	점심식사 및 이 닦기

(계속)

<table>
<tr><th rowspan="2">순서</th><th colspan="4">주요 일과</th></tr>
<tr><th>0~6개월</th><th>7~12개월</th><th>1세</th><th>2세</th></tr>
<tr><td>6</td><td colspan="2">수유 및 이유식
기저귀 갈이/씻기/이 닦기</td><td>점심식사 및 이 닦기</td><td>낮잠 준비 및 낮잠</td></tr>
<tr><td>7</td><td>오후 실내자유놀이 또는 산책</td><td>휴식 또는 오후 낮잠</td><td>낮잠 준비 및 낮잠</td><td>화장실 가기 및 오후 간식</td></tr>
<tr><td>8</td><td>오후 수유 및 낮잠</td><td>산책 및 바깥놀이</td><td>기저귀 갈이 및 손 씻기</td><td rowspan="2">오후 실내자유놀이</td></tr>
<tr><td>9</td><td>기저귀 갈이/손, 발 닦기/
이유식</td><td>기저귀갈이/
손, 발 닦기/
오후간식(이유식)</td><td>오후 간식</td></tr>
<tr><td>10</td><td colspan="2">오후 실내자유놀이</td><td>오후 실내자유놀이</td><td>오후 바깥놀이 및 손 씻기</td></tr>
<tr><td>11</td><td colspan="2">귀가 및 통합보육</td><td>귀가 및 통합보육</td><td>귀가 및 통합보육</td></tr>
</table>

(2) 유아를 위한 일과 구성

'개정 누리과정'의 고시문에 따르면 유아의 일과를 놀이, 일상생활, 활동으로 구성한다. '유아의 삶'을 구성하는 놀이는 일상생활과 함께 유아의 삶이 된다. 놀이를 유지하기 위한 교사의 지원 활동을 적절하게 운영하고, 일상생활 경험도 진행되는 놀이에 따라 시간과 방법을 변화해서 시도해 본다.

일과 구성하기에 앞서 가장 우선적으로 고려해야 할 것은 바깥놀이를 포함한 놀이시간을 충분히 확보하는 것이다. 어린이집 평가제에 따라 2시간 이상의 놀이시간을 계획했음에도 유아들이 충분히 놀지 못했다고 느끼는 것은 놀이시간을 분절하여 운영하거나 정리정돈의 횟수가 너무 많기 때문일 수도 있다. 놀이시간이 분절되면 유아는 놀이의 주요 특징인 자유로운 선택, 즐거움, 재미, 몰입을 제대로 느끼지 못하고 의미 있는 배움의 기회를 놓치게 된다. 충분한 놀이시간을 통해 진정한 놀이를 할 수 있도록 놀이시간에 간식, 점심식사를 포함시키거나, 교사의 지원인 활동을 포함하여 연계하는 방식으로 운영할 수 있다.

그림 5-1은 바깥놀이에서 나뭇가지 탐색과 스카프 놀이가 길어져 계획한 이야기나누기와 동화 활동을 진행하지 않기로 한 교사의 교육적 판단에 따라 바깥놀이 시간을 연장한 예이다. 점심시간의 연기는 어린이집 구성원 전체에 영향을 줄 수도 있기 때문에 사전에 구성원들과의 개정 누리과정에 대한 이해와 협력이 필요하다.

3세 바다반 일일교육계획안

일자	20**년 *월 *일 *요일	수업일수	○○○/○○○일
일과 시간표	09:00~ 등원 09:10~ 실내놀이 10:10~ 오전간식 10:40~ 바깥놀이 ~~11:40~ 화장실 다녀오기~~ 12:10~ 화장실 다녀오기 ~~11:50~ 이야기나누기 '주말 지낸 이야기'~~ ~~12:05~ 점심식사~~ 12:20~ 점심식사 ~~13:05~ 동화 '구름'~~ 13:25~ 귀가지도 및 하원		
누리과정 운영 평가	• 나뭇가지를 탐색하고, 스카프를 활용하여 놀이하는 시간이 길어져서 바깥놀이 시간을 연장함. • 계획해둔 이야기나누기와 동화 활동은 반드시 진행하지 않아도 되는 활동이라고 판단함. • 점심식사 시간을 여유 있게 계획 해두었기 때문에 식사 시작시간을 늦추어도 무리가 없다고 판단함.		

그림 5-1 ⋘ 일과 구성의 변경 예시

출처: 교육부, 보건복지부(2019a).

3) 놀이 이해 · 실행하기

어린이집에서 놀이를 중심으로 보육과정을 운영한다는 것은 도대체 무슨 뜻일까? 영유아의 놀이가 배움이 되도록 하는 지지와 지원은 어떻게 하는 것일까?

교사는 영유아가 만들고 이어가는 놀이를 따라가며 놀이경험을 이해하려고 할 때 놀이를 잘 지원할 수 있다. 보육과정 실행의 출발점은 영유아가 만들고 이어가는 놀이를 지켜보고 지원하는 것이다. 또한 그 실행의 중심은 영유아의 놀이이다. 교사가 영유아 놀이의 의미를 읽는다는 것은 그림 5-2와 같이 영유아가 놀이에서 무엇을 경험하고 어떻게 배우며, 또 어떤 방식으로 그 놀이를 이어가는지를 이해하는 것이다. 배움의 내용, 방식, 과정을 포함한 영유아의 놀이 경험에 대해 짧은 메모나 사진 등으로 남길 수 있다. 교사의 기록을 통한 교육적 행위는 어떻게 보육과정이 실행되었는지를 보여줄 수 있다.

그림 5-2 <<< 놀이 속 의미 찾기

출처: 경기도교육청(2019).

영유아가 관심과 흥미를 보이거나, 교사의 생각(계획)과 다르게 놀이하거나, 영유아가 주제와 관련되지 않은 놀이를 하는 이유를 교사가 보고 주목할 때 놀이의 의미 읽기가 시작된다. 영유아의 놀이를 따라가면 교사는 '표준보육과정' 5~6개 영역(0~2세 6개 영역, 3~5세 5개 영역)의 내용과 그 이상을 경험하고 통합하는 영유아의 유능함을 발견하게 된다.

그림 5-3 은 교사가 유아의 흥미와 관심을 읽고 놀이의 가치를 알아가는 과정을 '들여다보기→ 흔적 남기기→ 의미 찾기'로 이해하기 쉽게 제시하고 있다. 산책을 나갔다가 개미, 작은 벌레, 나비를 보고 옹기종기 모여 앉아 한참을 움직이지 않는 유아들을 보고 기록해 의미를 찾기 시작한다. 과학영역에서 애벌레를 관찰하고 그 움직임을 똑같이 따라하는 유아들을 보고는 사진으로 기록한다. 기록을 통해 유아들의 애벌레에 대한 탐구의 마음을 읽고, 계획했던 동화 활동 대신 신체표현 활동을 통해 유아들의 놀이를 지원하기로 한다.

그림 5-3 ⋘ 놀이 속 의미 찾기 과정

출처: 경기도교육청(2019).

'반짝이끈' 자료 활용의 주도권을 유아들에게 준 놀이 실행 사례 그림 5-4는 표 5-5의 교사가 계획했던 '봄' 주제 계획을 어떤 이유로 변경해 유아들의 놀이를 어떻게 지원했는지에 대한 구체적 여정이다. 교사는 유아들의 관심에 따라 시작된 놀이가 배움이 되도록 놀이를 지지하고 활동으로 지원한다.

유아들의 관심의 시작에 따라 교사는 반짝이끈을 더 구입해 자료로 내어주고, 온몸으로 뒹구는 유아들을 위해서 교구장을 이동해 공간을 넓혀 준다. 유아들의 반짝이끈 탐색과정을 사진과 동영상을 이용해 기록하고, 언어 표현에서 유아들이 다양한 감각을 통해 반짝이끈을 활용하는 것도 의미 있게 관찰한다. 놀이의 지원과 관련된 여러 가지 고민은 원내 학습공동체와 공유하여 방법을 찾는다. 새로운 놀이자료의 결합으로 몰입한 유아들을 위해 실내 놀이시간을 연장하고, 경험을 놀이로 표상하는 유아들의 놀이에 참여하여 상호작용하기도 한다. 놀이에 대한 유아들의 의견차는 이야기나누기 활동을 통해 해결방법을 모색하고, 반짝이끈을 비닐봉지에 정리하면서 생긴 유아들의 흥미는 비닐봉지를 이용한 공놀이로 새로운 놀이를 이끈다.

그림 5-4 ‘반짝이끈’ 자료 활용의 주도권을 유아들에게 준 놀이 실행 사례

출처: 교육부, 보건복지부(2019a).

관심의 시작 | 장식된 반짝이끈 발견

어버이날 행사를 위해 복도에 마련해 둔 포토존 장식으로 쓰인 응원술에 몇몇 유아가 관심을 보였다. 교사는 남은 응원술의 묶음을 풀어서 유아들에게 제공해주었다.
유아들은 응원술에 '반짝이끈'이라는 이름을 붙였다.

교사의 놀이 지원 실제	편성 및 교수학습
반짝이끈이 더 필요하다는 유아들의 요구에 따라 원장선생님과 의논한 후 자료를 더 구입해서 내주기로 하였다.	자료의 변화 (유아가 발견한 자료 지원)
반짝이끈을 몸에 감고 바닥을 뒹굴고 머리 위로 던지고 흩뿌리는 모습을 보고 유아가 활발하게 움직일 수 있도록 교구장을 이동하여 놀이 공간을 넓혀주었다.	공간의 변화 (교실 내 공간 재구성)

놀이 | 반짝이끈 탐색하기

좀더 풍부해진 반짝이끈을 만난 유아의 탐색 행동은 다양하게 나타났다.

유아들은 시간이 지날수록 활발하게 탐색하고 놀이하였지만, 교실은 점차 지저분해졌다.

교사의 놀이 지원 실제	편성 및 교수학습
교사는 유아의 반짝이끈 탐색 과정을 관찰하면서 사진이나 동영상으로 기록하며, 유아들의 언어 표현을 통해 유아가 반짝이끈을 탐색하면서 다양한 감각을 충분히 활용함을 관찰하였다.	상호작용 (관찰하기)
교사는 유아들의 놀이를 즉각 멈추고 정리를 하게 하고싶었지만, 계획된 실내놀이시간까지는 유아의 놀이를 지켜보기로 하였다. 지저분한 교실, 계획안 작성, 교육적 의의 등에 대한 고민을 원내 학습공동체에 공유하고 해결 방법에 대한 도움을 받기로 결정하였다.	기타 (교사 간 협의)

놀이 | 반짝이끈으로 보물찾기 놀이하기

교사는 원내 학습공동체에 공유하고 협의한 결과, 새로운 자료 탐색을 위해 유아들에게 시간이 더 필요할 것으로 판단하여 유아들에게 탐색의시간을 더 주고, 교사는 유아들의 놀이를 지속해서 관찰하기로 하였다.

한 유아는 교실에 만들기 재료로 있던 박스를 가져와 반짝이끈 놀이에 함께 사용하였다. 몸을 웅크리고 박스안에 들어가서 숨는 놀이를 하다가 한 두 명의 유아가 반짝이끈으로 몸을 덮어서 숨는 놀이를 하였다. 점점 많은 수의 유아가 참여하였고 놀잇감을 숨기는 놀이로 확장되었다. 유아들은 이 놀이를 보물찾기 놀이라고 이름을 붙였다.

교사의 놀이 지원 실제	편성 및 교수학습
박스를 반짝이끈 놀이에 함께 사용하게 되면서 놀이 공간의 확보가 필요하다고 판단하여 교구장을 이동시켜 공간을 확보하였다.	공간의 변화 (교실 내 공간 재구성)
박스와 반짝이끈 놀이 자료의 결합으로 인해 놀이에 참여하는 유아의 표정이 즐거워보이고, 적극적으로 놀이하는 모습을 보아, 유아가 놀이에 더 몰입할 수 있도록 실내놀이시간을 연장하여 일과를 운영하였다.	시간의 변화 (놀이시간 확장)

놀이 | 반짝이끈으로 상상놀이하기

유아들은 반짝이끈의 특성을 충분히 탐색하고 나서, 반짝이끈을 활용하여 상상놀이를 하기 시작하였다. 긴 반짝이끈으로 낚시놀이하기, 정수기 만들기 등 자신의 경험을 활용하여 상상놀이를 하였다.

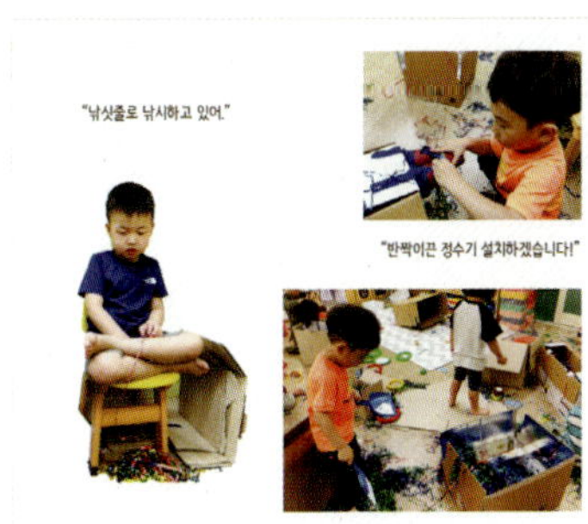

교사의 놀이 지원 실제	편성 및 교수학습
교사는 유아 자신의 경험을 놀이로 표상하는 유아의 놀이에 참여하여 상호작용하면서 놀이가 지속될 수 있도록 지원하였다. "물고기는 몇 마리 잡으셨나요?", "낚시하는 데 또 뭐가 필요할까?" "정수기는 어떤 물건이야?", "물은 어디에서 나오는 거야?"	상호작용 (질문하기/놀이 참여하기)

그림 5-4 <<< (계속)

활동 놀이 공간에 대해 이야기나누기

차츰 반짝이끈 놀이에 대한 유아들의 관심이 줄어들기 시작했다. 여전히 반짝이끈 놀이를 하고 싶은 소수의 유아와 다른 놀이로 관심이 옮겨간 다수의 유아들 사이에서 놀이 공간에 대한 의견 차이가 나타났다. 이를 해결하기 위한 이야기나누기 활동을 진행하였다.

유아들은 한 교실에서 모두가 즐겁게 놀이할 수 있도록 반짝이끈 놀이를 할 수 있는 별도의 공간을 마련하였다.

교사의 놀이 지원 실제	편성 및 교수학습
유아 간 의견 차이를 교사가 일방적으로 조율하지 않고, 유아의 이야기를 듣고 해결 방안을 함께 모색하기 위해 이야기나누기 활동을 진행하였다.	일과의 변화 (놀이를 지원하기 위한 활동)
유아주도적으로 반짝이끈 놀이를 할 공간의 위치와 크기를 정하였다. 유아가 스스로 움직일 수 있는 짐은 스스로 옮기되 안전 상 교사가 관찰하면서 도움이 필요한 경우 도움을 주었다.	공간의 변화 (교실 내 공간 재구성)

마무리와 새로운 관심의 시작 반짝이끈 놀이 정리하기 / 반짝이끈 담은 비닐봉지로 공놀이 하기

반짝이끈을 비닐봉지에 담자 비닐봉지가 공처럼 부풀어올랐고, 유아들은 그 특성을 활용하여 놀이하였다. 정리하면서 비닐봉지의 크기를 비교하기도 하고 굴리거나 던져 보기도 하였다.

교사의 놀이 지원 실제	편성 및 교수학습
유아가 반짝이끈 비닐공을 만드는데 필요한 테이프 등 자료를 제공해주었다.	자료의 변화 (유아가 결정한 자료 활용 방법 지지)
반짝이끈을 비닐봉지에 담아 정리하여 만들어진 비닐공을 가지고 하는 새로운 놀이가 시작되었다고 판단하였고, 실외에서 크게 움직이며 활발하게 놀이할 수 있도록 지원하였다.	공간의 변화 (교실 밖으로 확장)

그림 5-4 ⋘ (계속)

놀이 중심 보육과정에서 가장 중요한 것은 영유아와 영유아의 놀이이다. 놀이를 대하는 우리의 마음가짐, 그 마음을 담은 시선으로 영유아의 놀이를 바라보는 것에서부터 놀이 중심 보육과정 실천을 시작할 수 있다.

생각해 보자

올해 3월, 만 5세 슬기반을 맡은 나는 2월에 갓 대학을 졸업한 신입교사이다. 3월 초, 적응이 끝나고 우리 반 아이들의 본격적인 놀이가 시작됐다. 아빠가 경찰관인 승우는 어린이집 등원과 동시에 경찰관으로 변신하고, 승우의 절친인 우진이는 범인이 되어 보육실 전체를 휘젓고 다닌다.

승우와 우진이의 놀이에 흥미를 보이는 슬기반 아이들! 이제는 종이벽돌로 구성한 높은 담을 두고 다수의 아이들로 무리지어 대치하며 권총과 기관포까지 쏘아 댄다.

아! '개정 누리과정'에서는 유아의 놀이를 배움으로 지원하라고 하는데, 놀이 지원은커녕 다치지는 않을까 머리카락이 곤두설 지경이다. 이 놀이를 도대체 어떻게 해야 될까?

※ 그림 5-2, 그림 5-3, 그림 5-4를 살펴보며 답을 찾아보자.

참고문헌

경기도교육청(2019). 놀이 2019: 놀이중심 교육과정 심화자료.

교육부, 보건복지부(2019a). 2019 개정 누리과정 놀이실행자료.

교육부, 보건복지부(2019b). 2019 개정 누리과정 놀이이해자료.

교육부, 보건복지부(2019c). 2019 개정 누리과정 해설서.

교육부, 보건복지부, 육아정책연구소(2019). 2019 개정 누리과정 교사 연수자료: 강사용.

나종혜, 김송이, 신나리, 권연희, 배선영, 손승희(2018). 영유아 중심 보육교사를 위한 보육학개론. 경기: 파워북.

보건복지부, 한국보육진흥원(2019). 어린이집 장기 미종사자 직무교육: 강사용.

보건복지부, 한국보육진흥원(2019). 2019 어린이집 평가 매뉴얼(어린이집용).

보건복지부(2020). 보육사업안내.

울산광역시육아종합지원센터(2019). 어린이집 표준운영문서 서식.

CHAPTER 6

어린이집 운영관리

어린이집은 영유아와 부모, 사회와 국가의 공익을 위해 설립 · 인가되어 운영되는 기관으로 보육사업의 목적을 달성하기 위해 어린이집의 운영관리는 매우 중요하다. 보육 서비스의 질과 효율적인 보육서비스의 전달을 위해서 어린이집은 체계를 갖추고 전문적이고 합리적으로 운영되어야 한다.

CHAPTER

6

1. 어린이집 운영관리의 이해
2. 어린이집 운영관리의 내용

1. 어린이집 운영관리의 이해

1) 어린이집 운영관리의 필요성

어린이집 운영관리란 어린이집이 추구하는 목표를 달성하기 위해 인적, 물적, 재정적 자원을 효율적으로 계획, 조직, 실행, 평가하는 일련의 과정을 의미한다. 즉, 어린이집의 목표 달성을 위해 무엇을 해야 할지를 결정하고, 사람 · 시간 · 공간 · 돈 등을 합리적으로 조정하여 계획한 직무를 효율적으로 수행하고, 계획에 따라 바람직한 방향으로 이루어지고 있는지를 분석하고 평가하는 것이다.

어린이집 운영관리는 보육의 질과 직결되는 것은 물론, 더 나아가 어린이집 존립 여부에 지대한 영향을 미치고 있다. 최근 어린이집의 주요 선택권이 보육 서비스의 수요자인 부모에게 부여되고, 어린이집 의무 평가를 통해 어린이집에서 제공하는 보육 서비스의 질에 대한 정보가 널리 공유되고 있으며, 보육 서비스의 질에 대한 부모 만족도가 어린이집 평판을 좌우한다. 이에 따라 어린이집 간 생존 경쟁이 치열해지면서 한정된 자원으로 보육 서비스 수요자의 만족을 극대화하려는 합리적이고 체계적인 어린이집 운영관리가 매우 중요하게 부각되고 있다.

2) 어린이집 운영관리 영역

어린이집 운영관리 영역은 개별 어린이집의 특성과 상황에 따라 다양하게 나타날 수 있다. 영유아보육법에 근거한 어린이집 운영관리 영역은 크게 원아관리, 인사관리, 보육과정관리, 시설 · 설비관리, 공간관리, 재정관리, 사무관리, 부모 및 지역사회 협력관리, 평가관리로 구분할 수 있다.

표 6-1 어린이집 운영관리 영역별 주요 내용

영역	주요 내용
원아관리	영유아의 입·퇴소, 반 편성·그룹 짓기, 출·결석, 가정환경조사, 생활기록
인사관리	교직원의 채용, 담임 배정, 업무 분담, 복지, 직원회의, 교사연수, 근무평가, 장학지도
보육과정 운영	보육과정 운영을 위한 연간·월간·주간·일일 보육계획 수립 및 운영, 일과 계획 및 운영, 행사 계획 및 운영, 운동회, 소풍, 현장학습, 관찰 및 기록, 기본생활습관 지도, 건강·영양·안전, 위생 청결, 절약관리 및 지도
교재·교구 관리	교재·교구의 구입 및 관리, 시청각 교재 구입 및 관리
시설·설비 관리	건물, 교실, 놀이터, 주변 환경 관리, 안전관리, 시설·설비의 구입, 유지, 수리, 관리
공간관리	환경 구성 및 관리, 흥미영역의 구성 및 관리
재정관리	예산 편성, 보육료 수납, 운영비 지출, 회계장부 관리, 결산서 작성, 감사
사무관리	사무 분담과 사무처리 조직, 사무표준화, 법정서류 관리, 보고서류, 기록서류, 통신, 문서처리
부모와의 협력관계	정통신문, 운영위원회 조직 및 운영, 부모교육, 부모면담, 부모 참여 및 참관 행사
지역사회와의 교류	지역환경 관리, 지역사회 기관 및 단체와의 협력, 관련 행정기관과의 협력, 견학기관과의 협력, 학회 연구소 등과의 관계, 언론기관과의 관계, 방문 및 참관자 관리, 자원봉사자 모집 및 운영

이 장에서는 원아관리, 인사관리, 재무회계, 문서관리, 비품 및 교재·교구 관리에 대해 자세히 알아보고자 한다.

2. 어린이집 운영관리의 내용

1) 원아관리

(1) 어린이집 운영시간 확정

어린이집의 운영시간은 주 6일 이상, 연중 계속 운영[월~금요일: 12시간(7:30~19:30), 토요일: 8시간(7:30~15:30)]하는 것을 원칙으로 하지만, 지역 및 시설 여건 등을 고려하여 미리 보호자의 동의를 받은 후, 어린이집 운영위원회의 결정에 따라 토요일 휴무를 할 수 있다. 어린이집의 운영시간 중 보육시간은 개정된 「영유아보육법」에 의해 2020년 3월 1일부터 보육시간을 기본보육과 연장보육으로 구분하여 운영할 수 있다. 「영유아보육법」 제24조의2 및 '2021년도 보육사업안내'에 따른 기본보육과 연장보육의 시간과 내용은 표 6-2와 같다.

표 6-2 >>> 기본보육과 연장보육의 시간 및 내용

<table>
<tr><th colspan="2">구분</th><th>시간</th><th>내용</th></tr>
<tr><td colspan="2">기본보육</td><td>09:00~16:00
(7시간)</td><td>어린이집을 이용하는 모든 영유아에게 필수적으로 제공되는 과정으로, 보건복지부령으로 정하는 시간 이하의 보육</td></tr>
<tr><td colspan="2">연장보육</td><td>16:00~19:30</td><td rowspan="5">기본보육을 초과하여 보호자의 욕구 등에 따라 제공되는 보육</td></tr>
<tr><td rowspan="4">그 밖의
연장보육</td><td>야간 연장보육</td><td>19:30~24:00</td></tr>
<tr><td>야간 12시간보육</td><td>19:30~익일 07:30</td></tr>
<tr><td>24시간보육</td><td>07:30~익일 07:30</td></tr>
<tr><td>휴일보육</td><td>일요일, 공휴일
09:00~16:00</td></tr>
</table>

출처: 보건복지부(2021a).

(2) 어린이집 반 편성 확정

어린이집은 최상의 보육서비스를 영유아들에게 제공하기 위하여 인가정원에 따라 모집된 영유아 수를 바탕으로 반 편성이 이루어지고 각 연령과 반별 특성에 따라 적합한 담임교사 및 보조교사의 배치가 필요하다. 어린이집의 반 편성기준은 기본보육 시간과 연장보육 시간으로 나누어 살펴볼 수 있다.

① 기본보육 시간 내 반 편성

어린이집은 가능한 한 만 2세 미만 영아반, 만 2세 영아반과 만 3세 이상의 유아반을 동시에 편성하여 운영해야 하며, 장애아가 있는 경우에는 장애아만으로 구성된 장애아반을 운영할 수 있다. 연령별 반 편성기준은 동년도 출생아(동년도 1.1.~동년도 12.31. 출생아)를 함께 반 편성하는 것을 원칙으로 한다. 「영아유보육법」 시행규칙 제10조[별표 2]에 따른 연령별 반 편성 시 반별 정원기준은 표 6-3과 같다.

표 6-3 >>> 연령별 반 정원기준

반별 정원기준	만 0세	만 1세	만 2세	만 3세	만 4세 이상
원칙	3명	5명	7명	15명	20명

출처: 보건복지부(2021a).

어린이집 입소원아 수의 상황에 따라 혼합반 운영이 가능하지만, 혼합반 운영 시 교사 대 아동 비율은 낮은 연령의 교사 대 아동 비율을 따라야 하고, 표 6-4와 같이 혼합반 운영원칙을 준수하여야 한다.

표 6-4 >>> 혼합반 운영원칙

혼합반 운영	만 0세와 만 1세 영아	만 1세와 만 2세 영아	만 0세와 만 2세 영아	만 2세 이하 영아와 만 3세 이상 유아	만 3세와 만 4세 이상 유아
원칙	가능	가능	불가능	불가능	가능
교사 대 아동 비율	1 : 3	1 : 5	–	–	1 : 15

출처: 보건복지부(2021a).

② 연장보육 시간 내 반 편성

연장보육반은 연령별 또는 연령 혼합으로 편성이 가능하지만 연령 혼합 편성 시에는 영아와 유아를 구분하여 각각의 반으로 편성하는 것을 원칙으로 한다. 「영유아보육법」 시행규칙 제10조[별표 2. 제1호나목8]에 따라 영아반의 경우 5명, 유아반의 경우 15명, 장애아 포함 시 3명을 원칙으로 한다. 0세반 아동으로만 구성된 반은 3명이 원칙이며 탄력편성은 불가하고, 0세반 아동이 포함된 영아반은 원당 1개 반에 한해 3명이 원칙이며 탄력편성은 2명까지 가능하다. 그 외의 다른 영아반의 정원은 5명이 원칙이며 탄력편성은 2명까지 가능하다.

표 6-5 연장보육반 정원 및 탄력편성

반별 정원	영아반	유아반	장애아 포함 또는 0세반	0세반 아동 포함 영아반	
				1개 반	그 외
원칙	5명	15명	3명	3명	5명
탄력편성 가능 인원	2명	5명	0명	2명	2명

* 0세반 아동 포함 영아반은 1개 어린이집당 1개 반에 한해 정원 3명 가능

출처: 보건복지부(2021a).

(3) 원아 모집

어린이집을 운영하기 위해서 원아 모집은 매우 중요하다. 아무리 좋은 시설과 우수한 인력을 갖추고 있더라도 원아 모집과 원아관리가 제대로 이루어지지 않아 영유아가 정원보다 부족하면 재정적으로 운영의 어려움을 겪게 될 수 있다. 그렇기 때문에 운영관리 측면에서는 원아 모집은 매우 중요한 요소이다. 원아 모집을 위해서는 지역사회의 특성과 부모의 요구를 정확히 파악하는 것이 필요하다.

어린이집 홍보를 위해서 원장은 먼저 어린이집의 보육 철학과 목적을 명확하게 정하고, 어린이집 운영 전반을 이해할 수 있도록 다양한 내용을 넣은 '어린이집 운영안내

서'등의 자료를 유인물로 만드는 것이 필요하다. 또한 장기적으로 어린이집 재원원아를 위해서는 정기적인 부모만족도 조사를 실시하여 분석하고 이를 어린이집 운영에 반영할 필요가 있다. 어린이집을 홍보하는 방법에는 간판, 현수막, 포스터, 브로슈어, 전단지, 인터넷의 어린이집 정보공시 등이 있으며, 어린이집에 대한 이해를 위한 정보로 다음과 같은 항목들을 포함하여야 한다(보건복지부, 2017).

- 어린이집의 이름과 주소, 전화번호, 홈페이지나 웹 커뮤니티 주소
- 프로그램에 대한 설명(일반 학부모들이 이해하기 쉬운 용어를 사용하여 정리함)
- 운영시간
- 원아모집 절차 및 등록 절차
- 모집 대상
- 특별한 프로그램 내용
- 기타 어린이집의 특징과 장점 및 환경 등

그림 6-1 부모 오리엔테이션

그림 6-2 부모면담

어린이집 원장은 임신육아종합포털 아이사랑의 '입소대기관리시스템'을 통해 원아모집을 해야 하며, 우선순위 및 신청순위에 따라 입소 원아를 결정하고 신청순위에 따라 어린이집 이용신청자명부(시행규칙 별지 제17호의2 서식)를 작성 · 비치하여야 한다. 입소신청자 중 동일 순위 내 경합이 있을 경우에는 입소대기 신청순서에 따라 순위

표 6-6 >>> 입소 우선순위

1. 1순위

- 「국민기초생활보장법」에 따른 수급자
- 「한부모가족지원법」 제5조의 규정에 의한 보호대상자의 자녀
- 「국민기초생활보장법」 제24조의 규정에 의한 차상위계층의 자녀
- 「장애인복지법」 제2조에 따른 장애인 중 장애의 정도가 심한 장애인의 자녀 또는 형제자매
  * 장애인복지법 시행규칙[별표 1]의 장애 정도 중 장애의 정도가 심한 장애인
- 아동복지시설에서 생활 중인 영유아
- 부모가 모두 취업 중이거나 취업을 준비 중인 영유아
- 「다문화가족지원법」 제2조제1호에 따른 다문화가족*의 영유아
  * 「재한외국인 처우 기본법」 제2조제3호의 결혼이민자와 「국적법」 제2조부터 제4조까지의 규정에 따라 대한민국 국적을 취득한 자로 이루어진 가족
  * 「국적법」 제3조 및 제4조에 따라 대한민국 국적을 취득한 자와 같은 법 제2조부터 제4조까지의 규정에 따라 대한민국 국적을 취득한 자로 이루어진 가족
- 「국가유공자 등 예우 및 지원에 관한 법률」 제4조제1항에 따른 국가유공자 중 전몰자(제3호), 순직자(제5호 · 제14호 · 제16호), 상이자(제4호 · 제6호 · 제12호 · 제15호 · 제17호)로서 보건복지부령으로 정하는 자*의 자녀
  * 「국가유공자 등 예우 및 지원에 관한 법률」 시행령[별표 3]의 1급 내지 3급까지의 상이등급에 해당하는 사람
- 자녀가 3명 이상인 가구의 영유아 또는 만 8세 이하 또는 초등학교 2학년 이하인 자녀가 2명 이상인 가구의 영유아
  * 2자녀 가구의 경우, 3월 신학기 입소 시 첫째 자녀가 만 9세 또는 초등학교 3학년에 도달할 경우 해당하지 않음
  * 태아는 자녀에 포함되지 않으므로 태아에 대한 입소대기신청은 불가. 다만 임신 중인 태아가 입소일 전에 출산예정인 경우 임신중인 태아를 자 자녀수에 포함 가능(출산예정일이 명시된 진단서 등 제출)
- 임신부의 자녀인 영유아
- 제1형 당뇨를 가진 경우로서 의학적 조치가 용이하고 일상생활이 가능하여 보육에 지장이 없는 영유아
- 산업단지 입주기업체 및 지원기관 근로자의 자녀로서 산업단지에 설치된 어린이집을 이용하는 영유아

2. 2순위

- 기타 「한부모가족지원법」에 따른 한부모 가족 및 조손 가족
- 가정위탁 보호아동 및 입양된 영유아
  * 위탁가정의 경우에 위탁아동을 친자녀로 포함하여 입소 우선순위 모든 요건 적용
- 동일 어린이집 재원 중(신학기 입소 확정 포함)인 아동의 형제 · 자매
  * 단, 재원아동 형제 · 자매의 경우, 3월 신학기 입소 시 첫째 자녀가 초등학교에 입학할 경우 해당하지 않음

출처: 보건복지부(2021a).

를 결정하고, 동일 입소신청자가 1, 2순위 항목에 중복 해당되는 경우에는 해당 항목별(1순위 항목당 100점, 2순위 항목당 50점으로 산정, 항목당 점수 중복 부여 가능) 점수를 합하여 고득점자순으로 입소를 결정한다. '입소대기관리시스템'을 통하여 입소 시 증빙서류를 입소일 전 7일 이내 제출받아 반드시 확인 후 입소 처리하여야 하며, 입소 우선순위 해당 여부 및 증빙서류는 '입소일'을 기준으로 판단한다. 또한 부모가 거짓이나 그 밖에 부정한 방법으로 증빙서류를 제출 시 어린이집 입소 대기 신청을 취소한다.「영유아보육법」제28조, 시행령 제21조의4, 시행규칙 제29조에 따른 입소 우선순위는 표 6-6과 같다.

(4) 영유아 정보관리

영유아의 어린이집 입소가 확정되면 입소 전 신입 영유아에게 적합한 보육 서비스 제공을 위해서 영유아와 가족에 관한 정보를 수집해야 한다. 영유아와 가족에 관한 정보는 보육서비스 제공을 위한 목적에 맞게 어린이집에서 융통성 있게 수집해야 하며, 정보에 대한 비밀이 보장되어야 하고 보육목적 이외의 용도로는 절대 사용되어서는 안 된다. 영유아와 가정환경을 파악하기 위한 정보로는 영유아 이름, 성별, 생년월일, 주소, 사진, 부모 성명, 전화번호, 직업, 근무처, 가족사항, 등·하원 시 보호자, 생활습관, 예방접종, 병력 및 성장에 관한 기록 등이 있다. 이와 관련된 문서로는 표 6-7의 부모 동의 및 조사서와 표 6-8의 생활기록부가 있다.

어린이집 원장은「영유아보육법」제29조의2에 따라 영유아의 발달 등을 종합적으로 관찰·평가하여 영유아 생활지도 및 초등학교 교육과의 연계지도에 활용할 수 있도록 생활기록부를 작성·관리해야 한다. 영유아 생활기록부는 보호자의 요청 및 전학하는 어린이집, 아동이 입학한 초등학교에서 생활지도를 위해 생활기록부를 요청할 경우, 보호자의 동의를 얻어 생활기록부 사본(전자서식 포함)을 보내주어야 한다.

또한 어린이집에서는 영유아의 등원 여부 및 등·하원 시간을 기록하는 출석부를 보육통합정보시스템의 전자출석부로 사용 및 관리해야 하고, 담임교사가 출석부에 아동의 출결 상황 및 등·하원 시간을 기록하는 것이 원칙이나 당번교사, 원장, 보조교사, 보호자도 기록이 가능하다.

표 6-7 ⋙ 부모 동의 및 조사서

20○○년 부모 동의 및 조사서

○○어린이집에서는 영유아보육법 및 동법 시행규칙, 보육사업안내 등에 따라 아래의 내용에 대하여 보호자의 동의를 받아 진행 여부를 결정하고자 합니다. 구체적인 내용을 확인하고 해당 내용에 동의 여부를 빠짐없이 체크해 주시기 바랍니다.

〈영유아 기본정보〉

영유아명	(□남 □여)	반명	
생년월일		혈액형	
주소			
보호자	성명	관계	연락처

★ 변경사항(　　　　　　　　　　　　　　　　)

1. 응급처치 및 귀가동의

구분	내용
응급처치	응급 상황 발생 시 위의 보호자에게 연락하여 주십시오. 필요 시 119구조대에 연락하여 □ 어린이집 지정 의료기관(　　　　　　)이나 □ 보호자 지정 의료기관 (　　　　　　)으로 수송해 주십시오. ※ 보호자 지정 의료기관을 선택할 경우 응급실을 운영하는 의료기관으로 기재해 주세요.
귀가동의	위 영유아의 귀가 시 위의 보호자에게 인도하여 주십시오. 정해진 보호자 외 다른 사람에게 인계해야 할 경우 사전에 반드시 연락을 취하겠습니다. ※ 우리 어린이집에서는 영유아를 성인 보호자에게 인계하는 것이 원칙입니다. 다만, 보호자가 보육아동의 13세(중학생) 이상 형제자매에게 인계를 희망하는 경우에는 예외적으로 가능하며, 이때 인계후 발생하는 안전사고 등에 대한 책임은 보호자에게 있습니다.(동의함□) 등·하원방법: □ 보호자 동행 □ 차량(어린이집) 차량 이용 시 등·하원 시간 : 등원(　시　분), 하원(　시　분) 부모 외 인계 보호자 :

★변경사항(　　　　　　　　　　　　　　　　)

2. 특별활동 프로그램 참여

특별활동 프로그램						참여 여부
구분	내용	실시 횟수	요일	운영시간	비용(원)	
		주　회		~		□참여 □미참여
		주　회		~		□참여 □미참여
		주　회		~		□참여 □미참여

※ 특별활동에 참여하지 않는 영유아에 대해서는 대체 프로그램을 마련하여 진행함

★ 변경사항(　　　　　　　　　　　　　　　　)

3. 식품알레르기 조사

어린이집에서는 영유아 급·간식 제공 시 건강정보를 참고하여 안전한 음식을 제공하고자 합니다. 식품에 대한 알레르기 반응 유무를 체크하고, 알레르기가 있을 경우 추가로 배부하는 '식품알레르기 상세 조사서'를 작성해 주시기 바랍니다.

식품알레르기 여부	알레르기 유발 식품	알레르기 증상	병원진단 유무
□있음 □없음			

〈식품알레르기 유발 식품〉 ① 난류(가금류에 한함) ② 우유 ③ 메밀 ④ 땅콩 ⑤ 대두 ⑥ 밀 ⑦ 고등어 ⑧ 게 ⑨ 새우 ⑩ 돼지고기 ⑪ 복숭아 ⑫ 토마토 ⑬ 아황산류(SO_2 잔류량으로 10 mg/kg 이상 함유, 각종 와인·단무지·건조과일·연근·도라지 등 흰색채소의 표백에 쓰이는 첨가물) ⑭ 호두 ⑮ 잣 ⑯ 키위 ⑰ 닭고기 ⑱ 조개 ⑲ 굴 ⑳ 전복 ㉑ 홍합 ㉒ 오징어 ㉓ 쇠고기 ㉔ 참깨

〈식품알레르기 관리방안〉

- 연 1회 영유아 식품알레르기 조사
- 식품알레르기가 있는 음식이 포함된 경우 부모님의 선택에 따라 식단 관리
  - 해당 알레르기 유발 식품이 포함된 날에는 가정에서 개인 도시락, 간식을 지참하겠음
  - 해당 알레르기 유발 식품이 포함된 메뉴를 제외하고 제공해주기를 희망함
  - 알레르기 유발 식품을 제거하고 조리한 메뉴를 제공하기를 희망함(예시: 멸치아몬드 조림→멸치조림 등)
  - 같은 식품군 내 대체 메뉴를 별도로 제공해 주기를 희망함(예시: 달걀말이→연두부 등)
- 식단 안내 시 대체식품도 함께 계획하여 안내

※ 현재 식품알레르기 증상이 없으나 이후 증상이 발생하거나 있던 증상이 없어지는 경우, 어린이집으로 알려 주시기 바랍니다.

★ 변경사항(　　　　　　　　　　　　　　　　)

대상전염병	백신 종류 및 방법	접종차수	접종일자	접종기관
폴리오	IPV	1차		
		2차		
		3차		
b형헤모필루스 인플루엔자	Hib	1차		
		2차		
		3차		
		4차		
홍역 · 유행성이하선염 · 풍진	MMR	1차		
수두	Var	1회		
일본뇌염	JEV(사백신)	1차		
		2차		
		3차		
	JEV(생백신)	1차		
		2차		
인플루엔자	Flu	매년 접종		
장티푸스(24개월 이상부터)	주사용	고위험군에 한함		
A형간염	HepA	1차		
		2차		
폐렴구균	PCV(단백결합)	1차		
		2차		
		3차		
		4차		
	PPSV(다당질)	고위험군에 한함		
기타 임시예방접종 등		명칭 기재		
		명칭 기재		

* 예방접종 도우미 사이트 참조

5. 건강진단

연령	실시 여부	실시일자	실시기관	비 고
0세				□ 영유아건강검진(차수 : ________차) □ 영유아건강검진 외 □ 미실시(사유 : ________, 고지 횟수 · 일자 : ________)
1세				□ 영유아건강검진(차수 : 차) □ 영유아건강검진 외 □ 미실시(사유 : ________, 고지 횟수 · 일자 : ________)
2세				□ 영유아건강검진(차수 : ________차) □ 영유아건강검진 외 □ 미실시(사유 : ________, 고지 횟수 · 일자 : ________)

※실시여부 표시 : 실시의 경우 ○, 미실시의 경우 ×
※비고 : 해당 항목 체크 및 내역기재

6. 병력기록

병명	질병발생 연월일 및 질병의 정도	
	입소 전	입소 후

7. 신체발달상황

구분 \ 측정시기								
신장(cm)								
몸무게(kg)								
측정자								

비고: 18개월 미만의 영아는 2개월마다, 그 이상의 영아는 6개월마다 측정 · 기록한다.

기록관리자	

출처: 보건복지부(2021a).

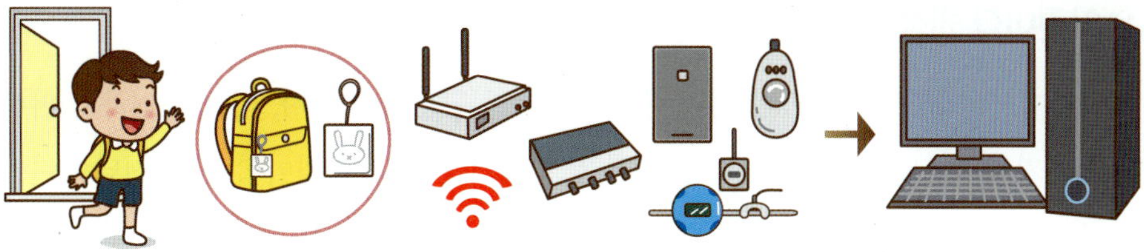

그림 6-3 ≪≪ 전자출결시스템

출처: 보건복지부(2021b).

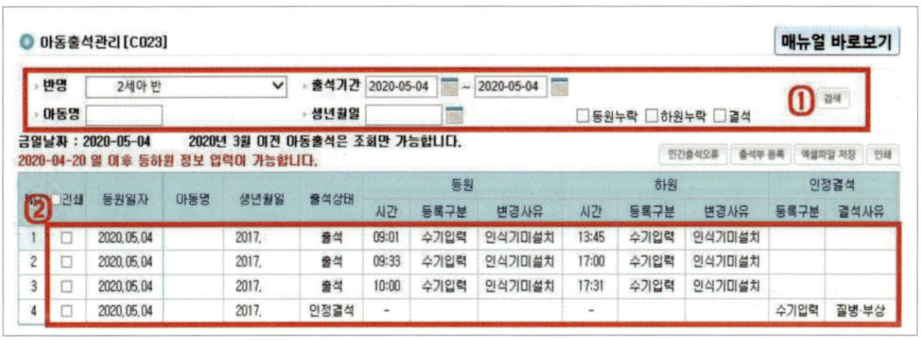

아동출석관리 [C023] 매뉴얼 바로보기

반명 2세아 반 출석기간 2020-05-04 ~ 2020-05-04
아동명 생년월일 □등원누락 □하원누락 □결석 ① 검색

금일날짜 : 2020-05-04 2020년 3월 이전 아동출석은 조회만 가능합니다.
2020-04-20 일 이후 등하원 정보 입력이 가능합니다.

No	□인쇄	등원일자	아동명	생년월일	출석상태	등원			하원			인정결석	
						시간	등록구분	변경사유	시간	등록구분	변경사유	등록구분	결석사유
1	□	2020.05.04		2017.	출석	09:01	수기입력	인식기미설치	13:45	수기입력	인식기미설치		
2	□	2020.05.04		2017.	출석	09:33	수기입력	인식기미설치	17:00	수기입력	인식기미설치		
3	□	2020.05.04		2017.	출석	10:00	수기입력	인식기미설치	17:31	수기입력	인식기미설치		
4	□	2020.05.04		2017.	인정결석	-			-			수기입력	질병·부상

그림 6-4 ≪≪ 보육통합정보시스템의 전자출석부

출처: 보건복지부(2021c).

2) 인사관리

(1) 보육교직원의 자격

어린이집의 보육교직원이란 「영유아보육법」에 어린이집 영유아의 보육, 건강관리 및 보호자와의 상담, 그 밖에 어린이집의 관리·운영 등의 업무를 담당하는 자로서 어린이집의 원장 및 보육교사와 그 밖의 직원을 말한다.

「영유아보육법」 시행령 제21조 [별표 1]에 의한 보육교직원 자격기준은 다음과 같다.

① 어린이집 원장 자격기준

어린이집은 규모와 운영 내용, 설립주체에 따라 구분이 다르며, 이를 운영하기 위한 원장의 자격기준도 구분된다. 원장 자격은 일반기준, 가정어린이집, 영아전담어린이집, 장애아전문어린이집, 대학 또는 교육훈련시설이 운영하는 어린이집으로 구분되며, 원장 자격을 취득하기 전에 반드시 보건복지부령으로 정하는 사전직무교육을 받아야 한다. 어린이집 원장의 자격기준은 표 6-9와 같다.

표 6-9 어린이집 원장의 자격기준

구분	자격기준
일반 기준	• 보육교사 1급 자격을 취득한 후 3년 이상의 보육 등 아동복지업무 경력이 있는 사람 • 「유아교육법」에 따른 유치원 정교사 1급 자격 또는 같은 법에 따른 특수학교(유치원 과정을 말함)의 정교사 자격을 취득한 후 3년 이상의 보육 등 아동복지업무 경력이 있는 사람 • 유치원 원장의 자격을 가진 사람 • 「초 · 중등교육법」에 따른 초등학교 정교사 자격 또는 같은 법에 따른 특수학교(초등학교 과정을 말함)의 정교사 자격을 취득한 후 5년 이상의 보육 등 아동복지업무 경력이 있는 사람 • 「사회복지사업법」에 따른 사회복지사 1급 자격을 취득한 후 5년 이상의 보육 등 아동복지업무 경력이 있는 사람 • 「의료법」에 따른 간호사 면허를 취득한 후 7년 이상의 보육 등 아동복지업무 경력이 있는 사람 • 국가 또는 지방자치단체에서 7급 이상의 공무원으로 보육 등 아동복지업무에 5년 이상 근무한 경력이 있는 사람
가정 어린이집	• 일반기준에서 정한 자격을 갖춘 사람 • 보육교사 1급 이상 자격을 취득한 후 1년 이상의 보육업무 경력이 있는 사람
영아전담 어린이집	• 일반기준에서 정한 자격을 갖춘 사람 • 간호사 면허를 취득한 후 5년 이상의 아동간호업무 경력이 있는 사람
장애아전문 어린이집	• 일반기준에서 정한 자격을 갖춘 사람으로서 다음의 어느 하나에 해당하는 사람 – 대학(전문대학을 포함)에서 장애인복지 및 재활 관련 학과를 전공한 사람 – 장애영유아어린이집에서 2년 이상의 보육업무 경력이 있는 사람
대학 또는 교육훈련 시설이 운영하는 어린이집	• 일반기준에서 정한 자격을 갖춘 사람 • 어린이집을 운영하는 대학의 조교수 또는 교육훈련시설의 전임교수 이상으로서 보육 관련 교과목에 대하여 3년 이상의 교육 경력이 있는 사람

출처: 보건복지부(2021a).

② 보육교사 자격기준

어린이집 보육교직원 중 보육교사의 자격 기준은 보육교사 1급, 2급, 3급의 세 등급으로 구분되며 자격기준은 표 6-10과 같다.

표 6-10 보육교사의 자격기준

등급	자격기준
보육교사 1급	1. 보육교사 2급 자격을 취득한 후 3년 이상의 보육업무 경력이 있는 사람으로서 보건복지부장관이 정하는 승급교육을 받은 사람
	2. 보육교사 2급 자격을 취득한 후 보육 관련 대학원에서 석사학위 이상을 취득하고 1년 이상의 보육업무 경력이 있는 사람으로서 보건복지부장관이 정하는 승급교육을 받은 사람
보육교사 2급	1. 전문대학 또는 이와 같은 수준 이상의 학교에서 보건복지부령으로 정하는 보육 관련 교과목 및 학점을 이수하고 졸업한 사람
	2. 보육교사 3급 자격을 취득한 후 2년 이상의 보육업무 경력이 있는 사람으로서 보건복지부장관이 정하는 승급교육을 받은 사람
보육교사 3급	고등학교 또는 이와 같은 수준 이상의 학교를 졸업한 사람으로서 보건복지부령으로 정하는 교육훈련시설에서 정해진 교육과정을 수료한 사람

출처: 보건복지부(2021a).

어린이집 보육교사 자격 중 2급 자격증을 취득하기 위해서는「영유아보육법」시행규칙 제12조제1항[별표 4]의 규정에 의한 보육 관련 교과목 중 총 17과목 51학점 이상을 이수하고 졸업하면 가능하다. 교육영역별 교과목 및 학점은 표 6-11과 같다.

표 6-11 보육 관련 교육영역별 교과목 및 학점

구분		교과목	이수과목(학점)
교사 인성 영역	필수 교과목	보육교사(인성)론, 아동권리와 복지	2과목 (6학점)

(계속)

구분		교과목	이수과목 (학점)
보육 지식과 기술 영역	필수 교과목	보육학개론, 보육과정, 영유아발달, 영유아교수방법론, 놀이지도, 언어지도, 아동음악(또는 아동동작, 아동미술), 아동수학지도(또는 아동과학지도), 아동안전관리(또는 아동생활지도)	9과목 (27학점)
	선택 교과목	아동건강교육, 영유아 사회정서지도, 아동문학교육, 아동상담론, 장애아 지도, 특수아동 이해, 어린이집 운영관리, 영유아 보육프로그램 개발과 평가, 보육정책론, 정신건강론, 인간행동과 사회환경, 아동간호학, 아동영양학, 부모교육론, 가족복지론, 가족관계론, 지역사회복지론	4과목 (12학점) 이상
보육 실무영역	필수 교과목	아동관찰 및 행동연구, 보육실습	2과목 (6학점)
전체		17과목 51학점 이상	

※ 각 과목은 3학점을 기준으로 하며 최소 2학점 이상이어야 함

※ 상기 교과목 이외에 교과목 명칭이 동일하지 아니하더라도 교과내용이 동일하다고 인정받고자 하는 경우, 동일 교과목 심의를 보육교직원 자격검정위원회로 요청하여 동일 과목으로 인정받아야 하며, 심의절차는 자격검정위원회 운영규정에 따름. 단, 심의결과는 당해 대학에만 인정되고, 타 대학은 미적용(당해 사건에 개별적 효력만 인정)

출처: 보건복지부(2021a).

단, 다음의 대면교과목은 과목당 8시간 이상 출석수업이 이루어져야 하고, 1회 이상 출석시험에 임해야 한다.

표 6-12 ⋙ 보육 관련 교과목 중 대면교과목

구분	교과목
인성 영역	보육교사(인성)론, 아동권리와 복지
보육 지식과 기술 영역	놀이지도, 언어지도, 아동음악(또는 아동동작, 아동미술), 아동수학지도(또는 아동과학지도), 아동안전관리(또는 아동생활지도)
보육실무영역	아동관찰 및 행동연구, 보육실습

출처: 보건복지부(2021a).

(2) 보육교직원 채용

부모들이 어린이집을 선택함에 있어 우수한 보육교사는 중요한 기준이 되므로 어린이집의 운영에서 우수한 보육교사, 보육교직원을 채용하는 것은 어린이집을 잘 운영하는 데 필수 사항이다.

어린이집 운영자는 보육교직원 채용 시 자격기준을 갖춘 자를 채용해야 하며, 「영유아보육법」 제17조 및 시행규칙 제10조 관련 보육교직원 배치기준은 표 6-13과 같다.

표 6-13 >>> 보육교직원 배치기준

<table>
<tr><th>구분</th><th>배치기준</th><th>자격기준</th><th>비고</th></tr>
<tr><td>원장</td><td>전 어린이집별 1인
※ 단, 영유아 20인 이하를 보육하는 어린이집은 어린이집의 원장이 보육교사를 겸임할 수 있음</td><td rowspan="2">영유아보육법 시행규칙 제10조 [별표2]</td><td>정원 기준</td></tr>
<tr><td>보육교사</td><td>• 만 1세 미만 ⇒ 영아 3인당 1인
• 만 1세 이상 만 2세 미만 ⇒ 영아 5인당 1인
• 만 2세 이상 만 3세 미만 ⇒ 영아 7인당 1인
• 만 3세 이상 만 4세 미만 ⇒ 유아 15인당 1인
• 만 4세 이상 미취학 유아 ⇒ 유아 20인당 1인
※ 유아 40인당 1인은 보육교사 1급 자격자여야 함
• 취학아 ⇒ 20인당 1인
• 장애아 ⇒ 3인당 1인
※ 장애아 9인당 보육교사 1인은 특수교사 자격소지자여야 함
• 연장반 만 3세 미만 ⇒ 영아 5인당 1인
• 연장반 만 3세 이상 ⇒ 유아 15인당 1인
※ 연장반의 만 1세 미만 및 장애아 ⇒ 3인당 1인</td><td>현원 기준</td></tr>
<tr><td>간호 또는 간호조무사</td><td>• 영유아 100인 이상을 보육하는 어린이집</td><td>–</td><td>현원 기준</td></tr>
<tr><td>영양사</td><td>• 영유아 100인 이상을 보육하는 어린이집</td><td>–</td><td>현원 기준</td></tr>
<tr><td>조리원</td><td>• 영유아 40인 이상을 보육하는 어린이집
※ 영유아 매 80인을 초과할 때마다 1인씩 증원
※ 「식품위생법」에 따라 상시 1회 50인 이상에게 식사를 제공하는 어린이집은 집단급식소로 신고·운영하고 조리사 면허를 갖춘 조리원을 배치</td><td>–</td><td>현원 기준 (방과후 제외)</td></tr>
</table>

출처: 보건복지부(2021a).

보육교직원 채용 (원장, 보육교사, 특수교사, 조리원 등)	• 채용주체 : 어린이집 설치자 • 채용조건 : 자격기준을 갖춘 자 • 채용 시 구비서류 - (공통) 인사기록카드, 주민등록등본, 채용신체검사서(공무원 채용 신체검사서 준용 가능), 성범죄 경력 및 아동학대 범죄전력 조회 회신서, 개인정보제공 및 고유식별정보 처리동의서, 보수교육 수료증 - (자격이 필요한 자) 자격증 또는 면허증 사본
↓	
교직원 임면보고	• 임면보고 절차 : 어린이집 → 시 · 군 · 구청장(채용 후 14일 이내) • 임면보고 시 구비서류 - 인사기록카드, 채용신체검사서, 자격증 사본, 성범죄 경력 및 아동학대 범죄전력 조회 회신서, 개인정보제공 및 고유식별정보 처리 동의서, 보수교육 수료증 ※ 자격증 사본 및 보수교육 수료증은 보육통합정보시스템으로 확인 가능한 경우 제출 제외 ※ 인사기록카드는 '임신육아종합포털(아이사랑)', '보육통합정보시스템'을 통해 임면보고 가능(2015. 2. 2.~) ※ 어린이집 및 시 · 군 · 구에서는 교직원 임면보고를 시스템을 통해 실시하고 적극 지도
↓	
교직원 자격의 적격성 확인	• 확인주체 : 시 · 군 · 구청장 • 확인대상 : 어린이집 원장, 보육교사, 특수교사, 장애영유아를 위한 보육교사, 치료사, 간호사, 영양사, 조리원 중 조리사 • 확인방법 : 자격별 자격증명서류, 보수교육 수료증 및 보육통합정보시스템
↓	
교직원 결격사유 조회 및 범죄경력 조회	• 결격사유 조회 및 범죄경력 조회 주체 : 시 · 군 · 구청장 • 내용 : 교직원 결격 사유(법 제20조)
↓	
경력관리시스템 입력 관리	• 교직원 임면사항을 경력관리시스템에 입력 관리

그림 6-5 ≪≪ 보육교직원 채용 시 구비서류 및 임면보고 절차

출처: 보건복지부(2021a).

보육교직원의 채용은 공개채용을 원칙으로 하고, 국공립어린이집의 경우 국가 또는 지방자치단체의 장이 선발고사 등을 통해 별도로 보육교사를 채용 · 배치할 수도 있다.

임면권자는 보육교직원을 채용하면 「근로기준법」을 준용하여 임금, 근로시간 및 그 밖의 근로조건 등이 명시된 근로계약서를 체결하여야 하며, 관할 행정기관은 이를 적극 지도·감독하여야 한다. 보육교직원의 결원이 발생 시 임면권자는 1개월 이내에 신규 보육교직원을 채용해야 한다.

보육교직원의 채용 시 구비서류 및 임면보고 절차는 그림 6-5와 같다.

보육교직원을 채용하더라도 임면보고 후 관할 시·군·구청에서 보육교직원 결격사유조회에서 「영유아보육법」 제16조 및 제20조에 의한 결격사유가 있을 경우 즉시 임면이 취소될 수 있다. 「영유아보육법」에 명시된 보육교직원의 결격사유는 다음과 같다.

제16조(결격사유) 다음 각 호의 어느 하나에 해당하는 자는 어린이집을 설치·운영할 수 없다.

1. 미성년자·피성년후견인 또는 피한정후견인
2. 「정신보건법」 제3조제1호의 정신질환자
3. 「마약류 관리에 관한 법률」 제2조제1호의 마약류에 중독된 자
4. 파산선고를 받고 복권되지 아니한 자
5. 금고 이상의 실형을 선고받고 그 집행이 종료(집행이 종료된 것으로 보는 경우를 포함한다)되거나 집행이 면제된 날부터 5년(「아동복지법」 제3조제7호의2에 따른 아동학대 관련 범죄를 저지른 경우에는 20년)이 경과되지 아니한 자
6. 금고 이상의 형의 집행유예를 선고받고 그 유예기간 중에 있는 사람. 다만, 「아동복지법」 제3조제7호의2에 따른 아동학대관련범죄로 금고 이상의 형의 집행유예를 선고받은 경우에는 그 집행유예가 확정된 날부터 20년이 지나지 아니한 사람
7. 제45조에 따라 어린이집의 폐쇄명령을 받고 5년이 경과되지 아니한 자
8. 제54조에 따라 300만원 이상의 벌금형이 확정된 날부터 2년이 지나지 아니한 사람 또는 「아동복지법」 제3조제7호의2에 따른 아동학대관련범죄로 벌금형이 확정된 날부터 10년이 지나지 아니한 사람
9. 제23조의3에 따른 교육명령을 이행하지 아니한 자

(3) 보육교직원 보수체계 및 복무관리

① 보육교직원의 보수체계

모든 어린이집은 보육교사에게 「최저임금법」에 의한 최저임금 이상의 보수를 지급

해야 하며, 지방자치단체에서 별도 지급하는 교사처우개선비 등은 부가적으로 지급하고 4대 보험료의 사업자 부담분은 별도 부담하여야 한다. 국공립, 법인어린이집 등 보육교직원 인건비를 국고 지원받는 어린이집(정부지원어린이집)의 원장은 보건복지부장관이 정한 인건비 지원기준에 따라 지급하되, 지방자치단체에서 별도 지급하는 교사처우개선비 등은 부가적으로 지급한다. 또한 보육교직원의 근무경력에 따른 호봉을 산정하여 호봉에 맞는 보수를 지급해야 한다. 보육교직원 인건비 지급은 반드시 계좌로 매월 25일에 지급하되, 지급일이 공휴일인 경우에는 그 전일에 지급하여야 하며, 보육교직원에게는 봉급명세서를 발급해야 한다.

보건복지부장관이 정한 2020년 보육교직원 인건비 지원 기준(2021년 1월부터 적용)은 표 6-14와 같다.

표 6-14 2021년도 보육교직원 인건비 지급기준 (단위: 원)

호봉	원장		보육교사		조리원	
	보수총액	월지급액	보수총액	월지급액	보수총액	월지급액
1	25,546,800	2,128,900	23,289,600	1,940,800	21,904,800	1,825,400
2	26,133,600	2,177,800	23,710,800	1,975,900	22,052,400	1,837,700
3	26,910,000	2,242,500	24,158,400	2,013,200	22,264,800	1,855,400
4	27,690,000	2,307,500	24,654,000	2,054,500	22,477,200	1,873,100
5	28,478,400	2,373,200	25,149,600	2,095,800	22,689,600	1,890,800
6	29,761,200	2,480,100	25,893,600	2,157,800	22,857,600	1,904,800
7	30,801,600	2,566,800	26,511,600	2,209,300	23,068,800	1,922,400
8	31,923,600	2,660,300	26,936,400	2,244,700	23,238,000	1,936,500
9	32,721,600	2,726,800	27,484,800	2,290,400	23,469,600	1,955,800
10	33,615,600	2,801,300	28,125,600	2,343,800	23,830,800	1,985,900
11	34,641,600	2,886,800	28,993,200	2,416,100	24,204,000	2,017,000
12	35,620,800	2,968,400	29,853,600	2,487,800	24,544,800	2,045,400
13	36,355,200	3,029,600	30,604,800	2,550,400	25,016,400	2,084,700

(계속)

호봉	원장		보육교사		조리원	
	보수총액	월지급액	보수총액	월지급액	보수총액	월지급액
14	37,140,000	3,095,000	31,274,400	2,606,200	25,563,600	2,130,300
15	38,179,200	3,181,600	31,944,000	2,662,000	26,103,600	2,175,300
16	38,952,000	3,246,000	32,892,000	2,741,000	26,940,000	2,245,000
17	39,705,600	3,308,800	33,586,800	2,798,900	27,577,200	2,298,100
18	40,542,000	3,378,500	34,280,400	2,856,700	28,240,800	2,353,400
19	41,353,200	3,446,100	34,974,000	2,914,500	28,876,800	2,406,400
20	42,054,000	3,504,500	35,667,600	2,972,300	29,536,800	2,461,400
21	43,248,000	3,604,000	36,800,400	3,066,700	30,595,200	2,549,600
22	44,012,400	3,667,700	37,480,800	3,123,400	31,201,200	2,600,100
23	44,694,000	3,724,500	38,079,600	3,173,300	31,804,800	2,650,400
24	45,380,400	3,781,700	38,760,000	3,230,000	32,382,000	2,698,500
25	46,155,600	3,846,300	39,382,800	3,281,900	33,012,000	2,751,000
26	46,873,200	3,906,100	40,004,400	3,333,700	33,588,000	2,799,000
27	47,538,000	3,961,500	40,544,400	3,378,700	34,014,000	2,834,500
28	48,228,000	4,019,000	41,137,200	3,428,100	34,587,600	2,882,300
29	48,861,600	4,071,800	41,785,200	3,482,100	35,133,600	2,927,800
30	49,556,400	4,129,700	42,348,000	3,529,000	35,703,600	2,975,300

※보육교사 : 간호사, 영양사, 특수교사, 치료사 포함
※장애영유아를 위한 보육교사, 특수교사, 치료사 수당 30만 원은 별도 지급
출처: 보건복지부(2021a).

② 보육교직원의 복무관리

어린이집에서는 「근로기준법」 등 노동 관련 법령에 근거한 복무규정을 문서화하여 채용 시 내용을 안내하고 보육교직원이 자유롭게 열람할 수 있는 장소에 항상 게시하여야 한다.

어린이집 원장은 평일 8시간 근무를 원칙으로 하지만 어린이집의 운영시간이 평일

12시간 원칙임을 감안하여 연장근무를 할 수 있다. 보육교사 등 기타 보육교육직원의 근무시간은 평일 8시간을 원칙으로 하되, 연장보육전담 교사의 근무시간은 평일 4시간이 원칙이다. 단, 모든 보육교직원의 근무시간 및 근로조건 등은「근로기준법」등 노동관계법령을 준수하여야 하며 이를 위반하는 경우가 발생하지 않도록 주의하여야 한다.

보육교사와 원장은 전임이 원칙이라 다른 업무를 겸직할 수 없다. 단, 보조교사와 야간연장 보육교사는 근무시간을 달리하는 경우 연장보육 전담교사를 겸임할 수 있다. 또한 어린이집 원장이 간호사 또는 영양사 자격이 있는 경우에는 간호사 또는 영양사를 겸임할 수 있다.

보육교직원은 보육 공백을 최소화하는 범위에서 순번제로 휴가를 실시하고, 보수교육, 출산휴가 등으로 어린이집의 원장, 보육교사 또는 그 밖의 보육교직원의 공백이 생기는 경우 이를 대체할 수 있는 대체원장, 대체교사 또는 그 밖의 인력을 각각 배치하여야 한다. 보육교직원은「근로기준법」상의 근로자로「근로기준법」제54조(휴게)에 따라 근로시간이 4시간인 경우 30분 이상, 8시간인 경우 1시간 이상의 휴게시간을 근로시간 도중에 주어야 하고, 담임교사가 휴게시간을 사용하는 동안 원장 또는 보조교사가 담임교사의 업무를 대행 가능하다. 보육교직원의 휴가, 휴일, 휴식 등 근로시간과 관련된 사항은「근로기준법」및 노동 관련 법령을 따라야 하며, 고용, 산전후휴가, 육아휴직 등과 관련된 사항은 남녀 고용평등과「일 · 가정 양립 지원에 관한 법률」의 규정을 준용하여야 한다. 또한 보육교직원의 최저임금 보장 등과 관련된 사항은「최저임금법」을 따라야 한다. 이외에 기타 교직원의 복무, 근로 등과 관련해서는 각 개별법을 준용해야 한다.

3) 재정 및 사무 관리

(1) 재무관리

우수한 보육교직원을 채용하는 일, 좋은 보육프로그램 운영과 교재 · 교구를 구입하는 일, 안전하고 좋은 환경을 만드는 일 모두 어린이집의 예산을 어떻게 운영하느냐에 따라 그 결과가 달라질 수 있다.

어린이집은 「영유아보육법」에 의해 설치 · 운영되는 공익적 성격의 사회복지시설로 설립주체가 누구이든지 '사회복지법인 및 사회복지시설 재무 · 회계규칙'에 따라 건전하게 운영되어야 하며, 이를 근거로 장부와 서류 등을 비치하여야 한다.

또한 어린이집에서는 한정된 재원을 효과적으로 관리하기 위하여 연간 세입 재원의 규모를 예측하여 세입예산서를 작성하고, 이 총액을 적정하게 배분하여 지출하기 위해 세출예산서를 작성하여야 하는데, 이때 '사회복지법인 및 사회복지시설 재무회계규칙'에 따라 예산과목을 구분하여 편성하여야 한다.

어린이집 재무회계 총괄은 표 6-15와 같으며, 어린이집 수입과 지출의 기본원칙은 다음과 같다.

- 어린이집의 모든 수입 및 지출 관리는 어린이집 명의의 통장을 통해서 해야 한다.
- 수입과 지출 행위 시에는 수입 · 지출 결의서를 작성한 후 현금출납부, 총계정원장

표 6-15 재무회계 절차 총괄표

	예산 편성	예산 집행		결산
원칙	• 모든 세입과 세출은 예산에 포함함	• 예산의 목적 외 사용 금지/예산의 전용 • 수입 · 지출 관리는 예금통장에 의해 행함		• 세출예산의 이월
관련서류	• 사업계획서 • 세입 · 세출 예산서 • 준예산 • 추가경정예산	〈장부〉 • 현금출납부 • 총계정원장 • 봉급대장 • 보육료대장 • 비품관리대장	〈증빙서류〉 • 계좌입금증빙서류 • 수입 · 지출 결의서 • 반납결의서 • 과목전용조서 • 예비비 사용조서 • 정부보조금 명세서	• 세입세출 · 결산총괄 설명 • 세입 · 세출 결산서 • 연도말 잔액증명 • 퇴직적립금 통장 사본, 잔액증명서
과정	• 예산편성지침 (2개월 전) • 예산안 제출 (개시 5일전)	• 수입 · 지출 사무의 관리책임자 선정		• 제출 (다음연도 5월 31일까지)

출처: 보건복지부(2021a).

에 기록하고 청구서, 영수증, 지급내역서 등 관련 근거서류를 반드시 첨부한다.

- 어린이집 운영과정에서 잉여금이 발생할 경우 보육교직원 보수 상향 지급, 보육교직원 성과급 지급, 교재 · 교구 구입, 어린이집 환경 개선에 균형 있게 사용 가능하다.
- 어린이집은 어린이집 재무회계규칙에 의해 매월 보육통합정보시스템에 회계보고

절차	담당	비고
예산편성지침을 어린이집에 통보	시장 · 군수 · 구청장	회계연도 개시 2월 전
당해연도 예산 편성	어린이집 원장	시 · 군 · 구 예산편성지침 참고
어린이집운영위원회 보고(이사회 의결)	어린이집 원장	어린이집
시 · 군 · 구청장에게 예산안 제출	어린이집 원장	회계연도 개시 5일 전
예산서를 어린이집 정보공시, 게시판이나 홈페이지에 20일 이상 공고	어린이집 원장	시 · 군 · 구에 예산안 제출 후
추가경정예산 편성(필요 시)	어린이집 원장	시 · 군 · 구 예산편성지침 참고
어린이집운영위원회 보고(이사회 의결)	어린이집 원장	어린이집
시 · 군 · 구청장에게 추경예산안 제출	어린이집 원장	추경 후 7일 이내 제출
회계 마감	어린이집 원장	2월 말일
어린이집운영위원회 보고(이사회 의결)	어린이집 원장	어린이집
시 · 군 · 구청장에게 결산서 제출	어린이집 원장	익년도 5월 31일까지
결산서를 어린이집 정보공시, 게시판이나 홈페이지에 20일 이상 공고	어린이집 원장	시 · 군 · 구에 결산서 제출 후

그림 6-6 어린이집 예 · 결산 절차

를 한다.

- 어린이집 원장은 보육교직원의 근로소득을 관할세무서에 신고해야 한다.

어린이집의 예산편성 및 재무회계 운영과정의 업무처리 흐름은 그림 6-6과 같다.

표 6-16 어린이집 시설회계 세입 예산과목 구분(제10조제3항제2호 관련)

과목						내역
관		항		목		
01	보육료	11	보육료	111	정부지원 보육료	만 0~5세아, 장애아, 다문화·맞벌이가구 등에 지원되는 보육료 및 카드수수료 환급금 등
				112	부모부담 보육료	보호자로부터 받은 보육료
02	수익자부담 수입	21	선택적 보육활동비	211	특별활동비	보호자가 부담하는 특별활동 비용
		22	기타 필요경비	221	기타 필요경비	보호자가 부담하는 입학준비금, 현장학습비, 차량운행비, 아침·저녁 급식비, 졸업앨범비, 행사비 등 기타 필요경비
03	보조금 및 지원금	31	인건비 보조금	311	인건비 보조금	국가 및 지방자치단체로부터 받은 인건비(어린이집으로 지원되는 처우개선비 등 포함)
		32	운영보조금	321	기관보육료	국가 및 지방자치단체가 보육비용의 일정 부분을 어린이집에 지원하는 보조금
				322	연장보육료	국가 및 지방자치단체가 연장보육에 대해 어린이집에 지원하는 보조금
				323	공공형 운영비	국가 및 지방자치단체가 공공형 어린이집에 지원하는 운영 보조금
				324	그 밖의 지원금	국가 및 지방자치단체가 지원하는 급·간식비 및 냉난방비, 누리과정 운영비 등
		33	자본 보조금	331	자본보조금	신증축비, 개·보수비, 장비비 등

(계속)

과목						내역
관		항		목		
04	전입금	41	전입금	411	전입금	법인, 단체, 개인 등 운영 · 경영자로부터의 운영지원금
		42	차입금	421	단기차입금	회계연도 내 상환을 원칙으로 시설 운영에 필요한 비용을 금융기관 등으로부터 일시 차입한 단기차입금
				422	장기차입금	시설 개 · 보수 등을 위해 금융기관 등으로부터 차입한 장기차입금
05	기부금	51	기부금	511	지정후원금	국내외 민간단체 및 개인으로부터 후원 명목으로 받은 기부금 · 결연후원금 · 위문금 · 찬조금 중 후원목적이 지정된 수입
				512	비지정후원금	국내외 민간단체 및 개인으로부터 후원 명목으로 받은 기부금 · 결연후원금 · 위문금 · 찬조금 중 후원목적이 지정되지 않은 수입과 자선행사 등으로 얻어지는 수입
06	적립금	61	적립금	611	적립금 처분 수입	적립금 및 퇴직적립금에서 이전받은 금액
07	과년도 수입	71	과년도 수입	711	과년도 수입	전년도 출납정리기간 이후에 납입된 수입
08	잡수입	81	잡수입	811	이자수입	금융기관에 예치한 예금의 이자수입
				812	그 밖의 수입	차량 · 물품 등 어린이집 재산 매각수입, 변상금, 위약금 수입, 교육 외 수입(보증금 수입 등), 보육교사 실습비, 보험료 수령액 등
09	전년도 이월액	91	전년도 이월액	911	전년도 이월금	전년도 불용으로 이월된 금액
				912	전년도 이월사업비	전년도에 종료되지 못한 이월사업비

출처: 보건복지부(2021a).

표 6-17 어린이집 시설회계 세출 예산과목 구분(제10조제3항제2호 관련)

과목						내역
관		항		목		
100	인건비	110	원장 인건비	111	원장급여	원장인건비 중 기본급 등
				112	원장수당	원장에게 지급하는 상여금과 제(諸)수당
		120	보육교직원 인건비	121	보육교직원급여	보육교직원 인건비 중 기본급 등
				122	보육교직원수당	보육교직원에게 지급하는 상여금과 제(諸)수당
		130	기타인건비	131	기타 인건비	기타 일급 또는 단기채용 임시 · 일용직 급여
		140	기관부담금	141	법정부담금	어린이집에서 부담하는 법정부담금(건강보험, 국민연금, 고용보험, 산업재해보상보험 등)
				142	퇴직금 및 퇴직 적립금	어린이집에서 부담하는 퇴직급여 및 퇴직적립금
200	운영비	210	관리 운영비	211	수용비 및 수수료	소모품 및 집기 구입비, 도서구입비, 인쇄비, 홍보물, 각종 사무용 및 교구비품의 수선비, 수수료, 구급약품, 치료비, 대관 · 비품대여료, 협회비, 우편료, 광고료 등
				212	공공요금 및 제세공과금	세금 및 공과금, 안전공제회비, 전기료, 상 · 하수도료, 도시가스료, 자동차세, 각종 보험료(자동차 · 화재 등), 전신 · 전화료(통신비) 등
				213	연료비	보일러 및 난방시설연료비, 취사에 필요한 연료비
				214	여비	국내 · 외 출장여비
				215	차량비	차량 관련 유류대, 정비유지비, 소모품 등
				216	복리후생비	보육교직원 복리후생을 위한 현물 · 서비스 지급비(교직원 건강검진비 · 피복비 · 치료비 · 급량비 등)

(계속)

과목						내역
관		항		목		
				217	기타 운영비	그 밖에 운영경비로서 분류되지 않은 경비(건물임대료, 건물융자금 이자 등)
		220	업무 추진비	221	업무추진비	어린이집 운영 및 유관 기관과 업무협의, 종무식 등 공식적인 업무 추진에 소요되는 제반경비
				222	직책급	어린이집 원장의 직책 수행을 위하여 정기적으로 지급하는 경비
				223	회의비	어린이집운영위원회, 부모회의 등 각종 회의 등에 소요되는 경비
300	보육 활동비	310	기본 보육활동비	311	교직원 연수 · 연구비	교직원에게 지급하는 연수비 및 연구비
				312	교재 · 교구 구입비	보육 기자재, 도서 등 구입 및 제작비
				313	행사비	아동과 직접 관련되어 발생하는 각종 행사경비
				314	영유아복리비	영유아 건강 및 안전 관련 비용(건강 검진 비용 등)
				315	급식 · 간식 재료비	정규보육시간 내 제공되는 주 · 부식 재료 구입비 및 간식비
400	수익자 부담 경비	410	선택적 보육활동비	411	특별활동비 지출	특별활동에 따라 지출하는 비용
		420	기타 필요경비	421	기타 필요경비 지출	입학준비금, 현장학습비, 차량운행비, 아침 · 저녁 급식비, 졸업앨범비, 기타 필요경비
500	적립금	510	적립금	511	적립금	어린이집의 안정적인 기관 운영 및 완성에 수년을 요하는 공사나 제조 등 특정 목적사업을 위한 적립금
600	상환 · 반환금	610	차입금 상환	611	단기 차입금 상환	단기 차입금 원금 및 이자 상환액
				612	장기 차입금 상환	장기 차입금 원금 및 이자 상환액
		620	반환금	621	보조금 반환금	정부보조금 미사용분에 대한 반환금

(계속)

과목						내역
관		항		목		
				622	보호자 반환금	보호자 부담비 미사용분에 대한 반환금
				623	법인회계 전출금	법인에서 지원한 전입금과 연계하여 지출하는 법인회계로의 전출금
700	재산 조성비	710	시설비	711	시설비	시설 신·증축비 및 부대경비, 그 밖에 환경개선을 위한 개·보수비
				712	시설장비 유지비	시설, 장비 및 물품 등의 유지를 위한 수선경비
		720	자산 구입비	721	자산취득비	시설 운영에 필요한 비품구입비, 노후 업무용 차량 교체 등 차량구입비(차량 할부금 포함), 그 외 자산 취득비
800	과년도 지출	810	과년도 지출	811	과년도 지출	과년도 미지급금 및 과년도 사업비의 지출(지출대상 부도 등 부득이한 경우에 한해 제한적으로 인정)
900	잡지출	910	잡지출	911	잡지출	보상금·사례금·소송경비 및 원 단위 절사금 등
1000	예비비	1010	예비비	1011	예비비	예측할 수 없는 불가피한 지출소요

출처: 보건복지부(2021a).

(2) 문서관리

어린이집은 운영의 체계화 및 투명화, 효율성을 위하여 문서관리가 중요하다. 어린이집에서는 영유아보육법령 및 보육사업안내에서 제시되는 문서뿐만 아니라, 어린이집 지도점검, 어린이집 평가제 등에서 활용하는 문서자료를 체계적으로 관리할 필요가 있다. 효율적인 문서 및 서식 자료를 통해 어린이집 운영의 체계화와 보육 서비스의 질적 수준 높일 수 있다. 또한 부모 및 유관기관에 정확한 정보를 제공할 수 있고, 문제 발생 시 증거자료가 되기도 하며, 각종 연구자료로 활용 가능하다.

어린이집에서는 표 6-18에 제시된 바와 같이 「영유아보육법」 시행규칙 제23조[별표 8]에 의한 장부 등을 비치해야 하며, 장부 등의 보존기간은 「공공기록물 관리에 관한 법률」 시행령 제26조제1항에 준하여 표 6-19와 같이 하되, 전자문서로도 보존할 수 있다.

표 6-18 ≫≫ 어린이집 작성 · 비치 서류(시행규칙 별표8)

1) 재산목록과 그 소유를 증명하는 서류(부동산을 임차하는 경우에는 임대차 계약서를 포함함)
2) 어린이집 운영일지 및 보육통합정보시스템의 전자출석부
3) 보육교직원의 인사기록카드(채용 구비서류, 이력서 및 사진을 포함함)
4) 예산서 및 결산서
5) 총계정원장 및 수입 · 지출 보조부
6) 금전 및 물품출납부와 그 증명서류
7) 소속 법인의 정관 및 관계 서류
8) 어린이집 이용신청자 명부
9) 생활기록부, 영유아보육일지
10) 보육교직원의 인사 · 복무 및 어린이집 운영에 관한 규정 등
11) 통합안전점검표
12) 영상정보 열람대장
13) 그 밖에 어린이집 운영에 필요한 서류

※ 상시 영유아 20명 이하인 어린이집으로서 어린이집의 원장이 보육교사를 겸임하는 어린이집의 경우에는 1) · 3) · 4) · 5) · 6) · 8) · 9) · 11) 및 12) 외의 장부 및 서류(전자문서를 포함함)는 갖춰 두지 아니할 수 있다.

표 6-19 ≫≫ 어린이집 문서 보존 연한

구분	보존기간
• 기관 및 단체의 신분, 재산, 권리, 의무를 증빙하는 서류 – 인사기록카드, 보육교직원관리대장 등	준영구
• 공사 관련 장부 및 증빙서류	10년
• 회계 관련 장부 및 증빙서류 – 현금출납부, 총계정원장, 재산대장, 비품관리대장 – 과목전용조서, 수입 · 지출 원인행위 위임에 관한 위임장 – 보육료대장, 봉급대장 – 수입과 지출에 따른 증빙서류 등 • 영유아 생활기록부	5년
• 기타 어린이집 운영에 관한 서류 – 어린이집 운영일지 – 어린이집 이용신청자 명부 및 이용아동연명부 – 연간 · 월간 · 주간 보육계획안, 보육일지 등	3년
• 기타 업무연락, 통보, 조회 등과 관련된 기록물	1년

출처: 보건복지부(2021a).

(3) 비품 및 교재 · 교구 관리

어린이집에서 영유아를 보육하기 위해서는 다양한 종류의 비품과 교재 · 교구들이 필요하다. 비품과 교재 · 교구는 비슷한 의미로 사용되기도 하나, 구체적으로 살펴보면 어린이집에서 사용하는 영유아용 탁자, 사물함, 옷장, 이불장, 컴퓨터, 카세트, 청소기 등의 시설 · 설비 및 교수 · 학습 활동을 위해 필요한 비교적 간접적이고 보조적인 물품이 비품이다. 이는 소모품과 같이 내용연수가 없이 사용하면 소모되어 보관할 수 없게 되는 품목들과는 다르게 구별된다. 교재 · 교구는 그림자료, 사진자료, 인쇄자료, 녹음자료, 영상자료, 모형자료, 보육활동에 쓰이는 기기나 도구, 놀잇감 등 보육목표를 달성하기 위해 직접적으로 사용되는 것들을 말한다. 어린이집은 영유아가 생활하는 곳이기 때문에 비품 및 교재 · 교구를 구입할 때는 항상 영유아의 발달 특성을 고려하여 구입하고 영유아의 보육에 직 · 간접적으로 관여하기 때문에 안전하고 위생적으로 비품 및 교재 · 교구의 특성에 적합하게 관리하는 자세가 필요하다.

표 6-20 어린이집 비품의 종류 및 비품관리 유의사항

	용도	내용	유의사항
영아반 비품	보육활동 관련 비품	영아용 탁자, 낮은 교구장, 영아용 책꽂이, 사물함, 게시판, CD플레이어, 시계 등	• 현재 사용하지 않는 비품은 영유아 활동공간이 아닌 별도 공간에 안전하게 보관하여 관리 • 상자 등에 보관하여 정리하는 경우 겉면에 내용물의 이름을 표시하여 찾기 쉽게 관리 • 자료실은 절대로 영유아가 출입하지 않도록 항상 문을 잠가 안전관리에 유의 • 보육실에서 상시 사용하는 비품은 담임교사가 위생 및 안전 상태를 매일 점검하여 관리 • 보육실 외 기타공간에서 사용하는 비품은 업무분장을 통해 담당 교사가 위생 및 안전 상태를 매월 점검하여 관리
	배변 및 낮잠, 수유, 청결 관련 비품	뚜껑이 있는 휴지통, 기저귀용품 보관장, 기저귀갈이대(매트), 이동형 변기, 이불장, 영아용 침대, 개별 침구, 칫솔 소독기, 칫솔, 양치컵, 음수 관련 용품(정수기나 물병, 컵, 컵보관함). 수유용품(전자레인지, 분유보관함, 우윳병, 싱크대) 등	
	기타 비품	교사용 책상이나 사물함, 피아노, 냉방기, 공기청정기 등 보조기구	
유아반 비품	보육활동 관련 비품	유아용 탁자, 유아용 의자, 유아용 교구장, 유아용 책꽂이, 이동형 칠판, 사물함, 게시판, CD플레이어, 시계 등	
	낮잠 및 음용수, 청결 관련 비품	휴지통, 이불장, 개별 침구, 칫솔소독기, 칫솔, 양치컵, 음수 관련 용품(정수기나 물병, 컵, 컵보관함) 등	
	기타 비품	교사용 책상이나 사물함, 피아노, 냉방기, 공기청정기 등 보조기구	

(계속)

	용도	내용	유의사항
기타 보육 활동 지원 비품	사무용 비품	성인용 책상, 의자, 캐비닛, 책장, 서류보관함(화일장), 작업대, 컴퓨터, 스캐너, 코팅기, 제본기 등	• 파손되기 쉬운 비품은 영유아의 통행이 빈번한 통로와 떨어진 곳에 비치 • 깨지거나 엎질러지기 쉬운 비품은 영유아들이 쉽게 닿을 수 없는 곳에 비치 • 훼손된 비품은 가능한 한 빨리 보수 • 비품을 정기적으로 청결하게 관리하고 도색 등 상태를 점검 • 비품 관리할 때 열, 빛, 습도, 보관법 등을 고려
	화장실 비품	휴지통, 수건걸이, 실내화, 위험한 물건 보관 선반 등	
	조리실 비품	싱크대, 식기건조기, 식기세척기, 전자레인지, 냉장고, 살균소독기, 조리 도구 및 비품, 위생복, 위생모, 위생화, 환풍기, 주방용 실내화 등	
	실내유희실 비품	피아노, 공기청정기, 매트, 냉 · 난방기 등	
	실외공간 비품	청소비품, 휴지통, 보관장 등	
	청소 및 세탁 관련 비품	청소기, 청소용품, 세탁기, 건조기, 수거 바구니 등	
	현관	게시판, 신발장, 우산꽂이, 실내화 등	
	기타	구급상자(어린이집용, 실외활동용 용도별 구분), 투약 냉장고, 성인용 소파, 탁자 등 교사용 휴게공간 비품 등	

한편 어린이집에서 교재 · 교구 구입 시 고려사항은 표 6-21과 같고, 교재 · 교구 관리 및 유의점은 표 6-22와 같다.

표 6-21 ❯❯❯ 어린이집의 교재 · 교구 구입 시 고려사항

구분		내용
기능적 요구	안전성	유독성이 없고 깨끗하며, 끝이나 모서리가 날카롭지 않으며 정전기가 일어나지 않는 등 영유아 건강, 위생 및 안전 보호를 위한 안전성을 고려한다.
	내구성	부딪치거나 눌려져도 손상되지 않을 정도로 견고하며, 열에 잘 견디고 껍질이나 칠이 벗겨지지 않고, 관리나 보관의 용이성을 고려한다.
	적합성	해당 연령에 알맞은 크기나 형태이어야 하며, 다용도로 활용할 수 있고, 성(性)의 구분 없이 활용될 수 있도록 고려한다.
	경제성	가격이 적절하며 오랫동안 사용할 수 있는 부분도 유의한다.
교육적 요구	지적 측면	관련 영역에서 창의성, 주도성 및 탐구능력을 촉진할 수 있고 여러 가지 감각발달에 적절하며, 사고력과 문제 해결력을 증진시키고 지능발달과 개념 확장을 자극할 수 있는 교구를 선정한다.

(계속)

구분	내용	
	신체적 측면	행동의 동기를 부여해 주고 운동의 자유를 주며, 근육발달과 협응능력을 촉진할 수 있는 교구를 선정한다.
	사회 · 정서적 측면	자신과 타인에 대해 우호적인 태도를 형성하고 상상력과 창의력을 자극하며, 다양한 개인 · 집단적 활동의 기회를 제공해 주고 즐거움을 주는 교재 · 교구를 선정한다.

표 6-22 어린이집의 교재 · 교구 관리 및 유의점

문서명	내용	비고
교재 · 교구대장 (자료대장)	• 흥미영역별 자료대장을 준비하여 목록 정리 • 추가로 구입하거나 제작한 교재 · 교구는 교재 · 교구대장에 기록하여 정리	어린이집의 규모나 관리 상황에 따라 영역별 교재 · 교구대장을 각각 혹은 함께 준비
교재 · 교구 관리대장	• 자료실에 비치된 교재 · 교구를 사용하는 경우 교재 · 교구명과 일시, 담당자 등을 기록하고 반납 시 같은 방법으로 기록 • 실습생이 자료를 관리하기 편하도록 사전교육을 통해 안내	동일 교재 · 교구를 함께 사용하는 경우 보육교사 간의 사전 합의 후 사용하면 편리
교사회의록	교사회의를 통해 매월 1회는 다음 주에 필요한 교재 · 교구 등에 대한 교사 간 제안이나 건의사항을 의논하여 기록	
예산서	교재 · 교구 구입비를 예산에 수립하여 매월, 또는 분기, 반기별로 교사들과 함께 의논하여 구입	
교재 · 교구 관리	• 현재 사용하지 않는 교재 · 교구는 영유아 활동공간이 아닌 별도 공간에 종류별로 찾기 쉽게 정리하여 관리 • 박스를 사용하는 경우 겉면에 내용물의 이름을 표시하여 찾기 쉽게 관리 • 자료실은 절대로 영유아가 출입하지 않도록 항상 문을 잠가 안전관리에 유의 • 보육실에서 상시적으로 사용하는 교재 · 교구는 담임교사가 위생 및 안전 상태를 매일 점검하여 관리 • 보육실 외 기타 공간에서 사용하는 교재 · 교구는 업무분장을 통해 담당 교사가 위생 및 안전 상태를 매일 점검하여 관리	별도 자료실을 설치하지 못하는 경우 영유아가 사용하지 않는 교사실, 원장실, 상담실 등의 공간 활용
교재 · 교구관리 유의사항	• 교재 · 교구는 흥미영역별로 구분하여 배치 • 영유아가 잘 볼 수 있고 꺼내기 쉽고 정돈하기 편하도록 개방된 장에 배열. • 매일 상시적으로 사용하는 교재 · 교구는 영유아가 안정감 있게 사용하도록 항상 일정한 장소에 배치 • 시청각 자료나 자연탐구 및 과학활동 자료 등 파손할 우려가 있는 것은 안전한 장소에 배치	

생각해 보자

13개월 0세반 신입 원아가 6월에 입소했다. 그 반에는 이미 3월에 입소하여 적응을 막 끝낸 원아 2명이 있다. 6월에 입소한 0세아는 맞벌이 가정의 아이로, 8시에 등원하여 18시 30분에 하원한다.

신입원아 적응 기간도 육아를 도와주실 분이 없어 부모가 돌아가며 연차를 사용해 근근이 1주일을 가졌다. 아직 어린이집 생활에 적응이 되지 않았지만 아이는 8시에 등원을 한다. 8~9시까지 통합보육실에서 아이는 운다. 아침 당직교사가 아이를 달래보지만 아이는 잘 달래지지 않는다. 담임교사가 보육을 하는 기본보육시간에도 울음이 잦고, 한번 울면 잘 달래지지 않는다. 이 아이가 울기 시작하면 이제 적응이 끝난 다른 아이 2명도 덩달아 울고 선생님에게 매달리기 시작한다. 담임교사는 세 아이를 끌어안고 진땀을 흘린다.

수시로 원장이 함께 돌봐주기도 하지만 원장도 원장의 업무를 해야 하기에 항상 도와주기는 어렵다. 0세반 선생님을 도와줄 보조교사를 채용하고 싶지만 어린이집 재정상 보조교사 인건비가 나오지 않는다. 물론 아이는 시간이 지나면 적응을 할 것이고 언제 그랬냐는 듯 즐겁게 어린이집 생활을 이어갈 것이다. 하지만 이런 상황에서 어린이집 운영자인 원장은 고민이 많다. 아이를 위해서, 교사를 위해서, 부모를 위해서... 무엇이 달라지면 좋을까....

참고문헌

보건복지부(2021a). 보육사업안내.

보건복지부(2021b). 보육지원체계 개편에 따른 어린이집 운영안내(원장용).

보건복지부(2021c). 보육통합정보시스템(어린이집지원시스템) 업무편람.

보건복지부, 한국보육진흥원(2019). 2019 어린이집 평가 매뉴얼(어린이집용).

울산광역시육아종합지원센터(2018). 어린이집 표준운영문서 서식.

이경희, 정정옥(2014). 영유아교육기관 운영관리. 서울: 학지사.

중앙육아종합지원센터(2015). (개정용) 어린이집 문서 및 서식 자료집.

중앙육아종합지원센터(2017). 2017 어린이집 설치운영 길라잡이.

중앙육아종합지원센터(2018). 2018 어린이집 설치운영 길라잡이.

법제처 국가법령정보센터 홈페이지 https://www.law.go.kr

울산광역시육아종합지원센터 홈페이지 https://ulsan.childcare.go.kr

중앙육아종합지원센터 홈페이지 https://central.childcare.go.kr

CHAPTER 7

어린이집 환경

영유아가 하루 대부분의 시간을 보내는 어린이집의 물리적 환경은 영유아에게 놀이를 통해 자연스러운 성장·발달을 할 수 있도록 지원하는 중요한 역할을 한다. 또한 영유아가 안정감을 느끼고 편안하게 하루 일과를 보내는 것이 무엇보다 중요하므로 이를 위해 적합한 환경을 만들어 주어야 한다.

CHAPTER

7

1. 어린이집 환경의 중요성
2. 어린이집 환경의 구성원리
3. 어린이집 환경 구성의 실제

1. 어린이집 환경의 중요성

쾌적한 보육공간과 적절한 놀잇감이 갖추어진 어린이집의 물리적 환경은 보육 전반에 영향을 미치는 중요한 요인이며, 편안하고 안전하며, 영유아 발달에 적합하도록 구성되어야 한다(보건복지부, 육아정책연구소, 2013). 잘 마련된 물리적 환경은 영유아 놀이 촉진 및 행동 조절의 기능을 하며 전반적인 발달 지원에 중요한 역할을 한다. 영역별 환경구성에 따라서 영유아들의 놀이가 달라질 수 있으며, 교사와 영유아의 상호작용에도 영향을 줄 수 있다. 이에 바람직한 보육을 위해서는 영유아에게 적합한 환경구성이 이루어져야 한다(박정옥 외, 2018)

NPFA(National Playing Fields Association, 2000)에서는 풍부한 놀이환경 기준에 다양하고 흥미로운 물리적 환경, 신체 발달을 촉진할 수 있는 도전적 환경, 자연물을 가지고 놀 수 있는 환경, 이동할 수 있는 환경(오르기, 균형잡기), 자연물이나 직조품을 조작하는 환경, 오감을 촉진하는 환경, 자연 속에서나 구조화된 환경 속에서 변화를 경험할 수 있는 환경, 사회적 상호작용을 촉진하는 환경, 정체성 있는 놀이를 할 수 있는 환경, 다양한 감정을 경험하는 환경을 제시하고 있다(권혜진 외, 2016).

어린이집 표준보육과정에서는 놀이환경은 영유아가 놀이하는 실내외 모든 공간과 놀이자료를 포함하고 있으며, 영유아가 보고 듣고 만지며 자유롭게 표현할 수 있는 놀이환경은 놀이가 다양하게 이루어지도록 하는 중요한 교육적 자원이며, 다양한 실내외 놀이 환경과 풍부한 놀이자료를 제공하여 영유아의 놀이가 활성화되도록 도와야 한다고 했다(보건복지부, 2020).

'2019 개정누리과정' 및 제4차 표준보육과정에서는 영유아의 놀이시간을 충분히 제공하게 하고 있으며, 흥미영역 운영방식의 자율화로 영유아가 다양한 놀이와 활동을 경험할 수 있도록 실내외 환경을 구성하도록 하고 있다.

2. 어린이집 환경의 구성원리

1) 편안한 환경

영유아가 능동적으로 놀이에 참여하고 심리적인 안정감을 느낄 수 있도록 환경을 제공하여야 한다. 이를 위해 실내 환경은 실외에 비해 공간은 제한적이지만 다양한 영역으로 구성하고 각 영역의 놀잇감으로 영유아들이 여러 가지 활동에 즐겁게 참여할 수 있는 기회를 제공해야 한다. 실외 환경은 영유아가 자유롭게 탐색하고 신체활동을 통하여 긴장과 부정적인 감정을 발산하여 해소할 수 있도록 실내보다 넓고 융통성 있게 제공하여 영유아의 창의적이고 협동적인 놀이를 촉진할 수 있어야 한다.

2) 안전한 환경

환경 구성 시 영유아의 안전을 우선적으로 고려해야 한다. 실내 공간은 바닥이 미끄럽지 않도록 하고, 교구장이나 가구의 모서리는 보호대로 감싸며, 파손된 놀잇감이 없도록 관리한다. 수시로 위험한 요소가 없는지 살펴보고 정기점검을 통해 관리한다. 실외 놀이터의 경우 놀이시설 검사 등을 통해 관리를 하며, 주기적인 관리를 통해 위험을 미연에 방지해야 한다. 영유아에게는 안전한 환경뿐만 아니라 청결하며 위생적인 환경을 제공해야 한다. 충분한 환기와 적절한 온도, 적당한 습도의 쾌적한 환경을 제공해야 한다. 안전하고 청결한 환경을 위해 시설과 설비를 갖추고 위생적으로 관리하여야 한다(강경민 외, 2016).

3) 발달에 적합한 환경

영유아의 발달 특징에 적합한 환경을 구성해야 한다. 발달 특징에 따라 기저귀를 갈 수 있는 공간과 낮잠 등의 공간을 마련하고 신체활동을 지원해 주는 환경 구성이 필요하다. 발달에 적합한 환경은 영유아의 발달을 지원하고 촉진하며, 부정적인 행동을 줄일 수 있다. 그러나 발달적으로 적합하지 못한 환경은 교사나 어른의 도움을 필요로 하는 상황이 자주 발생하고, 영유아가 흥미를 보이지 않고 배회하거나 실패하는 상황이 발생할 수 있다.

'발달에 적합한 어린이집 놀이터 공간 환경에 대한 연구(최영식, 2019)'에서 발달에 적합한 어린이집 놀이터 공간 환경은 영유아로 분리하여 공간 구성부터 다르게 설계하고, 영아는 감각 위주의 기능적 놀이 중심으로 다양한 재료를 활용한 공간으로 구성하고 유아는 창의성 발상 및 상상 놀이가 원활하게 이루어지고 다양한 변화와 흥미를 고려한 놀이공간으로 구성하도록 제안하였다.

3. 어린이집 환경 구성의 실제

1) 실내 환경 구성

영유아의 놀이 요구를 충족시키기 위해서는 영유아의 연령 및 발달 수준 등을 고려하여 보육실을 흥미영역 또는 놀이영역으로 구성하여야 한다. 보육실은 다수의 영유아가 함께 생활하며 같은 시간대에 여러 가지 놀이나 활동이 이루어지는 장소이므로 영유아가 놀이와 활동을 자율적으로 선택하고 능동적으로 참여할 수 있도록 어린이집의 보육프로그램 특성에 맞는 흥미영역 또는 놀이영역으로 구성하고, 다양한 놀이 및 활동자료를 마련해 주어야 한다.

보육실 공간을 배분할 때 흔히 사용하는 기준이 Frost(1976)가 제시한 놀이영역 구성의 원칙이다. 표 7-1과 같이 조용하고 건조한 영역, 활동적이고 건조한 영역, 조용하고 물을 사용하는 영역, 활동적이고 물을 사용하는 영역으로 나눌 수 있다.

표 7-1 >>> Frost(1976)의 흥미영역 배치 원리

조용하고 건조한 영역	활동적이고 건조한 영역
조용하고 물을 사용하는 영역	활동적이고 물을 사용하는 영역

(1) 영아를 위한 환경 구성

영아를 위한 환경 구성은 '제3차 표준보육과정 교사용 지침서(보건복지부, 육아정책연구소, 2013)'의 내용을 중심으로 살펴보고자 한다.

영아를 위한 환경은 크게 일상생활영역과 놀이영역으로 구분된다. 이들 환경 구성 시 우선적으로 고려해야 할 기본지침은 다음과 같다.

첫째, 영아의 건강과 안전을 최우선으로 고려한다. 쾌적하고 위생적인 공간과 설비, 놀잇감이 마련되고, 지속적으로 청결하게 관리되어야한다.

둘째, 정서적 안정감을 줄 수 있어야 한다. 집과 같이 포근하고 편안하게 느껴지도록 환경을 구성한다. 또한 영아가 안락하게 쉴 수 있는 휴식공간을 갖춘다.

셋째, 움직임과 이동성을 확보한다. 공간은 영아가 탐색하며 활동할 수 있을 만큼 충분히 넓어야 한다. 또한 걸음마를 배우고 활동성이 증가하는 영아의 발달 특성을 고려한 공간 배치가 필요하다.

넷째, 탐색과 발견의 기회가 마련되어야 한다. 영아의 특성을 반영하여 탐색과 놀이가 충분히 이루어지도록 다양한 놀이영역을 구성한다.

다섯째, 영아의 일과를 고려하여 일상생활영역과 놀이영역을 함께 구성한다. 영아에

표 7-2 >>> 영아반 환경 구성

구분	일상생활영역		놀이영역					
0세반	수유	기저귀갈이	신체	언어	감각 · 탐색	–	–	–
1세반	수유	기저귀갈이	신체	언어	감각 · 탐색	역할 · 쌓기	–	–
2세반	–	–	신체	언어	감각 · 탐색	역할 · 쌓기	미술	음률

게는 수유, 낮잠, 기저귀갈이 등 일상생활을 위한 공간이 필요하다.

① 개인 사물함

개인 사물함은 영아의 겉옷, 여벌옷, 개인용품이나 일과 중 만든 물건 등을 보관·정리하기 위한 것이다. 사물함은 가능한 한 보육실 내 또는 입구 가까운 곳에 두어 물품의 정리가 용이하도록 한다.

사물함이나 개인 서랍에는 영아의 이름과 사진을 부착하여 영아가 자신의 것을 구분할 수 있도록 도우며, 사물함 대신 선반을 사용해도 좋다. 영아가 스스로 물건을 정리하도록 쉽게 접근할 수 있게 배치한다.

그림 7-1 ⟪ 영아용 개인 사물함

② 휴식영역

영아가 조용히 쉴 때 이용하는 공간으로 조용한 곳에 아늑함과 부드러움을 느낄 수 있도록 구성한다. 교사가 쉬고 있는 영아를 언제나 쉽게 관찰할 수 있는 곳에 마련한다. 개별 영아의 필요에 따라 낮잠 등 자유로이 이용할 수 있는 휴식공간이 필요하다. 영아가 안정감을 느끼도록 선호하는 인형이나 애착물을 함께 두어도 좋다. 영아가 누워서 볼 수 있는 곳에 모빌을 설치하거나, 부드러운 음악을 제공하기 위한 CD 플레이어 등을 비치한다.

그림 7-2 ≪≪ 휴식영역

휴식공간을 별도로 마련하기 힘든 경우에는 언어영역을 이용하여 휴식을 취할 수도 있다. 아주 어린 영아의 질식사고 예방을 위해 바닥깔개나 침구류는 너무 푹신하지 않아야 한다.

③ 수유영역/식사 및 간식 영역

영아의 발달 특성을 고려하여 위생적이고 편안한 수유 및 식사를 위한 공간이 필요하다. 이유식을 하는 영아나 식사를 시작하는 영아를 위한 별도의 테이블을 마련할 수 있다. 일반적으로 영아의 이유식과 식사를 위해서는 보육실 내 낮은 책상을 이용하기도 한다. 간식 및 식사 시간은 음식을 먹으면서 교사와 또래와 함께 이야기 나누며 상호

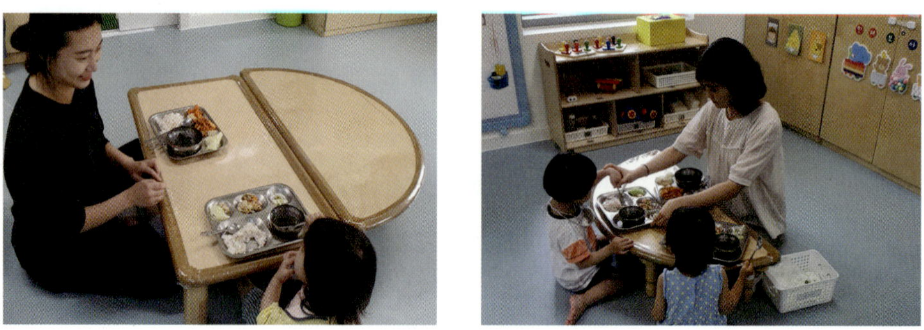

그림 7-3 ≪≪ 식사 및 간식 영역

작용할 수 있는 시간이다. 음식을 엎지르거나 떨어뜨리는 일이 빈번히 발생할 수 있으므로 간식 및 식사 영역은 안전하고 쉽게 닦을 수 있는 재질의 바닥과 도구가 배치되어야 한다. 영아들이 빈번하게 지나다니거나 활발하게 놀이하는 곳과 떨어진 장소의 책상을 활용하고, 간식 전과 후에는 물휴지나 행주로 책상을 깨끗이 닦는다.

④ 기저귀갈이영역 및 화장실

기저귀 갈기는 영아와 교사 간 긴밀한 상호작용이 이루어지는 중요한 시간이며 교사와의 언어적 상호작용을 통해 영아의 언어발달을 촉진할 수 있는 시간이다. 따라서 기저귀갈이영역은 영아의 휴식 공간 가까이에 아늑한 공간이어야 한다. 영아를 눕히기에 적당한 크기로, 청소하기 쉬운 마감재의 매트를 사용한다. 사용한 기저귀를 처리할 폐기용 비닐과 휴지통을 준비한다. 기저귀를 가는 데 필요한 도구를 수납할 장이나 선반을 비치한다. 기저귀를 가는 동안 영아가 탐색할 수 있도록 거울이나 모빌 등을 설치해도 좋다.

배변훈련을 시작하는 영아를 위해 화장실을 안전하게 구성한다. 영아가 미끄러지지 않도록 바닥에 미끄럼 방지 처리를 하고, 손을 씻을 수 있도록 수건, 물비누 등을 비치한다. 영아용 변기를 비치하여 영아의 배변훈련을 돕는다. 성인용 변기일 경우에는 성인용 변기 위에 영아용 변기 뚜껑을 올려서 사용한다. 이동용 변기를 사용할 경우에는 항상 변

그림 7-4 ⋘ 기저귀갈이영역

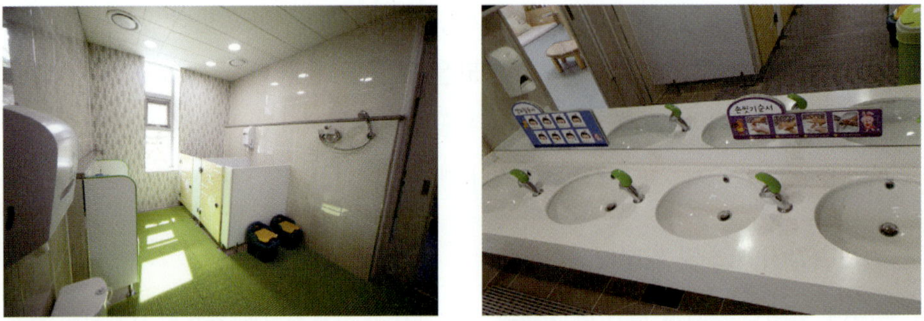

그림 7-5 ≪≪≪ 화장실

기가 깨끗하게 비워져 있어야 한다. 영아가 혼자 할 수 있도록 화장실에서 변기를 사용하는 방법, 세면대에서 손 씻는 순서와 방법 등을 사진이나 그림으로 안내해 주면 좋다.

⑤ 신체영역

영아들은 움직임에 대한 욕구가 강하고 끊임없이 움직인다. 영아기는 신체 및 운동 기능의 발달과 협응이 급격한 성장을 보이므로 일상생활을 통해 자연스럽게 다양한 대근육활동을 할 수 있는 환경이 필요하다. 영아가 기고 걷고 움직이기 시작하면서 영아의 움직임 발달을 고려한 안전하면서도 도전적인 환경을 제공한다. 보육실 내에서 영아가 오르고, 내리고, 타고, 밀고, 뛰고, 길 수 있는 시설과 설비를 갖춘다.

그림 7-6 ≪≪≪ 신체영역

⑥ 언어영역

보육실 중 가장 조용하고 밝은 곳에 두되 출입구, 화장실, 피아노 등과 떨어진 곳에 배치한다. 언어영역은 영아가 교사와의 언어적 상호작용을 풍부하게 경험할 수 있도록 아늑한 분위기로 구성하고 교사가 함께 앉아 책을 읽어줄 수 있을 만큼의 공간을 확보한다. 영아가 듣고, 말하고, 읽고, 쓰면서 의사소통의 기회를 충분히 경험할 수 있도록 구성한다. 영아를 위한 감각책, 그림책뿐만 아니라 인형이나 그림, 사진 같은 다양한 자료를 준비하여 언어적 상호작용이 빈번하게 일어날 수 있도록 하고 사진책, 포스터, 동시판, 노래판, 팸플릿, 전단지, 메뉴판 등을 준비하여 영아가 생활 속에서 문자의 역할을 이해하고 문자와 친숙해질 수 있도록 돕는다. 또한 벽면에는 칠판이나 커다란 전지를 붙여주고 분필, 크레용, 색연필, 싸인펜 등을 비치하여 영아의 끼적거리는 활동을 격려한다. 카세트와 녹음기, 마이크 등을 이용하여 자신의 말소리를 녹음하고 듣는 등의 말하기와 듣기 경험을 확장하도록 한다.

그림 7-7 ⋘ 언어영역

⑦ 감각 · 탐색 영역

영아는 보고, 듣고, 만지고, 냄새 맡고, 맛보는 오감을 이용하여 자신의 환경을 탐색한다. 영아가 풍성한 감각적 경험을 형성할 수 있도록 다양한 재질과 형태의 놀잇감을

그림 7-8 감각 및 탐색 영역

영아의 발달에 맞추어 선별 제공한다. 누워 있는 영아에게는 모빌, 딸랑이 등을, 앉거나 이동하기 시작하면서는 쌓기상자, 통 안에 모양 맞추어 넣기, 작동에 따라 소리 나는 놀잇감 등 그 범위를 넓혀간다. 손과 눈의 협응과 소근육의 발달이 이루어지기 시작하는 영아에게는 자연물이나 소형 블록, 구슬 꿰기 등 영아가 정교하게 손을 이용할 수 있는 경험을 하도록 배려한다.

놀잇감들은 낮은 교구장에 바구니나 쟁반에 담아 준비해 두어 영아가 흥미에 따라 선택하여 활동할 수 있도록 배치한다. 동·식물에 관심을 가지기 시작하면 실내에서 기를 수 있는 동물(거북이, 달팽이, 토끼 등)이나 식물, 주변의 다양한 자연물 등을 관찰할 수 있는 공간을 마련해 주어도 좋다. 영아는 밝은 색상, 대비가 분명한 것, 단순한 디자인, 두드러지는 특징이 있는 것, 사람 얼굴 모양 등을 선호하므로 이런 특징을 갖춘 놀잇감을 제공한다.

⑧ 역할·쌓기 영역

영아는 초보적 수준의 역할놀이를 통해서도 자신을 표현하는 기회를 가질 수 있다. 가상놀이나 역할놀이를 할 수 있는 놀잇감을 좋아하기 시작하면서 자신을 둘러싼 생활(가족과 관련된 역할놀이 등)을 모방하는 놀이를 할 수 있다. 영아의 창의적 표현을 북돋을 수 있는 공간을 준비한다. 쌓기놀이를 통해 영아는 공간에 대한 지각력뿐 아니라

그림 7-9 역할 및 쌓기 영역

도형에 대한 이해의 기초를 형성한다. 또한 쌓기놀이 과정에서 일어나는 또래와의 자연적인 상호작용은 영아의 사회성 발달에도 긍정적 영향을 미친다. 이를 위해 다양한 재질과 크기의 쌓기 놀잇감을 준비한다. 영아는 친구를 배려하고 놀잇감을 공유하면서 활동하기 어려운 시기이다. 따라서 분쟁의 소지를 사전에 예방하기 위해 충분한 양의 쌓기 놀잇감을 준비하는 것이 중요하다. 놀잇감으로 울타리를 만들고, 집 짓기, 성 쌓기, 도로나 기차 만들기를 즐긴다.

⑨ 미술영역

영아의 창의적 표현을 북돋을 수 있는 공간은 활동적이면서도 물이 필요하므로 세면대나 출입구 가까운 곳에 배치한다. 끼적거리고, 찢고, 오리고, 자르고, 붙이는 등 다양한 조형 경험이 영아의 탐색능력과 더불어 대근육 및 소근육 조절능력과 협응력을 길러준다. 아름다움을 감상할 수 있는 공간적 배려도 필요하다. 명화나 아름다운 그림이나 사진 등을 영아의 눈높이에 맞추어 붙여 주어도 좋다.

영아가 삼킬 수 있는 작은 자료는 비치하지 않는다. 책상 위나 바닥에 비닐 등의 깔개를 깔아 보호하고 쉽게 청소할 수 있도록 하며, 제공하는 자료가 위생적이고 안전한지 점검한다.

그림 7-10 ⋘ 미술영역

⑩ 음률영역

영아는 자신의 욕구에 따라 악기를 이용하여 소리를 내보며 음악을 통해 자신의 감정을 표현하는 경험을 할 수 있다. 또한 영아는 여러 가지 음악을 들으면서 그 속에 담긴 감정을 느껴볼 수도 있다.

영아가 스스로 예술적인 경험을 할 수 있도록 여러 가지 매체(악기, 음악테이프, 리본, 스카프, 의상 등)를 준비하고, 움직이는 모습을 볼 수 있도록 벽에 큰 거울을 비치하면 좋다.

그림 7-11 ⋘ 음률영역

(2) 유아를 위한 환경 구성

'2019 개정 누리과정'에 의해 유아놀이 중심 보육과정이 강조되고 있다. 그리고 유아의 놀이를 지원하기 위한 교사의 자율성과 다양성이 존중된다. 흥미영역 운영에서도 교사의 자율성이 존중되며, 유아의 자유로운 놀이를 지원하기 위해 흥미영역의 개수, 유형, 운영방식 등을 자율적으로 개선하여 지원할 수 있다.

교실 내에 반드시 배치되어야 하는 흥미영역이 정해져 있는 것이 아니므로 유아의 놀이를 지원할 수 있도록 공간을 융통성 있게 구성할 수 있다. 여기에서는 흥미영역 구성을 기본으로 '3~5세 연령별 누리과정 교사용 지침서(교육부, 보건복지부, 2013)'의 내용을 살펴보고자 한다.

적절한 교재와 교구가 갖추어진 어린이집의 물리적 환경은 프로그램의 질적 수준에 영향을 미치는 중요한 요인이다. 환경 구성은 유아의 심리적 안정, 신체적 안전, 발달적 적합성, 다양성을 고려하여 구성하는 것이 바람직하며, 그 원리는 다음과 같다(교육부, 보건복지부, 2013).

첫째, 공간은 유아가 활동할 수 있을 만큼 충분히 넓어야 한다.

둘째, 시설 · 설비와 교구는 유아의 연령 및 신체 발달에 적합하여 유아가 성인의 도움 없이 스스로 사용하고 정리할 수 있도록 한다.

셋째, 유아에게 매력적이고 교육적으로 의미있는 활동을 제공하도록 환경을 구성한다. 이를 위해 유아에게 활동 선택권을 주는 다양한 흥미영역을 실내 · 외 공간에 배치할 수 있다.

넷째, 청결하고 안전한 환경을 제공하고 적정 온도나 습도를 유지해야 한다.

다섯째, 환경은 유아의 발달 특성에 적합하여야 한다. 예를 들면, 유아의 연령이 낮을수록 일상적이고 개별적인 보살핌을 위한 환경 구성이 필요하고, 감각적인 경험의 기회가 많이 포함되는 환경을 제공한다.

여섯째, 유아가 장시간 유치원이나 어린이집에 머물 경우 혼자 놀거나 쉴 수 있는 공간이 필요하며, 일상적인 보살핌이나 낮잠을 위한 물건이나 놀잇감 보관을 위한 공간을 마련한다.

실내 환경은 유아의 교수 · 학습을 지원하기 위해 실내에 쌓기놀이영역, 언어영역, 역할놀이영역, 수 · 조작 영역, 과학영역, 음률영역, 미술영역 등의 흥미영역을 구성하여 신체운동 · 건강, 의사소통, 사회관계, 예술경험, 자연탐구 등의 목표를 다양한 활동으로 전개할 수 있도록 한다. 흥미영역에 제시되는 활동이나 자료는 놀이와 관련되도록 하고 또한 게임, 발표, 토의, 관찰, 실험, 조사, 현장 체험 등 다양한 유형의 활동과 연계되도록 하여 유아의 놀이를 지원한다.

흥미영역의 수는 전체 공간의 크기, 유아의 수, 연령, 흥미를 고려하여 조절할 수 있다. 대체로 연령이 높아질수록 흥미영역 개수가 늘어나며, 유아의 흥미에 따라 흥미영역을 가감하기도 한다. 흥미영역은 1년에 3~4번 위치를 바꾸어 줌으로써 변화를 줄 수 있다. 흥미영역의 배치는 공간의 크기, 소음, 채광, 물 사용 여부 등을 고려하며, 벽에 붙이는 부착물은 유아의 눈높이에 맞추어 게시한다. 모든 교재 · 교구는 안전과 위생을 고려해야 한다.

흥미영역 구성과 배치는 유아들이 의논하여 자율적으로 정할 수 있다. 이렇게 유아들에게 선택의 기회를 줌으로써 그들의 의견과 관심을 존중하는 영역을 구성할 수 있을 뿐 아니라, 유아들이 흥미영역의 활동에 더 흥미를 가지고 참여하며, 유아 스스로 흥미영역 정리를 잘할 수 있게 한다.

① 쌓기놀이영역

쌓기놀이영역은 여러 가지 크기와 모양, 재질의 블록과 소품을 이용하여 어떤 사물을 구성하거나 구조물을 쌓아보거나 꾸며보는 등의 과정을 경험하는 영역이다. 유아는 쌓기놀이를 통해 다양한 구성활동을 하면서 관찰력, 측정 기술, 원인과 결과에 대한 사고력 등을 기를 수 있다. 쌓기놀이영역은 활동적이며 소음이 발생하는 영역이므로 언어나 과학 등 정적인 영역과는 떨어져서 배치하는 것이 좋으며, 소음 방지를 위하여 바닥에 카펫을 깔아준다.

그림 7-12 ≪≪ 쌓기놀이영역

다양한 블록, 크고 작은 모형, 사회극놀이 소품 등을 비치하고, 확장활동으로 발전시킬 수 있도록 관련 사진이나 그림 카드를 제공한다. 쌓기놀이 공간의 높낮이를 조절하여 구성할 수 있도록 책상, 널빤지, 의자 등을 제공한다. 유아가 구조물을 쌓을 때 방해받지 않고 활동에 몰두할 수 있도록 충분한 공간을 마련해 주고, 통행이 많지 않은 곳에 배치하며, 역할놀이영역과 인접하여 배치하면 두 영역의 통합적 활동이 활발하게 이루어지는 효과가 있다.

② 언어영역

언어영역은 듣기, 말하기, 읽기, 쓰기와 관련된 활동을 경험하는 영역이다. 유아는 언어영역의 활동을 통해 일상생활에 필요한 언어능력을 향상시키고 올바른 의사소통능력 및 태도를 기를 수 있다. 언어영역은 주변의 자극으로부터 격리될 수 있도록 조용하고 안정된 공간에 배치하는 것이 좋다. 활동주제나 유아의 흥미에 따라 다양한 언어활동 자료를 비치하여 듣기, 말하기, 읽기, 쓰기 활동이 고루 이루어지도록 하며, 안락한 의자나 쿠션 등을 두어 편안하게 언어활동에 몰입하도록 한다. 유아가 이야기를 직접 만들거나 소리를 녹음해 보는 기회를 가질 수 있도록 다양한 손인형이나 동화를 준비한다.

그림 7-13 <<< 언어영역

③ 역할놀이영역

역할놀이영역은 유아가 가족이나 성 역할뿐만 아니라, 우리 사회의 다양한 직업이나 사회 구성원의 역할을 상상놀이 및 사회극놀이 등을 통해 경험하는 영역이다. 유아는 역할놀이를 통해 자기중심적인 사고에서 벗어나 자신과 다른 사람의 생각과 감정을 더 잘 알고 적절하게 상호작용할 수 있으며, 주변 사람들이나 공동체에서 함께 살아가는 방법을 익힌다. 역할놀이영역은 동적인 영역에 배치하는 것이 좋으며, 진행되고 있는 생활주제와 관련된 소품을 제공하여 활동이 더욱 흥미롭고 풍부하게 이루어지도록 한다. 유아가 많이 참여할 수 있도록 충분한 공간을 제공하며, 쌓기놀이영역과 가깝게 배치함으로써 놀이의 확장이 이루어질 수 있다.

그림 7-14 <<< 역할놀이영역

④ 수 · 조작 영역

수 · 조작 영역은 일대일 대응, 분류, 비교, 서열 등의 수 활동이나 퍼즐 맞추기, 끼워서 구성하기, 간단한 게임 등 논리적 문제 해결, 소근육 조작 등과 향상시킬 수 있으며, 문제를 탐색하고 해결해 가는 과정에서 자신감과 자율성을 기를 수 있다. 수 · 조작 영역은 개별적 탐색활동이 많이 이루어지는 곳으로 주의 집중이 잘 되도록 조용한 곳에 배치하며, 난이도가 다른 다양한 놀잇감을 준비하여 유아의 발달 수준과 흥미에 따른 수 · 조작 활동이 이루어지도록 한다.

그림 7-15 수 · 조작 영역

⑤ 과학영역

과학영역은 여러 가지 과학 기자재를 활용하여 생물과 무생물, 물질의 성질, 자연현상 등 유아가 접하는 자연환경을 관찰, 실험, 탐구, 감상하는 활동을 하는 영역이다. 유아는 과학영역의 활동을 통해 주변의 환경이나 사물, 생명체에 대해 알고 지속적으로 탐색하고, 과학적인 사고를 형성할 수 있다. 과학영역은 곤충이나 작은 동물, 식물을 기를 경우 조용하고 햇볕이 잘 드는 안정된 장소로 물 공급을 쉽게 받을 수 있도록 수도 가까이에 배치한다. 과학영역의 교재 · 교구는 계절, 생활주제, 유아의 흥미에 기초하여 다양한 자연물이나 실물을 제시한다. 유아 스스로 관찰과 탐색 활동이 가능한 자료를 준비해 주고, 또래와 함께 찾아볼 수 있는 과학사전, 그림책, 사진 등을 충분히 비치한다.

그림 7-16 과학영역

⑥ 음률영역

음률영역은 생활 주변에서 듣는 다양한 소리에 관심을 가지고 탐색하며, 음악을 듣고 노래를 부르며, 여러 가지 악기를 다루어 보고 음악에 맞추어 자유롭게 몸을 움직이거나 창의적인 신체표현 활동을 경험하는 영역이다. 유아는 음률영역의 활동을 통해 음악적 아름다움의 요소를 찾아보며, 음악이나 움직임과 춤으로 표현하고, 음악을 감상하는 능력을 키운다. 음률영역은 음악에 맞추어 신체를 자유롭게 움직일 수 있는 충분히 넓은 공간이 필요하다. 소음이 많이 나는 영역이므로 다른 영역의 활동에 방해가 되지 않도록 배치하며 바닥에는 카펫을 깔아 안정된 분위기를 조성하며 소음도 줄일 수 있도록 한다.

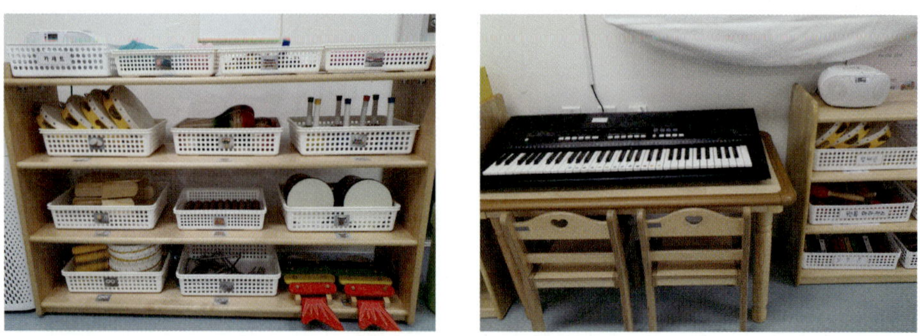

그림 7-17 음률영역

⑦ 미술영역

미술영역은 자연과 사물의 아름다움을 체험하고 그리기, 만들기, 꾸미기, 구성하기 등의 활동을 하며 자신의 느낌이나 생각을 자유롭게 표현하고 미적 아름다움을 감상하는 경험을 하는 영역이다. 유아는 미술영역 활동을 통해 미술적 아름다움의 요소를 이해하며, 자신의 생각이나 느낌을 표현하면서 성취감을 얻고, 정서적인 긴장감도 해소한다. 미술영역은 조용하고 밝은 곳이 좋으며, 물을 사용할 수 있는 공간과 가까이 배치한다. 미술영역에는 다양한 자료를 보관할 수 있는 자료 정리장을 구비하고, 유아가 손쉽게 자료를 꺼내어 활동할 수 있도록 구성한다. 또한 완성된 작품을 말릴 수 있는 설비도 준비한다. 유아의 작품은 소중히 다루고 게시판이나 복도에 전시 공간을 마련하여 자주 전시한다.

그림 7-18 ‹‹‹ 미술영역

2) 실외 환경 구성

실외환경 구성은 '제3차 표준보육과정 교사용 지침서(보건복지부, 육아정책연구소, 2013)'와 '3~5세 연령별 누리과정 교사용 지침서(교육부, 보건복지부, 2013)의 내용을 중심으로 살펴보고자 한다.

(1) 실외 환경 구성원리

바깥놀이터는 영유아가 마음껏 뛰어놀 수 있으며, 날씨의 변화와 자연현상을 감각적으로 경험할 수 있는 공간이다. 실외환경은 동적인 영역과 정적인 영역으로 구분하여 배치한다.

영아를 위한 실외 환경은 영아의 신체 크기에 적합한 공간을 확보하고, 발달 단계에 따른 지각력과 개별운동을 고려하여 구성한다. 영아가 다양한 바닥 소재와 흥미로운 시야, 소리, 냄새 등을 경험할 수 있도록 배려한다. 동적인 영역에서는 걷기 전 영아를 위한 유모차나 걷기 시작한 경우에는 붕붕차 등 영아의 발달 수준에 맞추어 바깥놀이를 위한 놀잇감도 준비한다. 바퀴 달린 놀잇감이나 세발자전거 등을 이용하기 위해 단단한 바닥재 영역이 필요하며, 미끄럼틀과 그네, 시소 등의 놀잇감을 배치해도 좋다. 정적인 영역에서는 휴식을 위한 공간과 더불어 영아가 만지고 탐구할 수 있도록 잔디, 모래, 돌, 진흙, 물 등의 탐색공간을 포함하여 환경을 구성할 수 있다.

유아를 위한 실외 환경은 전인적 성장·발달을 촉진시키는 복합적인 기능을 수행할 수 있도록 몇 가지 영역으로 구분하여 구성하도록 한다. 또한 유아에게 즐거움을 주는 장소로 위험하지 않으면서 모험적이며 도전적인 놀이, 다양하고 창의적인 놀이를 할 수 있도록 구성한다. 따라서 바깥놀이 시설은 유아의 안전을 위해 「어린이 놀이시설 안전 관리법」에 따른 시설기준을 적용하여 설치하도록 한다. 달리기, 공놀이, 자전거타기, 물·모래 놀이 등 적극적인 활동은 동적 활동영역에, 작업하기, 휴식하기, 책읽기 등은 정적인 활동영역에 배치한다.

실외 환경의 영역은 운동놀이영역, 모래·물 놀이 영역, 자연탐구 및 관찰 영역, 작업영역, 휴식영역 및 놀잇감을 보관할 수 있는 보관창고 등으로 구성하며, 외부의 차량이나 사람들로부터 유아를 보호할 수 있도록 울타리나 담장으로 둘러싸이도록 하고, 전체적인 바깥놀이 활동을 교사가 잘 관찰할 수 있도록 영역을 구성한다.

(2) 실외 환경 구성영역

① 운동놀이영역

운동놀이에는 미끄럼이나 그네와 같은 운동놀이기구를 이용하는 놀이와 공, 막대와 같은 작은 도구나 몸을 활용하는 놀이가 있다. 운동놀이는 유아의 바른 자세 형성과 운동기능 발달에 기초가 되며 몸의 균형을 유지하고 몸을 조정하여 움직일 수 있는 과정을 경험하게 한다. 운동놀이영역은 대근육 운동능력을 기르고 기구를 이용하는 방법을 습득할 수 있도록 하기 위해 기어오르기, 매달리기 등 다양한 운동놀이를 할 수 있는 놀이시설을 설치한다. 운동놀이영역은 다른 영역보다 공간을 많이 차지하므로 다른 영역과의 조화를 고려하고 조용한 영역과 떨어진 곳에 배치한다.

그림 7-19 <<< 운동놀이영역

② 모래 · 물 놀이 영역

모래 · 물 놀이 영역은 자연물인 모래와 물을 놀잇감으로 마음대로 가지고 놀이하는 영역이다. 모래와 물은 사용방법이 정해져 있지 않아 부담 없이 마음대로 활동에 몰두하며 이 과정을 통해 성취감과 만족감을 느끼게 되고, 동시에 정서적 안정감과 즐거움을 갖게 된다. 또한 집단놀이 형태로 이루어지는 경우가 많아 친구들과 자연스럽게 어울리는 기회를 갖게 한다. 모래놀이영역과 물놀이영역은 인접하여 배치하면 놀이를 확장할 수 있다. 모래 · 물 놀이 영역은 통행이 빈번하지 않은 곳에 배치하며 햇볕이 잘 들고 배수가 잘 되는 곳이 적합하다. 모래놀이영역과 가까운 그늘진 곳에 유아가 상상력을 키울 수 있도록 다양한 형태의 구조물이나 놀이집, 테이블, 극화놀이 소품 등을 마련한다. 모래가 유실되는 것을 막기 위해 모래밭 가장자리에 고무판을 대거나 테두리를 만들어주고, 유실되는

그림 7-20 모래 · 물 놀이 영역

모래는 1년에 1~2회 보충한다. 모래를 사용하지 않을 때에는 뚜껑을 덮어 모래를 깨끗하게 관리하고 이물질이 들어가지 않도록 하며 주기적으로 소독을 한다. 실외 공간이 넓은 경우, 연령과 활동 종류에 따라 모래놀이영역을 별도로 마련해 주는 것도 좋다.

③ 자연탐구 및 관찰 영역

자연탐구 및 관찰 영역은 식물 기르기 영역과 동물 기르기 영역으로 구성할 수 있다. 동 · 식물을 기르며 유아들은 관찰하고 조사하며 실험하는 등의 탐구과정에 적극적으로 참여함으로써 탐구를 즐기게 된다. 아울러, 자연물에 대한 전문적 지식을 얻고 개념을 형성하며 자연에 대한 이해와 정서적 교감을 나눌 수 있다. 식물기르기영역은 햇빛이 잘 들고 물을 사용하기 좋은 곳에 배치한다. 텃밭을 만들 공간이 부족하다면 크고 작은 화분을 이용한다. 식물기르기영역은 유아가 직접 씨를 뿌리고 재배하고 수확하는 과정을 통해 식물의 성장과정과 변화를 관찰하고 이해하도록 한다. 또한 유아가 사계절 내내 꽃과 열매를 관찰할 수 있도록 꽃나무와 유실수를 계절별로 적절히 나누어 심는다.

유아 스스로 여러 가지 채소를 직접 심고 가꾸어 먹을 수 있도록 함으로써 건강에 대한 인식을 돕고 식품과 건강 간의 관련성도 배우도록 한다. 나들이를 가거나 공원에 산책을 나가 여러 가지 꽃과 나무 등을 탐색하고 즐길 수 있도록 한다. 동물기르기영역은 햇빛이 잘 들고 바람이 잘 통하며, 배수가 잘 되는 장소에 배치한다. 자칫 위생상태가

그림 7-21 ≪≪ 자연탐구 및 관찰 영역

불량해지기 쉬우므로 청소가 용이하도록 만들고 청결하게 관리하여야 한다. 또한 물과 사료 공급이 쉬운 곳에 설치하여 유아가 직접 먹이를 주고 관찰하도록 한다. 박물관이나 동물원, 식물원, 농장 등 지역사회 기관을 활용하는 것도 좋은 방법이다.

④ 작업영역

작업영역에는 바깥에서 접할 수 있는 다양한 환경의 특성을 통해 다양한 주제와 활동으로 놀이를 확장하도록 한다. 물감으로 그림 그리기, 큰 블록 쌓기, 목공놀이, 점토놀이 등이 이루어진다. 작업한 활동물을 전시할 수 있는 공간을 마련한다. 다양한 크기의 블록과 목공 테이블, 목공놀이 도구를 제공하는 것도 좋다.

그림 7-22 ≪≪ 작업영역

⑤ 휴식영역

휴식영역은 유아들이 동적 활동 후 휴식을 취하거나 다른 유아들이 놀고 있는 모습을 보며 편안하게 시간을 보낼 수 있는 영역이다. 휴식영역은 유아들이 편안하게 휴식을 취할 수 있도록 조용한 공간을 마련하여 구성하며, 다양한 종류의 나무 그늘이나 정자, 지붕이 있는 테라스를 설치하거나 텐트나 비치파라솔 등을 활용하여 그늘을 마련한다. 활동적이고 소음이 많은 장소에서 유아가 개인적으로 분리될 필요가 있을 때 조용한 곳에서 긴장을 풀 수 있는 장소를 마련해 주도록 한다. 휴식시간은 유아의 연령이나 활동량에 따라 융통성 있게 조절하며 더운 여름이나 추운 겨울에는 실외 온도 조절에 유의한다.

그림 7-23 ⋘ 휴식영역

⑥ 보관창고

보관창고는 바깥놀이 기구를 정리하고 보관하기 위한 곳으로 놀이기구의 적절한 사용과 보관을 위해 필요하다. 창고는 물이 괴지 않도록 약간 경사진 곳에 위치하는 것이 좋으며, 각종 놀이기구들의 위생관리를 위해 통풍 및 환기를 시킬 수 있도록 한다.

그림 7-24 ⋘ 보관창고

(3) 인근 공원과 놀이터 활용

어린이집 상황에 따라 인근 공원과 놀이터 등도 놀이공간으로 활용할 수 있다.

요즘 혁신놀이터, 기적의 놀이터 등 자연에서 모험심과 상상력을 키울 수 있는 놀이터가 많이 만들어지고 있다. 순천시는 2016년 대한민국 제1호 기적의 놀이터 '엉뚱발뚱'으로 시작하여 10호까지 조성할 계획으로 놀이터를 조성하고 있다. 기적의 놀이터는 시민과 아이들이 함께 디자인부터 참여해서 만들어진 놀이터이다. 서울시교육청은 2017년 '아이들이 놀러오는 학교놀이터 만들기 조성 방안'에 대한 정책연구와 함께 초등학교를 대상으로 '놀이터 만들기 시범사업'을 추진하였다. 그 결과 학생참여형 놀이터인 '꿈을 담은 놀이터 1호'를 만들었다. 현재 전국적으로 다양한 놀이터 등이 다양한 이름으로 생겨나고 있다.

3) 기타 공간

어린이집은 영유아, 부모, 보육교직원이 함께 소통하며 만들어가는 공간으로 영유아의 안전하고 건강한 성장을 위해 부모와의 소통, 보육교직원의 역할이 중요하다.

(1) 영유아 지원 공간

영유아가 어린이집에서 지내는 시간이 길고 영유아별로 요구가 다르기 때문에 보육실 이외에 영유아의 요구를 충족할 수 있는 공간이 별도로 마련되어야 한다. 이 공간에는 도서실, 유희실, 시청각실, 강당, 양호실, 식당, 조리실 등이 있다. 보육실은 영유아가 가장 오랜 시간을 보내는 곳으로 영유아의 연령에 맞게 구성한다. 도서실을 비롯하여 대근육활동 및 대집단활동을 할 수 있는 유희실을 마련한다. 유희실은 날씨로 인해 바깥놀이를 할 수 없을 때 실내에서 대체활동을 할 수 있다. 양호실은 영유아가 아플 때 이용할 수 있으며 치료 및 휴식을 취할 수 있다. 개별적으로 공간을 만들기 어려운 경우

그림 7-25 영아반 보육실

그림 7-26 유아반 보육실

그림 7-27 도서실

그림 7-28 강당

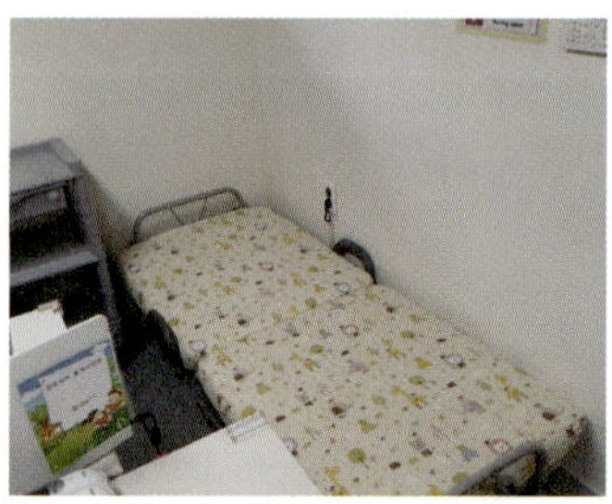

그림 7-29 양호실

그림 7-30 조리실

그림 7-31 유희실

는 간이침대 등을 마련하여 사무실 한 켠에 두고 사용할 수 있다. 식사는 대부분 보육실에서 이루어지나, 따로 식당을 마련할 수도 있다.

(2) 부모 지원공간

영유아의 발달을 위해서는 부모와 어린이집과의 소통이 중요하다. 의사소통이 활발하게 이루어지면 영유아의 상태를 고려하여 영유아에게 적합하게 지원해 줄 수 있다. 그리고 부모는 어린이집의 경험을 가정과 연계하여 영유아가 가정에서 편안하고 즐겁게 지낼 수 있도록 양육할 수 있다. 어린이집과 부모가 신뢰를 쌓으면 영유아도 안성감을 느낀다. 부모를 지원하기 위해 현관에는 부모님들이 볼 수 있도록 어린이집 정보 등을 게시할 수 있으며, 영유아를 기다리는 동안 책을 보거나 편안하게 대기할 수 있는 부모 대기공간 등을 마련한다. 부모를 위한 서적이나 정보들을 비치하여 제공할 수 있다. 상담실을 마련하여 원장 및 교사와의 상담이 필요할 때 편안하게 이야기 나눌 수 있다. 부모가 보육실 참관을 원하는 경우에는 어린이집 참관규정에 따라 이루어진다.

그림 7-32 ⋘ 현관

그림 7-33 ⋘ 부모 대기공간

그림 7-34 ⋘ 상담실

(3) 보육교직원 지원공간

장시간 보육실에서 근무해야 하는 교사를 위해 성인용 공간과 설비를 마련하여 불편과 긴장을 완화시키고, 업무 지원설비를 충분히 구비하여 보육교직원의 전문성을 향상시키며 직무를 원활하게 수행할 수 있도록 해야 한다. 자료실, 사무실, 교사실, 교직원 개인 사물함을 비치하여 지원하며 교직원 업무 지원을 위해 컴퓨터 등 시설 · 설비를 갖춰야 한다.

또 교직원의 휴게공간을 마련하여 휴식할 수 있도록 배려한다. 휴게공간에는 소파나 쿠션 등을 비치한다.

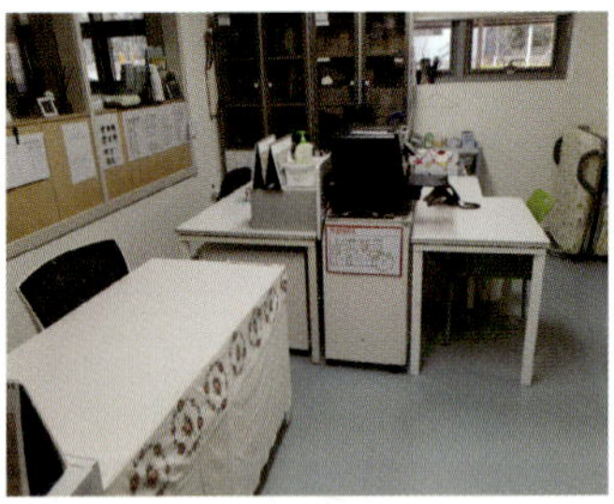

그림 7-35 사무실

그림 7-36 교직원 개인사물함

그림 7-37 교사 휴게공간

4) 놀이 중심 환경 구성 적용

(1) 놀이 중심 보육환경 구성

2019년 7월 유아놀이 중심 교육과정 개편을 반영하여 '2019 개정 누리과정'이 고시되었고, 2020년 '제4차 어린이집 표준보육과정'이 고시되었다. '2019 개정 누리과정'은 어린이집과 유치원에 다니는 3~5세 유아에게 공통으로 적용되는 교육과정으로 2020년 3월부터 시행된다. 누리과정 개정의 취지는 미래사회에 부응하는 새로운 교육과정으로 유아의 놀이가 중심이 되는 교육과정을 강조하고 유아의 놀이를 지원하기 위한 교사의 자율성을 존중하는 것이다. 2020년 9월부터 시행된 '제4차 어린이집 표준보육과정은' 0~5세 영유아의 연속적 경험과 연령 간 발달적 연계를 위하여 '2019 개정 누리과정'의 개정 방향을 고려하여 영유아 중심, 놀이 중심, 교사의 자율성 강화를 추구하는 것이다.

'제4차 어린이집 표준보육과정 해설서(보건복지부, 2020)'와 '2019 개정 누리과정 해설서(교육부, 보건복지부, 2019)'의 보육환경 구성 내용을 정리해 보면 다음과 같다.

① 유아가 다양한 놀이와 활동을 경험할 수 있도록 실내외 환경을 구성한다.

놀이환경은 유아가 놀이하는 실내외 모든 공간과 놀이자료를 포함한다. 유아가 보고 듣고 만지며 자유롭게 표현할 수 있는 놀이환경은 놀이가 다양하게 이루어지도록 하는 중요한 교육적 자원이다. 따라서 교사는 다양한 실내 · 외 놀이환경과 풍부한 놀이자료를 제공하여 유아의 놀이가 활성화되도록 돕는다.

② 다양하고 안전한 실내 · 외 놀이 공간을 구성한다.

어린이집의 실내 공간은 유아에게 가장 친숙한 놀이환경이다. 보육실의 흥미영역은 유아들이 가장 좋아하는 놀이를 중심으로 구성하며, 유아들이 흥미를 보이지 않는 영역은 다른 영역과 통합하여 재구성하거나 다른 영역으로 대체하는 것도 가능하다. 실외 공간은 유아가 마음껏 뛰어놀며 자연과 계절의 변화를 만나고 탐색할 수 있는 놀이환경으로 유아가 몸을 충분히 움직여 즐겁게 놀이하고 위험으로부터 자신을 안전하게 보호하는 능력을 기를 수 있도록 지원해야 한다. 이처럼 실외 놀이환경은 유아가 안전하게 놀이할 수 있는 공간과 자료로 구성해야 한다.

③ 풍부한 놀이자료를 제공한다.

놀이자료는 유아가 놀이에 사용할 수 있는 놀잇감, 매체, 재료와 도구 등을 포함한다. 유아에게 놀이자료는 자신의 감정과 생각, 상상 등을 자유롭게 표현하는 수단이자 세상에 대한 이해를 넓혀나가는 데 중요한 역할을 하는 매개물이다. 교사는 유아에게 일상의 평범한 사물, 자연물, 악기, 미술재료, 그림책, 재활용품 등을 적절히 제공할 수 있으며, 계절이나 행사, 국경일과 관련된 자료는 시기에 맞게 제공할 필요가 있다. 또한 비구조적인 열린 자료를 풍부하게 제공하여 유아의 활동을 지원하며 유아가 찾아낸 창의적인 놀이방식을 인정하고 존중해야 한다. 유아의 놀이자료 사용방법이나 놀이방식을 지나치게 제한하지 않도록 유의한다.

(2) 교사의 자율성 강조

개정 누리과정에서는 교사의 자율성을 특히 강조하고 있다. 환경 구성과 관련하여 교사의 자율성을 살펴보면 첫째, 흥미영역의 운영방식의 자율화이다. 흥미영역의 개수, 유형, 운영방식 등을 자율적으로 개선하여 유아의 자유로운 놀이가 가능하도록 제안하였다. 이를 통해 유아의 놀이가 주제에 맞지 않더라도 유아의 관심과 생각을 우선적으로 존중하고 지원할 수 있도록 하였다. 둘째, 5개 영역 통합방식의 다양화이다. 유아는 놀이하면서 자연스럽게 5개 영역을 통합하여 경험하므로, 교사는 유아의 놀이를 존중함으로써 5개 영역의 통합을 실천할 수 있다.

(3) 교사가 실천할 수 있는 내용

환경 구성과 관련하여 교사가 실천할 수 있는 내용을 보면, 교사는 유아가 공간에 부여하는 의미를 이해하기 위해 놀이의 전개를 지켜보면서 유아의 놀이를 방해하는 요소가 무엇인지를 관찰하고, 유아의 의견을 반영하여 놀이공간을 구성하고 운영해 나가는 자율성을 가진다. 교사는 새로운 보육실의 실내 공간을 어떻게 구성할지 유아들의 전반적인 놀이 성향을 고려하여 적합성을 판단해 보아야 한다. 학기 초에는 놀이자료를 구분하기 위한 기본적인 영역을 구분하고 각 영역이 지나치게 협소해지지 않도록 가구를 배치해 보는 것이 좋다. 또한 한번 정한 영역을 한 학기 내내 고정하지 않고 놀이에 따라 즉각적으로 재배치해 주려는 융통성을 발휘하고 실내・외 전체 공간을 놀이를 위해 다양하게 활용하려는 노력이 필요하다.

① 놀이공간을 융통성 있게 배치해 본다. 보육실 내에 반드시 흥미영역이 정해져 있는 것이 아니므로 유아의 놀이를 지원할 수 있도록 공간을 융통성 있게 구성한다.

② 놀이공간을 넓혀본다. 유아의 놀이를 관찰한 결과 좁은 공간이 놀이를 방해하는 요소라고 판단되거나, 유아가 놀이공간을 넓히고 싶다고 요구하였을 때 충분한 공간을 만들어 줄 수 있다.

③ 유아에게 공간 배치의 주도권을 주어본다. 놀이공간은 모든 구성원의 삶이 반영되는 곳이다. 교사가 유아의 놀이를 따라가면서 자연스럽게 유아 스스로 놀이공간을 배치하거나 변경하도록 지원하다 보면 유아도 교실이 자신의 공간이라는 생각을 하게 된다. 개별적 유아의 성향을 고려하여 다수와 개인의 놀이가 고루 존중되는 교실문화를 만드는 것이 좋다.

카페에 놀러오세요

물놀이터 개장

기차여행

물그림 그리기

그림 7-38 <<< 유아반 놀이 사진

④ 다른 놀이공간을 찾아본다. 유아는 스스로 찾아낸 공간, 놀이를 하다가 우연히 발견한 공간을 더 좋아하고 애착을 갖는다. 교실이나 실외 놀이터 외에 복도, 현관 입구, 교실과 교실 사이의 공유 공간, 계단 밑 등도 안전하다면 유아의 놀이공간으로 허용할 수 있다. 놀이자료도 유아가 결정한 자료 활용방법을 격려하고, 자연물이나 자연현상도 자료가 될 수 있으며, 다양한 일상의 사물을 놀이자료로 활용하고 자료가 없이도 놀이할 수 있다. 기존의 자료도 새롭게 활용해 본다(교육부, 보건복지부, 2019).

흥미영역 구성을 기본으로 하여 놀이 · 아동 중심의 놀이과정으로 진행을 하면서, 놀이와 아동이 중심이 될 수 있도록 지원해 주고 아동과 함께 환경을 구성해 간다면 더 풍부한 놀이가 이루어질 수 있을 것이다.

생각해 보자

- 주제를 정해서 놀이환경을 구성해 보세요.
- 영유아를 위한 다양한 공간을(놀이터 등) 주위에서 찾아보세요.
- 어린이집 환경에 영유아, 보육교직원, 부모를 위해 어떤 공간이 더 있으면 좋을지 제안해 보세요.

참고문헌

강경민, 강혜경, 김영명, 김이영, 김익균, 김진아, 노성향, 박만호, 변정순, 서예석, 송혜영, 이선영, 이지수, 정영희, 정정옥, 최경숙, 최경환, 최명희, 최순자, 현정희, 황해익(2016). **보육교사 승급교육 1급**. 파주: 양성원.

강경민, 강혜경, 김미경, 김이영, 김정신, 노성향, 박만호, 변정순, 서예석, 손원경, 송혜영, 이선영, 장혜순, 조메리명희, 조진형, 최경숙, 최민수, 최진원, 한혜경, 현정희(2016). **보육교사 승급교육 2급**. 파주: 양성원.

경기도교육청(2019). **놀이 2019 놀이중심 교육과정 심화자료**.

공인숙, 한미현, 김영주, 권기남(2013). **최신 보육학개론**. 파주: 교육과학사.

교육부, 보건복지부(2013). **3~5세 연령별 누리과정 교사용 지침서**.

교육부, 보건복지부(2019). **2019 개정 누리과정 놀이실행자료**.

교육부, 보건복지부(2019). **2019 개정 누리과정 해설서**.

권혜진, 김경은, 우현경, 전가일, 전숙영, 정윤주, 한유진(2016). **아이와 교사가 즐거운 놀이지도**. 파주: 양서원.

박정옥, 김미량, 김수희(2018). **영유아놀이지도**. 파주: 양서원

보건복지부, 육아정책연구소(2013). **제3차 어린이집 표준보육과정 교사용 지침서**.

이순형, 이성옥, 권기남, 김지현, 김진욱, 김정민, 민미희, 정현심, 김유미, 임여정, 김민경(2012). **어린이집 운영관리**. 파주: 양서원.

이영미, 조수경(2011). **창의적 놀이지도**. 파주: 양서원.

최영식(2018). 발달에 적합한 어린이집 놀이터 공간 환경에 대한 연구. **한국기초조형학연구, 19**(1), 539-540.

하정연, 좌승화, 조채영(2015). **영유아놀이지도**. 고양: 공동체.

보건복지부(2020). **제4차 어린이집 표준보육과정 해설서**.

보건복지부, 한국보육진흥원(2019). **2019 어린이집 평가매뉴얼(어린이집용)**.

Frost, J. (1976). *Recisiting early childhood education*. NY: Holt, Rinehart and Winston.

서울시교육청 블로그 https://seouleducation.tistory.com/

CHAPTER 8

어린이집에서의 평가

어린이집은 다양한 분야에서 평가가 이루어질 수 있으며, 체계적이고 정기적인 평가를 통해 어린이집의 질적 발전을 도모할 수 있다. 평가는 다양한 방법으로 진행할 수 있으며, 정해진 양식이나 틀이 있는 것이 아니다. 이 장에서 제시하는 다양한 평가 내용 및 방법, 양식 등은 예시이므로 각 어린이집의 특성에 적합하게 수정하여 활용하는 것이 바람직하다.

C H A P T E R

8

1. 보육평가의 개념 및 필요성
2. 평가대상별 보육 평가방법
3. 보육평가의 활용

1. 보육평가의 개념 및 필요성

보육평가란 영유아의 발달을 촉진하고 영유아에게 질 높은 보육을 제공해 주기 위한 제반 사항, 즉 영유아 발달 상황, 보육프로그램, 보육환경, 교사의 질 등에 대해 평가하는 것을 의미한다.

보육평가는 어린이집에서 영유아 발달 상황, 보육프로그램, 보육환경, 교사의 질 등에 대한 다양한 자료를 수집하여 분석함으로써 영유아에게 적절한 보호와 교육 서비스를 제공하고 있는지를 파악하는 과정으로 보육의 질을 높이기 위한 중요한 수난이 된다. 특히 객관적인 보육평가는 어린이집이 영유아들에게 건강하고 안전한 보호와 영유아의 발달 특성에 맞는 교육 서비스를 적절하게 제공하고 있는지 점검하고 이를 개선해 나갈 수 있는 기회를 제공한다는 점에서 개별 영유아에게 질 높은 보육의 기회를 균등하게 보장하기 위해 반드시 필요하다.

2. 평가대상별 보육 평가방법

어린이집에서의 평가는 영유아의 발달 수준 진단 및 특성 파악을 위한 평가, 보육과정 운영에 대한 평가, 교사의 교수 · 학습 과정 및 반 운영에 대한 평가 그리고 어린이집 운영 전반에 대한 평가 등으로 구분할 수 있다. 이러한 평가는 교사 개인 또는 어린이집 자체적으로 이루어질 수 있고, 어린이집을 이용하는 부모가 할 수도 있으며, 외부 전문가 및 전문기관에 의해 이루어질 수도 있다. 평가대상별로 내용 및 방법 등을 나누어 정리하면 표 8-1과 같다.

표 8-1 평가의 대상, 내용 및 방법

대상	내용 및 방법	실시 시기 및 주기	비고
영유아	관찰을 통한 평가	월 1회 이상 관찰, 연 2회 이상 평가	2020 어린이집 평가지표 기준
	포트폴리오를 활용한 평가	수시 수집, 연 2회 이상 평가	
교사	자기 평가	매월, 학기별(연 2회)	
	전문가 평가	연 1~2회	
	원장 평가	연 1회	2020 어린이집 평가지표 기준
보육과정 운영	보육과정 운영에 대한 평가	매일, 매월, 주제별, 학기별, 연도별 등	'매일': 2020 어린이집 평가지표 기준 * 이 책 5장 참조
어린이집 운영	어린이집 평가제	어린이집 평가제 참여 결과에 따름(2~3년마다)	* 이 책 9장 참조
	부모모니터링	모니터링 대상으로 선정되는 경우(1~3년마다)	
	부모만족도 조사	연 1~2회	

1) 영유아 평가

영유아 평가란 영유아의 전인적인 성장과 발달을 돕기 위해 교육활동을 전개하면서 영유아의 행동 변화에 대한 자료를 수집하여 영유아의 발달 상황을 이해하고 교육과정이나 프로그램의 실현 정도 및 달성 여부를 알아보는 과정을 뜻한다(황해익, 2001). 영유아 평가는 개별 영유아의 발달이 균형적으로 이루어지고 있는지, 보육과정 운영이 적절하게 이루어지고 있는지 등을 점검하여 영유아에게 적합한 보육과정을 계획하고 추가로 필요한 지원을 알아보기 위한 기초가 된다. 영유아 평가를 통해 부모는 자녀의 발달 상황 및 특성을 객관적으로 이해할 수 있다. 또한 관찰 및 발달평가 결과 공유과정에서 부모는 교사가 영유아에 대해 관심과 애정을 가지고 보육하고 있다고 느끼며, 보육 전문가로 인식하여 교사 및 어린이집에 대한 신뢰감을 형성하는 데 도움이 된다. 제4차 표준보육과정(2020) 및 개정 누리과정(2019)에서 영유아 평가는 영유아의 행복과 전인적 발달을 지원하기 위함이며, 교사는 영유아의 배움이나 나타나는 놀이, 일상생활, 활동에서 영유아가 가장 즐기고 잘하는 것, 놀이의 특성, 흥미와 관심, 친구관계, 놀이를 이어가기 위한 자료의 활용 등에 주목하여 영유아 놀이를 관찰하고 이를 통해 영유아의 특성과 변화를 이해하도록 하고 있다.

교사는 놀이 및 활동 시간뿐만 아니라 하루일과 중 영유아가 보이는 모든 행동이나 말, 표정 등을 평가 근거로 활용할 수 있으며, 이를 위해 일과 중 영유아의 일상생활과 놀이, 활동을 주의 깊게 관찰하고 틈틈이 기록하는 습관이 필요하다. 그런데 관찰과 평가에 너무 몰두하다 보면 놀이 지원 및 참여 등 교사의 다른 역할에 소홀해질 수 있으므로 유의하도록 한다. 평가자료를 만들고 수집하는 데 과도한 노력을 기울이기보다는 영유아의 놀이에 더 집중하고 지원하는 것이 중요하다(교육부, 보건복지부, 2019). 영유아 평가는 목표 달성 여부 점검이나 순위를 매기기 위해 하는 것이 아니며, 영유아가 더 나은 방향으로 성장 · 발달하도록 돕고 보육과정 운영의 효율성을 높이기 위한 과정이라는 것을 기억해야 한다.

표 8-2 영유아 관찰기록과 평가를 함께 작성하는 예시

○○반(만 ○세반)		영유아명		생년월일	
구분	표준보육과정(누리과정) 관련 영역	관찰내용			
3월	신체운동 · 건강				
4월	사회관계				
5월	의사소통				

(계속)

6월	예술경험	
7월	자연탐구	
8월	사회관계	
1학기 영유아 발달 평가	신체운동 · 건강	• 놀이 후 스스로 주변을 깨끗이 할 수 있음. 음식을 골고루 먹고, 몸에 좋은 음식에 관심을 보임 • 1학기 초에는 신체활동 참여에 다소 소극적이었으나, 점차 신체활동에 적극적이고 자발적으로 참여하려는 모습을 보임
1학기 영유아 발달 평가	의사소통	• 놀이 중 다른 사람의 이야기를 관심 있게 들음 • 환경 인쇄물에 있는 내용에 관심을 가지고, 말을 글로 나타내는 것에 관심을 보임
1학기 영유아 발달 평가	사회관계	• 친구의 생각과 감정에 관심을 가지고, 친구와 함께 놀이하기 위해 약속을 정하고 지킬 수 있음 • 1학기 초에는 친구와 의견 차이가 있을 때 교사가 어느 정도 개입하여 도움을 주었으나, 점차 친구와의 의견 차이를 해결하기 위해 자신의 의견을 제시하기도 함
1학기 영유아 발달 평가	예술경험	• 교사가 부르는 간단한 노래를 듣고 따라 부를 수 있음 • 미술활동에 적극적으로 참여하며 활동에 필요한 재료와 도구의 특성에 관심을 가짐
1학기 영유아 발달 평가	자연탐구	• 다섯 개가량의 구체물을 셀 수 있으며, 수량에 관심을 가짐 • 바깥놀이 중 주변의 동식물과 돌, 물, 흙 등 자연물에 관심을 가지고, 궁금한 점을 알아보는 과정에 흥미를 보임

출처: 울산광역시육아종합지원센터(2018).

(1) 관찰을 통한 평가

일상 속에서 영유아의 자연스러운 행동을 연구하는 데 적절한 방법인 관찰법은 표준화검사에서 제공할 수 없는 영유아에 대한 세부적인 사항들을 측정할 수 있다는 장점이 있지만, 객관적인 관찰, 관찰 결과에 대한 전문적인 해석, 기록과정에서의 오류 등 관찰하는 교사의 전문성이 큰 영향을 주는 변인이 될 수 있다. 따라서 교사는 주의 깊게 관찰하고 객관적으로 기록 및 해석하며, 교수 · 학습 과정의 운영에 반영하여 영유아의

****와 &&이가 밖에 핀 개나리를 보고 관심을 가짐. 꽃을 따서 머리 위로 날리며 "축제"라고 함. 친구들과 함께하려고 친구들을 모았음.
다른 친구들 관심을 보이지 않자,
⇒ 술래잡기함. 술래가 없음. 누구인지 모름.
미끄럼틀 아래로 들어가 **이를 부름(같이 숨자고 함)
미끄럼틀 아래에서 무엇을 하는지 궁금하여 동영상
&&있는 동안 심심했던지 꽃잎을 만지기도 함.
카메라 발견하고 &&이는 갑자기 술래가 선생님인 것처럼 들켜 버렸다고 하며 밖으로 나감.
⇒ **이와 &&이 벽돌(정사각형) 발견하고 케이크를 만들기로 함.**

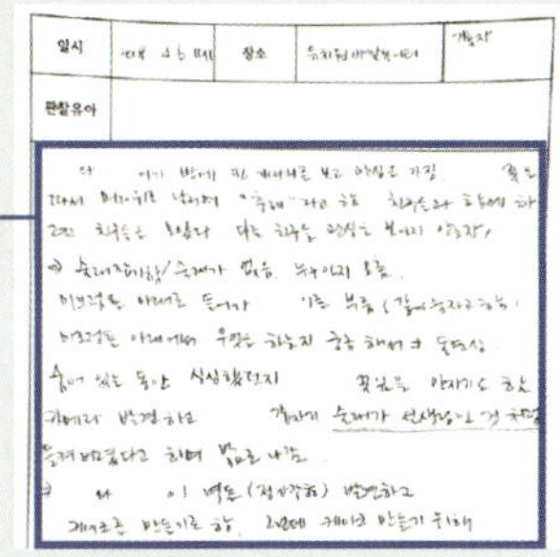

◀ 미끄럼틀 아래 숨는 유아의 놀이를 관찰하였고, 유아가 자유롭게 놀이하도록 하였다. 동영상과 짧은 글로 유아의 놀이 흐름을 기록하였다.

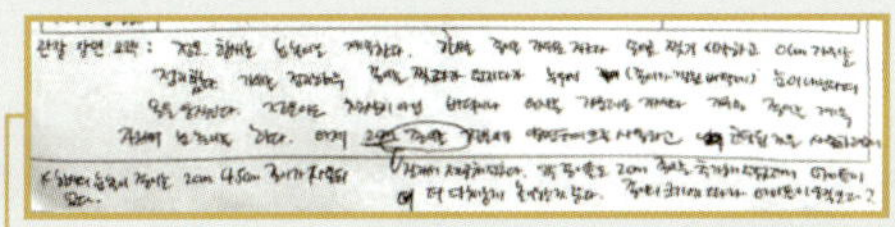

△△, □□는 몸 놀이를 계속한다. □□는 종이를 가위로 자르다 손으로 찢기 시작하고 이내 가위를 정리했다. 가위를 정리한 후 종이를 찢다가 던지다가 누워서 (종이가 깔린 바닥에) 눈이 내린다며 몸을 움직인다.
△△이는 책상이 아닌 바닥에 의자를 가운데로 가져와 자꾸만 종이를 계속 자르며 눈 놀이를 한다. 그 때 △△이가 양면 테이프를 사용하고 코팅된 것을 사용하려고 한다.

◀ 유아가 주도적으로 다양한 크기와 재질의 종이를 탐색하여 종이 특성에 따라 놀이를 만들어가는 과정을 기록하였다.

유아가 다양한 색과 굵기의 색 절사와 다양한 재료(단추, 나뭇가지 등)로 놀이하는 과정과 안전하게 놀이하는지를 관심을 기울여 살펴보았다. 유아의 색 철사 놀이를 사진으로 찍거나 그림으로 그렸고, 그 과정에서 나타난 유아의 행동과 말을 적어두었다. ▶

정○○
"선생님 나는 보라색 할거예요."
교사: 오늘은 보라색이야?
보라색 색 철사를 자르고는 리본을 고르고
바로 나무에게 가져간다.
다시 돌아와서
"선생님 오늘도 이렇게 돌릴 거예요."
○○는 지난 놀이시간에 이어 계속 색 철사를 돌려 모양을 만든다.

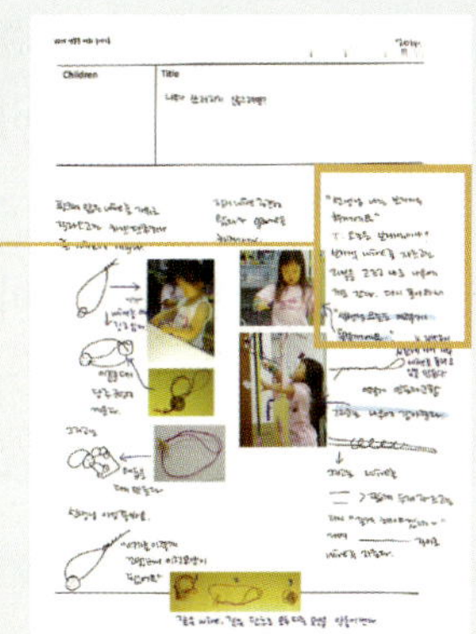

그림 8-1 ⋘ 영유아 관찰기록의 다양한 예시(2019 개정 누리과정 놀이이해자료 제시)

출처 : 교육부, 보건복지부(2019b).

발달을 지원할 수 있도록 노력하여야 한다.

관찰의 중요성은 영유아 · 놀이 중심 교육과정을 추구하는 표준보육과정 및 개정 누리과정에서도 강조하고 있다. 관찰은 영유아의 놀이를 이해하고 놀이를 통한 배움을 지원하기 위해 필수적이고 가치 있는 과정이며, 영유아의 놀이를 잘 관찰하기 위해서 교사는 교육과정 구성의 파트너로서 영유아의 놀이를 주의 깊게 바라보고, 영유아가 경험하는 기쁨과 슬픔, 좌절과 감동을 함께 느끼고 공유할 수 있어야 한다(교육부, 보건복지부, 2019). 유아의 놀이 속에는 그냥 봐서 알기 어려운, 그래서 깊이 들여다봐야만 알 수 있는 수많은 의미가 숨어 있다. 따라서 놀이를 들여다보고자 하는 교사들의 노력과 시간이 필요하다. 들여다본다는 것은 영유아의 놀이 가까이에서 자연스러운 놀이를 영유아의 시선으로 충분히 관찰하는 것을 의미한다(경기도교육청, 2019).

'영유아가 어디에서, 누구와, 무엇을 하며, 무엇을 가지고 놀고 있는가?', '놀이 속에서 어떤 상황들이 벌어지고 있는가?', '영유아는 어떤 이야기들을 하고 있는가?', '영유아는 놀이 속에서 어떤 움직임과 표정을 보이고 있는가?', '놀이가 어떻게 이어져 나가고 있는가?'. 이러한 호기심을 가지고 놀이 맥락을 이해하며 들여다볼 때, 교사는 영유아 놀이의 여러 가지 의미들을 발견하고 이해할 수 있다(경기도교육청, 2019).

관찰을 기록하는 방법은 다양하지만 크게 두 가지로 나눌 수 있다. 하나는 관찰한 내용을 바탕으로 글을 써서 나타내는 서술기록식 방법으로 표본식 기록, 일화기록, 서술식 사건표집법이 이에 해당한다. 또 하나는 미리 준비된 부호나 범주에 맞추어 발생 유무나 빈도 등을 간략히 기록하는 표식기록법으로 빈도사건표집법, 시간표집법, 행동목록법, 평정척도법이 있다(황해익 외, 2017). 이 중 어린이집에서 영유아 관찰에 유용하게 활용되는 일화기록법, 시간표집법, 사건표집법, 행동목록법, 평정척도법에 대해 살펴보면 다음과 같다.

① 일화기록법

일화기록법은 한 가지 행동이나 상황을 중점적으로 관찰하여 사건이나 상황을 사진 찍듯이 사실적으로 묘사하는 기록방법으로 현장에서 영유아 평가를 위해 가장 많이 활

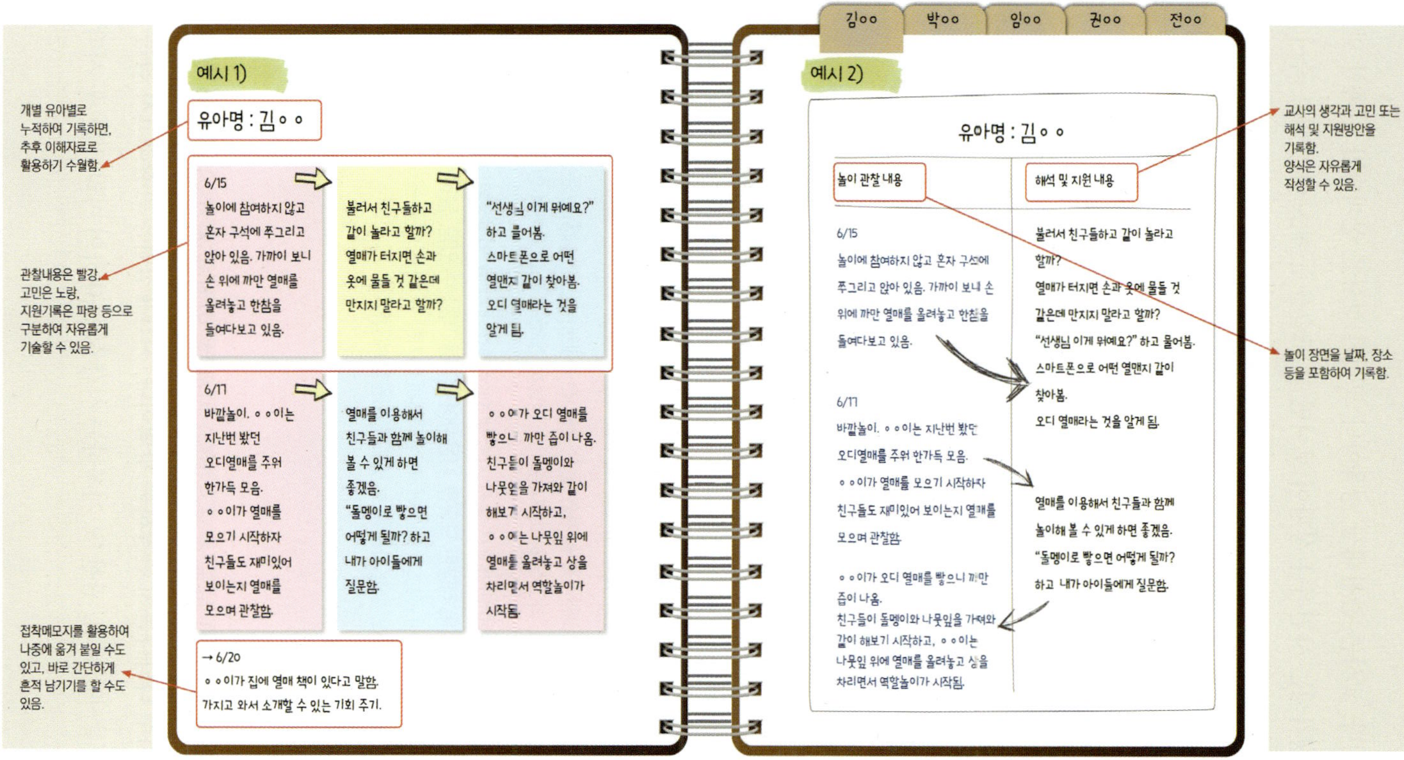

그림 8-2 ⋘ 일화기록법 관찰 예시 1

출처: 경기도교육청(2019).

용하는 관찰법이다. 교사는 관찰대상 영유아나 교실의 상황을 살피다가 기록할 만한 의미가 있다고 생각되는 사건이나 상황이 보이면 그 모습을 눈에 보이는 대로 즉시 기록한다. 만약 바로 기록하기 힘든 상황이라면 핵심이 되는 단어나 문장 중심으로 짧게 메모해 두었다가 여유가 생겼을 때 이를 자세하게 기록할 수도 있다. 이때 기억에 의지하여 메모에 없는 내용을 기록할 경우 사실과 다른 내용을 기록하게 될 수도 있으니 주의해야 한다.

표 8-3 ⋙ 일화기록법 관찰 예시 2

관찰대상	이지은	관찰일	년 월 일( )
관찰시간	10:10~10:15	관찰자	△△△
관찰장면	자유선택활동(역할놀이영역)		
관찰 내용	지은이와 예지는 역할놀이영역에서 음식점놀이를 하고 있다. 지은이가 예지에게 다가가서 "주문해도 되나요?"라고 묻자, 예지는 "네, 주문하세요."라고 대답한다. 지은이가 "돈가스 주세요."라고 말하자 예지는 "돈가스요? 알겠습니다."라고 말하고 지은이에게 "테이블에 앉아서 기다리세요."라고 책상 쪽을 가리키며 말한다. 예지가 접시에 납작한 고기 모양 음식 모형을 담아 지은이에게 가져다주며, "여기 돈가스 나왔습니다."하고 말하자 지은이는 포크와 나이프로 먹는 흉내를 낸다. 음식을 다 먹고 지은이는 주머니에 손을 찔러 넣었다가 빼서는 무엇인가를 움켜쥔 듯한 손을 친구에게 내민다. 예지는 돈을 받으며 "고맙습니다. 또 오세요."라고 말하고, 지은이는 "안녕히 계세요."라고 말하며 빙그레 웃는다.		
해석 및 평가	지은이는 역할놀이영역에서 음식 시키기, 먹는 흉내내기 등 일상생활의 경험을 극놀이로 표현할 수 있으며, 적당한 도구를 사용하여 음식을 먹을 수 있음. 물건을 살 때 돈이 필요함을 알고 있으며, 장소와 대상에 따라 적절히 얘기할 수 있음. 다음 놀이 상황에서는 놀이에 필요한 돈을 만들어 사용할 수 있도록 지원할 예정임		

② 시간표집법

시간표집법은 관찰하고자 하는 행동을 미리 정한 후 일정한 시간 간격에 따라 특정 행동이 얼마나 자주 나타나는지 관찰하는 방법이다. 시간표집법은 관찰하고자 하는 행동, 반복횟수, 관찰시간 단위, 관찰 및 기록하는 시간 등에 대하여 미리 정한 후 시작하여야 하며, 짧은 시간 안에 특정 행동의 발생빈도를 반복하여 관찰하므로 평균 15~20분에 한 번 이상 나타나지 않는 행동을 관찰하기에는 적당하지 않은 관찰방법이다. 또한 짧게 초 또는 분 단위로 관찰이 이루어지기 때문에 영유아 내면의 감정 상태나 행동의 전후 맥락 등을 관찰하기보다는 외현적 행동 관찰에 적합하다.

표 8-4 >>> 시간표집법 관찰 양식

흥미영역에 참여하는 아동에 대한 시간표집법 관찰기록															
아동A	이름 :					성별 :					생년월일 :				
아동B	이름 :					성별 :					생년월일 :				
아동C	이름 :					성별 :					생년월일 :				
아동D	이름 :					성별 :					생년월일 :				
아동E	이름 :					성별 :					생년월일 :				
관찰일시															
관찰장면															
관찰자															
관찰 범주	• 역 : 역할 • 과 : 과학			• 쌓 : 쌓기 • 언 : 언어			• 미 : 미술 • 화 : 화장실			• 음 : 음률 • 지 : 지켜보기			• 수 : 수조작 • × : 부재		
구분	월			화			수			목			금		
	10:00	10:20	10:40	10:00	10:20	10:40	10:00	10:20	10:40	10:00	10:20	10:40	10:00	10:20	10:40
A	미	역	역	음	쌓	쌓	수	지	미	×	미	역	×	미	미
B															
C															
D															
E															

출처: 안선희 외(2015).

③ 사건표집법

사건표집법은 관찰하고자 하는 특정 행동이나 사건이 나타날 때 기록하는 방법으로 전후 관계를 자세하게 기록하여 행동이나 사건의 맥락과 인과관계를 알아볼 수 있다. 사건표집법은 정해진 시간 간격을 중요시하는 시간표집법과는 달리 관찰자가 정한 행동이나 사건에 초점을 둔다. 교사는 보육실에서 특정 사건이나 영유아의 행동이 반복적으로 일어나는 경우 그 행동이 얼마나 많이 일어나는지 알아야 하는 경우가 있고, 행동의 전후 상황이나 원인을 확인하여 이에 대한 대처 및 지원방법을 고민해야 하는 경우도 있다. 이런 경우 교사는 '얼마나 자주'를 확인할 수 있는 빈도사건표집법과 '전후 관계'를 확인할 수 있는 서술식 사건표집법을 활용할 수 있다. 예를 들어, 영유아가 또래와 놀이하다가 분쟁상황이 자주 발생하는 경우 특정 시간 동안 몇 번이나 분쟁이 생기는지 알아볼 수 있고(빈도사건표집법), 또한 어떤 상황에서 분쟁이 생기며 그 원인은 무엇인지 살펴보는 것(서술식 사건표집법)도 필요할 수 있다.

표 8-5 >>> 서술식 사건표집법 관찰 양식

관찰아동 : 김○○　　생년월일 : 2019.03.05.(20개월)　　관찰자 :
관찰행동 : 또래 영아를 물거나 때리는 행동

일시	사건 전(A)	사건(갈등상황, B)	사건 후(C)
4월 12일	○○가 헝겊 그림책을 보고 있다.	△△가 헝겊 그림책에 관심을 보이며 손을 뻗어 책을 잡아당긴다.	○○가 입을 벌려 △△ 손등을 물려고 한다. 교사가 떼어 놓는다.
4월 13일			
4월 14일			
4월 15일			
4월 16일			
요약			
해석 및 해결방안			

④ 행동목록법

행동목록법은 관찰하고자 하는 어떤 행동이나 특성의 목록을 미리 작성해 두고 해당 행동이 나타나는지에 따라 '있다', '없다' 또는 '예', '아니오' 등 두 가지 중의 하나를 표기하여 기록하는 관찰법이다. 행동목록법은 쉽게 기록할 수 있고, 시간이 적게 소요되는 장점이 있어 영유아의 행동 관찰뿐만 아니라 교사에게 필요한 비품이나 보육실 놀이자료 목록을 관리할 때도 사용할 수 있다. 그러나 이 방법은 출현이나 존재, 현상 등의 유무만을 표기하는 것이기 때문에 행동의 맥락이나 상황에 대한 자세한 정보, 빈도 등 질적인 정보는 알 수 없다는 단점이 있다. 행동목록법을 활용하여 학기 초와 말에 영유아의 기본생활습관을 같은 목록으로 점검해 본다면 한 학기 동안 영유아의 기본생활습관 형성 정도를 확인할 수 있을 것이다.

⑤ 평정척도법

평정척도법은 관찰하고자 하는 행동이나 특성에 대해 미리 작성해 두고 해당 행동이 나타나는지뿐만 아니라 출현 빈도(자주, 가끔, 보통, 전혀 등) 및 정도(매우, 약간, 보통 등)에 따라 질적 차이를 수량화한 점수나 가치를 부여한 기준에 체크하여 평정하는 방법이다.

평정척도는 제시한 항목에 대해 관찰자가 그 정도를 평정하기 때문에 편견이나 오류(중앙집중의 오류, 후광효과, 근접성의 오류, 기준의 오류 등)가 발생할 수 있다(황해익 외, 2017). 따라서 관찰자는 객관적으로 평정하도록 노력하는 것이 중요하며, 반드시 각 문항에 대한 관찰대상자의 행동이나 특성에 근거하여 평정한다. 예를 들어, 평정척도법을 활용하여 유아의 쓰기 능력을 평정하고 싶을 때, '끼적인다', '자기 이름을 글자와 비슷한 형태로 표현한다', '자기 이름을 쓴다', '자기 이름과 쉬운 글자를 쓴다' 등으로 척도를 구성하여 관찰자가 선택할 수 있고, 각 척도치에 숫자를 부여하여 평정할 수도 있다.

(2) 포트폴리오를 활용한 평가

어린이집에서 포트폴리오portfolio란 영유아의 성장과 발달, 학습, 다양한 변화 등에 관한 기록과 자료들을 시간의 흐름에 따라 정리한 것으로 영유아의 단순한 활동 결과물 모음집보다 훨씬 포괄적이고 다양한 평가 근거가 될 수 있다. 포트폴리오에는 영유아의 놀이 및 활동 결과물, 표준화 검사결과, 키 · 몸무게 변화 기록, 운동능력의 발달 기록, 교사의 다양한 관찰기록, 활동 사진 및 동영상 등 영유아에 관한 모든 것들이 포함될 수 있다. 포트폴리오 평가는 이러한 다양한 근거를 활용하여 영유아 개인의 변화와 발달과정을 총체적으로 평가하는 방법이다.

포트폴리오 평가과정에서 교사는 영유아를 관찰하고 이를 체계적으로 기록 및 관리함으로써 영유아들이 알고 있는 것과 느끼는 것, 그들의 선호와 현재 어느 발달과정에 있는지 등을 파악할 수 있다. 이를 통해 영유아 개인의 전인적인 발달과 행복한 성장에 필요한 지원을 계획할 수 있고, 추후 교수 · 학습 계획에 반영하여 효과적인 보육과정 운영에 활용할 수 있다.

2) 교사 평가

교사는 어린이집의 운영철학을 반영한 보육과정을 운영하고, 영유아와의 상호작용을 통해 성장 · 발달을 지원하는 중요한 역할을 한다. 그러므로 보육과정 계획 및 운영, 환경 구성, 영유아와의 상호작용, 부모 지원 및 관리, 동료와의 관계 등 교사의 역할과 자질, 업무 등을 정기적으로 평가하여 발전할 수 있도록 지원해야 한다. 교사 평가의 목적은 교사로 하여금 자신의 강점과 보완점을 인식하도록 도와주고 발전을 위해 노력하도록 동기를 부여함으로써 자질과 역량을 향상시키는 것이다.

교사 평가의 종류는 자기 평가, 원장 평가, 주임 및 동료 평가, 전문가(외부) 평가, 부모 평가 등 다양하다. 이 중 주임 및 동료 평가의 경우 사전에 평가기준에 대해 협의하는 것이 좋으며, 평가대상자의 교수·학습 과정 운영에 대한 관찰(직접 관찰, 동영상 관찰 등)이 이루어진 후 평가하는 것이 바람직하다. 교사 평가가 순위를 매기거나 단순히 부족한 점을 찾기 위한 것으로 인식되지 않도록 평가 목적, 내용 및 방법 등을 사전에 충분히 설명하고, 평가 후에는 적절한 방법의 피드백이 이루어지도록 한다.

(1) 자기 평가

교사의 자기 평가는 교사로서의 전문성을 지향하는 가장 효과적인 동기유발이 되고, 자기성찰의 기회를 제공해 준다(김윤옥, 2019). 자기 평가는 다른 사람에 의해 평가를 받는 것이 아니라 스스로 자신을 점검하는 자율적 평가이며, 이로 인해 교사의 능동적인 참여율이 가장 높기 때문이다. 그런데 자기 평가의 경우 객관적으로 평가하려는 노력이 필요하며, 자신에 대해 지나치게 엄격하게 평가하거나 반대로 너무 후하게 평가하지 않도록 유의해야 한다.

교사의 자기 평가는 단순히 현재 수준이나 능력을 확인하기 위한 것이 아니라 평가 과정에서 교사에게 중요한 역할과 자질을 다시 한 번 생각해 보고, 전문성 증진을 위해 필요한 부분이 무엇인지 고민하여 이를 보완하기 위해 노력하기 위한 것이다. 교사의 자기 평가방법에는 대표적으로 저널 쓰기, 자기평정(평정척도법), 동영상 또는 음성 녹음 분석 등이 있다. 그중 동영상 분석은 자신의 보육모습을 촬영하여 분석하는 방법으로 영유아와 상호작용 시 보이는 말과 표정, 행동 등을 객관적으로 관찰할 수 있으며, 평소에 인지하지 못했던 자신의 습관이나 행동 패턴 등을 파악하는 데 도움이 된다. 외부 전문가, 원장, 동료 등 다른 사람에게 평가받기 전 자신의 모습을 관찰하고 평가해 본다면 평가하는 사람의 입장에서 생각해 볼 수 있는 기회가 되고, 타인에게 평가받는 과정에서 느낄 수 있는 긴장과 부담감을 줄이는 데도 도움이 될 수 있다.

표 8-6 >>> 교사 저널 쓰기 예시(놀이 흐름에 따른 흔적 남기기)

년 월 일( )	
놀이의 흐름	교사가 계획한 '공' 주제를 진행하던 중 유아들이 공처럼 둥근 구슬을 찾아냈다. 공처럼 굴려보자고 제안했으나 아이들은 구슬길 만들기에 더 큰 흥미를 보였다. 아이들의 흥미를 반영해 다양한 재료로 길을 만들 수 있도록 지원해 주었더니 교사가 예상한 것보다 더 다채로운 형태의 구슬길이 나타나고 있다. **〈어제의 놀이〉** 교실 바닥에 종이테이프를 활용하여 평면으로만 구슬길 만들기를 하던 유아들이 이제 OHP필름을 말아놓은 것, 휴지심, 나무블록 등을 이용하여 구슬이 굴러가는 여러 가지 길 만들기를 시도하고 있다.
오늘의 놀이 흔적	"선생님, 나는 점프하는 길을 만들 거예요. 여기에 테이프 붙이는 거 도와주세요." "구슬이 이렇게 내려와서 이렇게 여기서 슝~ 점프하는 거예요." ○○이는 구슬이 경사로를 따라 내려와 구슬이 점프해서 가는 길을 만들고자 창문에 길을 연결했다. 연결한 후에 구슬을 굴렸는데, 예상 지점에서 구슬이 점프하지 않고 꺾인 부분에서 튕겨져 나갔다. "어? 그런데 저기서 점프하지 않고 여기서 점프하는데?" "그럼 여기에 받침대를 세우면 될 것 같은데?" 아이들이 받침대를 연결한 뒤, 점프길을 만들려고 여러 번 도전해 본 후, 갈고리 모양의 길로 바뀌자 구슬이 길 끝에서 점프할 수 있게 됨을 유아들이 발견하였다.
교사의 지원	유아의 관심과 흥미로부터 시작된 '길놀이' 확장을 위해 무엇이 필요한지 유아들과 이야기를 나누고 '갈래 길' 만들기 놀이를 위한 재료를 지원해 주는 것도 필요하다. 또한 현재 교실 일부에 한정된 공간이 좁아 보이므로 오늘처럼 창문과 벽을 활용하는 등 공간을 확장해 주거나, 복도 한쪽에 공간을 마련해 주는 것도 필요하다.

출처: 경기도교육청(2019).

(2) 전문가 평가

전문가 평가는 외부의 보육 전문가(관련 학과 교수, 육아종합지원센터 담당자, 전문 컨설턴트, 타 어린이집 원장 등)가 어린이집에 방문하여 교사의 보육과정 운영, 영유아와의 상호작용, 보육환경 구성, 일과 운영 등에 대해 관찰하여 평가하는 방법이다. 전문가 평가는 평정척도법을 사용하여 미리 정해진 문항을 기준으로 체크하고 총점을 산출하여 평가할 수도 있고, 관찰하면서 그때그때 보이는 지원이 필요한 내용을 서술식으로 기록하여 평가할 수도 있다.

전문가 평가는 외부 관찰자의 시각으로 관찰 및 평가하기 때문에 내부 인력의 평가와 비교하여 더 공정하게 평가받는다고 느낄 수 있다. 또한 관찰과 평가에 능숙한 전문가로부터 평가를 받으므로 평가과정이 체계적이고 객관적이라고 느껴 평가결과에 대해서 교사가 더 유연하게 받아들일 수 있다. 반면, 대부분의 교사는 타인에게 평가받는 것에 대해 부담감을 느끼며, 평가 시 평소와 달리 위축되거나 자연스럽지 않게 행동하는 경우가 많다. 따라서 평가에 대한 교사들의 막연한 두려움이나 평가 준비로 인한 부담감을 줄일 수 있도록 충분한 사전 설명(평가 내용, 방법, 평가자 등)과 결과를 바탕으로 한 개별적인 지원이 중요하다.

표 8-7 평정척도법을 활용한 평가(어린이집 평가제 지표 활용)

구분	평가내용	우수	보통	개선 필요
영유아 권리존중	1. 교사는 영유아를 존중한다.			
	1-1. 교사는 영유아의 개별적 요구나 질문을 주의 깊게 듣고 적절하게 반응함			
	1-2. 교사는 영유아가 이해할 수 있는 내용으로 눈을 마주치며 이야기함			
	1-3. 교사는 인정과 격려를 통해 영유아의 말과 행동, 생각 및 감정을 지지해 줌			
	1-4. 교사는 위협, 비난, 조롱 등 부정적 언어를 사용하지 않음			
	2. 교사는 영유아를 차별 없이 대한다.			
	2-1. 교사는 영유아의 사회·경제적 지위, 문화적 배경, 종교, 인종, 성별, 신체적 능력에 대해 차별적인 말과 행동을 하지 않음			
	2-2. 교사는 영유아의 외모, 옷차림, 성격, 행동 등을 평가하지 않음			
놀이 및 활동 지원	3. 교사는 놀이와 활동이 영유아의 자발적 선택에 의해 주도적으로 이루어지도록 격려한다.			
	3-1. 교사는 놀이시간에 영유아가 자유롭게 탐색하여 놀이나 활동을 자발적으로 할 수 있도록 지원함			
	3-2. 교사는 개별 영유아가 좋아하는 놀이와 활동을 주도적으로 진행하도록 격려함			
	3-3. 놀이에 참여하지 못하고 배회하거나 방관하는 영유아가 있는 경우, 영유아가 놀이에 자발적인 흥미를 가질 수 있도록 지원함			

(계속)

구분	평가내용	우수	보통	개선 필요
놀이 및 활동 지원	4. 교사는 영유아의 놀이 상황을 관찰하면서 놀이와 관련된 상호작용을 한다.			
	4-1. 교사는 놀이시간에 놀이와 활동이 이루어지는 장소 전체를 수시로 살펴 영유아의 놀이와 진행과정을 파악함			
	4-2. 교사는 영유아의 놀이 상황을 관찰하면서 놀이과 관련하여 적절한 수준의 지원을 함			
	4-3. 교사는 영유아의 놀이와 활동에 즐겁게 참여함			
	5. 영유아의 다양한 놀이와 활동에 필요한 자료를 제공한다.			
	5-1. 교사는 영유아의 연령, 발달 수준, 사전경험을 고려하여 놀이 및 활동자료를 준비함			
	5-2. 현재 이루어지고 있는 놀이 및 활동에 필요한 자료를 제공함			
	5-3. 놀잇감과 활동자료는 영유아가 수월하게 꺼내어 사용할 수 있도록 배치함			
영유아 간 상호작용 지원	6. 교사는 영유아의 감정에 공감하고 스스로의 감정을 다룰 수 있도록 돕는다.			
	6-1. 영유아가 불안정하고 부정적인 정서를 표현할 때 그대로 수용하고 안정감을 느끼도록 반응함			
	6-2. 영유아의 정서 상태나 기분을 파악하여 언어적, 비언어적으로 반응하며 수용함			
	7. 교사는 영유아가 일상에서 자신의 의견, 생각 등을 또래와 나눌 수 있도록 격려한다.			
	7-1. 교사는 영유아가 자신의 감정이나 생각을 또래에게 말로 표현하도록 격려함			
	7-2. 교사는 놀이나 활동 상황에서 또래 간 학습이 일어나도록 영유아 간의 상호작용을 격려함			
	8. 교사는 영유아가 적절한 약속과 규칙을 지키도록 격려한다.			
	8-1. 반별로 영유아의 연령과 발달 수준에 적합한 최소한의 약속과 규칙이 있음			
	8-2. 교사는 영유아가 약속과 규칙을 자율적으로 지켜가도록 일상에서 반복적이고 일관되게 격려함			
	9. 교사는 영유아 간 다툼이나 문제가 발생할 경우 다양한 해결방식을 사용한다.			
	9-1. 교사는 영유아 간 다툼이나 문제 상황이 발생하지 않도록 놀잇감과 공간을 충분히 확보함			
	9-2. 영유아 간 다툼이나 문제 상황이 발생했을 경우, 연령에 적합하게 개입함			
	9-3. 영유아가 다양한 긍정적 해결방안을 사용하도록 격려함(요청, 교환, 함께 쓰기, 번갈아하기)			
계				

출처 : 보건복지부, 한국보육진흥원(2020).

표 8-8 >>> 서술식 평가 양식(교수법 관찰 및 지도)

교수법 관찰 및 지도			
교사명		담당 반(연령)	
일 시		관 찰 자	
주 제			
보육활동			
관찰 내용			
평가 및 지도 내용			

출처 : 보건복지부, 한국보육진흥원(2017).

(3) 원장 평가

원장 평가는 어린이집의 원장이 교사의 근무태도, 전문성, 원아관리, 부모 및 동료와의 관계 등에 대해 평가하는 방법이다. 원장은 평가항목에 대해 사실에 근거하여 평정할 수 있도록 교사의 근무태도 및 역할수행을 주기적으로 관찰해야 하며, 객관적으로 평가하도록 노력해야 한다. 그리고 평가결과를 적절한 방법으로 안내하고 교사가 이를 보완하여 전문성을 향상시킬 수 있도록 다양한 지원을 하는 것이 중요하다.

표 8-9의 교사 평가를 위한 예시는 원장 평가뿐만 아니라 자기 평가, 주임 및 동료 평가의 항목으로 활용할 수도 있다. 평가내용 구성에 따라 평가 주체가 달라도 같은 내용으로 평가할 수 있으므로 평가 대상, 목적, 어린이집의 규모나 상황 등에 따라 적절히 수정하여 사용하는 것이 바람직하다.

표 8-9 평정척도법을 활용한 평가 예시(교사 근무평가)

<table>
<tr><th colspan="5">교사 근무평가</th></tr>
<tr><td>일시</td><td>년 월 일( )</td><td colspan="2">평가대상(평가자)</td><td>( )</td></tr>
<tr><th>구분</th><th>평가내용(원 상황에 맞게 작성)</th><th>우수</th><th>보통</th><th>개선 필요</th></tr>
<tr><td rowspan="3">업무</td><td>계획된 보육활동의 실행을 위해 성실히 수업자료를 준비하는가?</td><td>③</td><td>②</td><td>①</td></tr>
<tr><td>담당 영역의 교구 등록 · 관리 및 공동구역의 청결 유지를 위해 노력하는가?</td><td>③</td><td>②</td><td>①</td></tr>
<tr><td>맡은 일에 대해 책임을 전가하지 않고 의욕적으로 해내려고 하는가?</td><td>③</td><td>②</td><td>①</td></tr>
<tr><td rowspan="3">전문성</td><td>보육지식의 함양을 위해 보육 관련 재교육 및 세미나 등에 자발적으로 참여하는가?</td><td>③</td><td>②</td><td>①</td></tr>
<tr><td>전문성 있는 보육 계획 및 실행을 위해 다양한 보육프로그램의 자료를 참고하며 연구하는가?</td><td>③</td><td>②</td><td>①</td></tr>
<tr><td>연구수업 등 장학수업 과정에 충실히 임하며, 장학수업 평가사항을 보육활동에 반영하기 위해 노력하는가?</td><td>③</td><td>②</td><td>①</td></tr>
<tr><td rowspan="3">원아 관리</td><td>영유아를 존중하며 요구에 민감하고 적절히 반응해 주는가?</td><td>③</td><td>②</td><td>①</td></tr>
<tr><td>영유아의 문제행동을 영유아의 입장에서 이해하려고 노력하며, 적절한 개입을 하는가?</td><td>③</td><td>②</td><td>①</td></tr>
<tr><td>매일 아침 등원하는 영유아의 건강 상태 및 정서 상태 등을 파악하기 위해 노력하는가?</td><td>③</td><td>②</td><td>①</td></tr>
<tr><td rowspan="3">부모와의 관계</td><td>아동의 어린이집 생활에 관하여 부모와 공유하거나 개인별 아동의 발달 과업이 잘 이루어질 수 있도록 가정 연계를 위해 노력하는가?</td><td>③</td><td>②</td><td>①</td></tr>
<tr><td>부모와 신뢰감 형성을 위해 노력하는가?</td><td>③</td><td>②</td><td>①</td></tr>
<tr><td>부모면담, 부모참여수업 등 참여활동에 적극적으로 참여를 유도하는가?</td><td>③</td><td>②</td><td>①</td></tr>
<tr><td rowspan="3">동료 관계</td><td>보육교사로서 상하 간, 동료 간의 인간관계를 원활히 유지하기 위해 노력하는가?</td><td>③</td><td>②</td><td>①</td></tr>
<tr><td>동료 교사의 도움과 요청이 있을 때, 적극적으로 도와주려고 노력하는가?</td><td>③</td><td>②</td><td>①</td></tr>
<tr><td>동료 교사의 고충을 듣고 진심으로 이해하려고 노력하며 격려해 주는가?</td><td>③</td><td>②</td><td>①</td></tr>
</table>

출처 : 보건복지부, 한국보육진흥원(2017).

3) 어린이집 운영 평가

「영유아보육법」 제정 이후 양적으로 팽창한 어린이집에 대한 질적 관리의 필요성이 대두되었고, 이에 따라 어린이집 운영에 대한 다양한 평가가 시행되었다. 어린이집 운영에 대한 평가방법으로는 어린이집 평가제, 부모모니터링, 부모만족도 조사, 자체점검 등이 있으며, 이들 평가는 평가 주체, 평가내용, 의무시행 여부, 결과 공개방법 등에서 차이가 있으나 이들 평가의 목적은 어린이집의 질적 수준을 향상시켜 영유아가 건강하고 행복하게 성장할 수 있고, 부모가 믿고 맡길 수 있는 보육환경을 조성하기 위한 것으로 서로 다르지 않다. 그 중 여기에서는 부모모니터링과 부모만족도 조사에 대해 알아보고자 하며, 어린이집 평가제에 대해서는 다음 장에서 별도로 다루고자 한다.

(1) 부모모니터링

무상보육 이후 어린이집에서의 보육이 증가하여 부모가 믿고 맡길 수 있는 어린이집에 대한 사회적 요구는 증가하고 있지만, 어린이집과 관련된 다양한 아동학대 등의 사건으로 인해 어린이집에 대한 부모들의 불안감이 증폭되고 있다(최석란 외, 2016). 이에 따라 공무원 중심의 어린이집 지도점검과 달리 수요자인 부모가 직접 참여하여 점검하는 제도적 기반 마련이 필요하게 되었다.

부모모니터링은 영유아의 건강과 안전, 질 높은 보육환경을 위한 모니터링과 개선을 위한 컨설팅을 통해 어린이집을 지원하고, 어린이집 운영 및 보육에 대한 부모의 이해와 관심을 유도하여 부모의 참여와 어린이집의 개방 분위기를 조성하기 위한 목적으로 시행하는 제도이다. 2013년 '아이사랑 부모모니터링단' 사업으로 시작된 부모모니터링은 어린이집 참관 위주의 모니터링뿐만 아니라 지속적인 제도 개선을 통해 어린이집의 보육서비스 질 향상을 위한 컨설팅 중심의 체계를 구축하였다. 보육서비스 제공자(어린이집)와 수요자(부모) 간의 소통을 통해 어린이집과 부모 간 신뢰를 구축하여 수요자 중심의 보육정책을 실현할 수 있게 된 것이다(보건복지부, 한국보육진흥원, 2019).

부모모니터링단 사업의 운영주체는 시·도지사 또는 시·군·구청장으로, 시·도·지사 또는 시·군·구청장은 부모모니터링단 운영사업의 전부 또는 일부를 육아종합지원센터 등에 위탁하여 실시할 수 있고, 보건복지부(한국보육진흥원)는 부모모니터링단 사업의 효율적인 운영을 위해 시·도 및 시·도 육아종합지원센터와 관리·지원 체계를 마련해야 한다(보건복지부, 한국보육진흥원, 2019).

부모모니터링 지표는「영유아보육법」및 관련 법령, 보육사업안내, 어린이집 평가제 기준에 따라 모니터링을 할 수 있도록 구성되어 있으며, 영유아를 위한 건강, 안전, 급식, 위생 관리 4가지 영역에 대한 내용을 담고 있다. 모니터링 당일 어린이집에 방문하는 모니터링단은 각 영역 지표의 정해진 확인방법(기록, 관찰, 면담)에 따라 '충족(Y)' 또는 '미충족(N)'으로 체크하여 평정하고, 어린이집의 최종 모니터링 등급은 영역별 등급(우수, 양호, 개선필요)의 수에 따라 3개 등급(우수, 양호, 개선필요) 중 하나를 부여한다. 영역별 지표의 내용 및 평정기준은 다음과 같다.

표 8-10 부모모니터링 영역 및 지표, 확인방법

영역 1. 건강관리(4)

영역	내용	확인방법			
		기록	관찰	면담	확인자료
감염병 예방	1-1. 영유아의 식중독 및 감염병 예방·관리를 위한 구체적인 관리수칙을 갖추고 실천하며, 영유아의 보호자에게 안내한다.	○	○	○	식중독 및 감염병 관리수칙
응급조치 체계	1-2. 영유아에게 위급상태가 발생할 경우를 대비한 응급의료기관 이송체계를 갖추고 있다.	○			응급의료기관 연락망, 응급처치동의서
비상약품·구비	1-3. 비상약품이 용도별로 구비되어 있고, 비상약품을 유효기간 내로 관리하고 있다.		○		–
투약의뢰 절차	1-4. 투약의뢰 관련 절차를 준수한다.	○	○		투약의뢰 및 투약 보고 관련 기록

(계속)

영역 2. 안전관리(6)

영역	내용	확인방법			
		기록	관찰	면담	확인자료
실내외 시설 관리	2-1. 실내외 시설 · 설비 및 놀이시설에 위험요소가 없으며, 실내외 놀잇감이 영유아에게 안전하다.		○		-
화재 등 비상상황 대비	2-2. 화재 등 비상사태를 대비한 안전시설 및 설비가 관리되고, 이에 대한 대처방안이 마련되어 있다.	○	○		비상시 대처 방안
등 · 하원 인계과정	2-3. 영유아 등 · 하원 시 교사 및 보호자 간 인계 과정이 안전하게 이루어진다.	○	○	○	귀가동의서
차량 안전관리	2-4. 등 · 하원 차량을 운행할 경우 안전요건을 갖추어 관리하며, 차량 운행 시 보육교직원이 동승하여 안전하게 인도한다.		○	○	차량안전 수칙
아동학대예방 교육 및 아동권리존중 실천	2-5. 모든 보육교직원이 아동학대예방 교육을 이수하고, 신고 의무자의 역할 및 아동권리존중 방법을 알고 실천한다.	○		○	아동학대 예방교육 실시기록
아동학대예방 안내	2-6. 가정에서 아동학대예방 및 권리존중을 실천하도록 안내한다.			○	-

영역 3. 급식관리(5)

영역	내용	확인방법			
		기록	관찰	면담	확인자료
식단 및 영양관리	3-1. 영양사가 작성한 식단표대로 급·간식을 제공하며, 신선한 과일 및 채소가 주 3회 이상 간식으로 제공된다.	○	○		식단표 (급간식 시행 기록)
식품 알레르기 관리	3-2. 영유아의 식품 알레르기 질환 여부를 확인하고, 보호자의 요구를 반영하여 음식을 제공한다.	○			식품 알레르기 조사자료, 반영 여부 기록
조리과정 위생	3-3. 조리가 위생적으로 이루어지며, 당일에 조리한 음식은 당일에 소비하는 원칙을 준수한다.		○		-
식자재 보관규정	3-4. 식자재 보관규정을 준수한다.		○		-
식자재 보관장소 관리	3-5. 식자재 보관장소가 청결하고 위생적이며, 식품과 소모품을 별도로 구분하여 관리한다.		○		-

(계속)

영역 4. 위생관리(5)

영역	내용	확인방법			
		기록	관찰	면담	확인자료
조리실 및 조리 도구 청결, 조리 직원 복장 위생	4-1. 조리실 및 조리실 비품이 청결하게 관리되고, 조리 직원이 위생복장을 올바르게 착용하고 조리한다.		○	○	-
급 · 배식 도구 및 과정 위생, 식수 및 우유 등 관리	4-2. 급 · 배식 과정 및 식수, 우유(모유), 컵, 젖병 등의 관리가 위생적이다.		○		-
실내공간 및 놀잇감 청결	4-3. 어린이집의 모든 실내 공간 및 놀잇감이 청결하게 유지 · 관리된다.		○		-
개별침구, 칫솔 등 청결	4-4. 영유아가 사용하는 개별 침구 및 칫솔, 양치컵이 청결하게 유지 · 관리된다.		○		-
환기 및 온도 관리	4-5. 쾌적한 보육실 조성을 위해 환기, 온도가 적절하게 유지 · 관리된다.		○		-

출처: 보건복지부, 한국보육진흥원(2019).

(2) 부모만족도 조사

어린이집 평가제에서는 부모만족도 조사를 부모와의 의사소통방법의 하나로 안내하고 있다. 그러나 부모만족도 조사는 어린이집 운영에 대한 이용자, 즉 부모의 평가로도 볼 수 있으며, 이 평가는 개별 부모 입장에서의 기대를 기준으로 어린이집 이용 시 느낀 부분에 대한 주관적인 평가라고 볼 수 있다. 따라서 어린이집은 부모만족도 조사 결과를 토대로 해당 어린이집 부모들의 기대 수준과 요구사항 등을 파악할 수 있고, 이를 운영계획에 반영함으로써 이용자의 만족도를 제고하는 데 활용할 수 있다. 부모만족도 조사 문항은 어린이집의 상황과 파악하고 싶은 내용 등에 따라 자율적으로 구성할 수 있으며, 조사 시기, 빈도, 방법 등도 어린이집 자율로 결정하여 실시할 수 있다.

3. 보육평가의 활용

어린이집에서 다양하게 수집된 평가결과는 여러 가지 면에서 활용될 수 있다. 이러한 평가 결과가 잘 활용되기 위해서는 평가과정이 체계적이고 전문적으로 이루어져야 하며, 평가결과의 가치와 활용방안에 대해 이해해야 한다. 다양한 평가결과를 효과적으로 잘 활용한다면 어린이집은 더욱 전문적인 보육기관으로 성장할 수 있을 것이다.

1) 영유아 평가

교사는 영유아가 어린이집 생활에서 보이는 행동들을 주기적으로 기록하고 그 기록을 토대로 발달 변화 정도를 종합적으로 분석하여 개별 영유아나 집단의 특성과 요구를 이해하고 발달과 변화를 점검하는 데 활용한다. 이는 영유아의 발달에 적합한 보육계획 수립, 교수방법 선정, 환경 구성 및 교구 배치 시 지침으로 활용할 수 있다. 또한 영유아 평가결과는 부모 개별 면담을 통해 정기적으로 공유하여 부모가 자녀의 발달 및 특성을 객관적으로 이해하기 위한 자료로도 활용할 수 있다. 특별한 도움이 필요한 영유아가 발견될 경우 부모뿐만 아니라 외부 전문기관과의 협조를 통해 적절한 발달과 성장을 지원하는데 활용할 수 있다.

2) 교사 평가

교사 평가 결과는 교사의 개별적인 성장과 변화, 이해, 교사의 전문성 증진을 위해 교사들이 어떤 부분을 보완해야 하는지 확인하기 위한 자료가 되며, 이를 바탕으로 어린이집에서 교직원 자체 교육 및 외부 연수 계획을 수립하는 데 활용할 수 있다. 특히 교사 자기 평가는 교사의 역할과 바람직한 교수법 등에 대해 정기적으로 확인하고, 자신의 부족한 점을 능동적으로 점검하는 기회로 활용할 수 있다. 교사 평가 결과는 전문성 증진 및 자기계발을 위해 열심히 노력한 교사를 격려하고 치하하기 위한 근거자료로 활용할 수 있으며, 이를 통해 교사가 노력에 대한 보람을 느끼고 평가에 대해 긍정적으로 인식하는 데 도움이 될 수 있다.

3) 어린이집 운영 평가

부모만족도 조사 결과는 어린이집 이용 부모의 의견 및 수요를 정기적으로 파악하여 이용자의 만족도를 높이는 데 활용할 수 있으며, 부모 참여 행사나 부모교육을 계획할 때 기초자료로 활용할 수 있다. 부모모니터링의 경우, 외부 전문가 및 전문기관에 의한 평가는 타인의 관점으로 관찰하고 평가하므로 어린이집 교직원들이 소홀할 수 있는 부분이나 누락될 수 있는 사항을 확인하는 데 도움이 된다.

생각해 보자

평가에 대한 교사의 부담을 줄이고, 능동적으로 평가에 참여할 수 있도록 하는 방법에는 어떤 것이 있는지 생각해 보시오.

참고문헌

경기도교육청(2019). 놀이 2019 놀이중심 교육과정 심화자료.

교육과학기술부, 보건복지부(2012). 5세 누리과정 교사용 지침서.

교육부, 보건복지부(2019a). 2019 개정 누리과정 해설서.

교육부, 보건복지부(2019b). 2019 개정 누리과정 놀이이해자료.

교육부, 보건복지부(2019c). 2019 개정 누리과정 놀이실행자료.

김윤옥(2019). 유아교육기관 운영관리. 파주: 정민사.

박영희, 서선희(2003). 유아 평가에 관한 교사 인식과 실제의 비교 연구. 한국유아교육연구, 1(1), 29-55.

보건복지부, 한국보육진흥원(2015). 2015 어린이집 부모만족도조사 시범사업.

보건복지부, 한국보육진흥원(2017). 어린이집 문서 서식 양식.

보건복지부, 한국보육진흥원(2018). 표준보육과정의 이해와 실제.

보건복지부, 한국보육진흥원(2019). 2019년도 부모모니터링단 운영매뉴얼.

보건복지부, 한국보육진흥원(2020). 2020 어린이집 평가 매뉴얼(어린이집용).

안선희, 문혁준, 김양은, 김영심, 안효진, 이경옥, 신혜원(2015). 아동관찰 및 행동연구. 서울: 창지사.

울산광역시육아종합지원센터(2018). 어린이집 표준운영문서 서식.

최석란, 서원경, 이슬기(2016). 어린이집 운영관리. 고양: 파워북.

황해익(2001). 유아교육 기관에서의 포트폴리오평가. 서울: 창지사.

황해익, 손원경, 정혜영, 유수경(2017). 아동관찰 및 실습. 파주: 양서원.

CHAPTER 9

어린이집 평가제도

2018년 12월에 개정된 「영유아보육법」 제30조에 따라 2019년 6월 12일부터 의무적으로 평가를 받아야 하는 어린이집 평가제가 시행되었다. 평가제 시행은 미인증 어린이집을 평가에 참여시킴으로써 질 관리 사각지대를 없애고 모든 어린이집이 국가 차원의 주기적인 평가를 통해 상시적인 보육서비스 질을 확보하고 지속적으로 관리하여 보육 · 양육에 대한 사회적 책임 강화를 실현하며 안심 보육환경을 조성하고자 하는 의미가 크다.

CHAPTER

9

1. 어린이집 평가제도의 도입 배경 및 목적
2. 어린이집 평가 운영체계와 평가 지표

1. 어린이집 평가제도의 도입 배경 및 목적

1) 어린이집 평가제도의 도입 배경

1980년대 이후 경제 발전과 더불어 여성의 사회 · 경제활동 참여가 활발해지면서 영유아 보육에 대한 요구가 급속하게 증가하였다. 이에 정부는 1991년「영유아보육법」을 제정, 1995년부터 어린이집 확충계획을 추진하여 양적인 측면에서 어린이집 규모는 매우 빠르게 성장하였다. 그러나 단기간 내 급속한 어린이집 양적 확충정책의 결과 보육의 질은 저하되고 사회적으로 양질의 보육과 보육서비스의 질 개선에 대한 요구 증가로 어린이집 질적 수준 관리 기제의 필요성이 제기되었다. 이에 정부는 보육서비스의 질을 제고하기 위한 정책으로의 전환을 시도하여, 2003년 '어린이집 평가인증제 모형' 개발 및 2004년「영유아보육법」제30조에 '어린이집 평가인증'의 법적 근거를 마련하고 2005년 시범운영을 거쳐 2006년도부터 평가인증제도를 본격적으로 확대 시행하였다.

어린이집 평가인증제도란 인가 후 어린이집을 합리적으로 운영하도록 하기 위해 도입된 정부 차원의 질 관리 제도로서, 어린이집이 영유아들에게 양질의 보육서비스를 제공하고 있는지 스스로 점검하고 개선한 후 국가가 객관적으로 평가하여 인증하는 제도이다. 어린이집이 지향해야 하는 바람직한 보육서비스의 실제를 제시하고 질적 수준을 공정하게 평가할 뿐만 아니라, 수요자인 부모에게 정확하고 유익한 어린이집 선택 기준의 정보를 제공한다. 이처럼 평가인증제도는 정부의 효율적인 지원 및 관리 체계를 위한 질 관리 기제로 작동하면서 제1차 평가인증 시행부터 제3차 평가인증에 이르기까지 제도의 운영과정 개선과 지표의 개정을 통해 어린이집이 지향해야 하는 보육서비스의 바람직한 실제를 지속적으로 제시해 왔다(보건복지부, 한국보육진흥원, 2017; 2018).

그러나 어린이집의 자발적 신청에 의해 운영되는 평가인증제도는 미인증 어린이집으로 인한 질 관리 사각지대가 존재했으며 인증 어린이집의 아동학대 발생, 보육교사

표 9-1 평가인증제도 시행 경과

구분		내용
도입	2003. 4.~12.	보육시설 평가인증제도 실시 모형 개발 관련 연구용역 실시
	2004. 1.	보육시설 평가인증제도 도입 근거 마련[영유아보육법 제30조]
시범 운영	2005	보육시설 평가인증 시범 운영 실시
1차 시행	2006~2009	제1차 어린이집 평가인증 시행
2차 시행	2010~2017. 10.	제2차 어린이집 평가인증 시행
	2013. 9.	어린이집 평가인증 결과 공표 시행
	2014. 11.	3차 시범지표 적용
	2016. 6.	유치원 · 어린이집 평가체계 통합방안 발표 (국무조정실 영유아교육보육통합추진단)
3차 시행	2017. 11.~2019. 6.	제3차 어린이집 평가인증 시행(통합지표 적용)

출처: 보건복지부, 한국보육진흥원(2020).

의 이직 등 현장의 누적된 피로와 문제점이 지속됨에 따라 평가인증을 통한 질 관리 체계는 정책적 효용의 한계를 보였다. 이에 정부는 2018년 12월 「영유아보육법」 개정을 통해 모든 어린이집을 대상으로 하는 의무평가제의 법적 근거를 마련하고 본격적인 어린이집 평가제 시행을 위한 연구용역을 실시하였다. 연구를 통해 개발된 평가제 운영체계 및 지표는 다양한 창구를 통해 의견 수렴 후 논의와 심의를 거쳐 최종 확정되었으며 2019년 6월 12일 평가제로 전환되었다(보건복지부, 한국보육진흥원, 2019; 2020).

2) 어린이집 평가제의 목적

어린이집 평가제는 전체 어린이집의 질 관리를 위한 단순한 제도 변화로서의 평가 자체에 목적을 두기보다, 정기적인 평가를 통해 어린이집이 지속적으로 보육의 질적 수준을 향상시키고 유지하게 함으로써 영유아의 안전과 건강, 조화로운 성장과 발달을 도모하여 부모가 믿고 맡길 수 있는 안심 보육환경 조성에 기여하고자 한다. 평가제의 시행 목적은 다음과 같다(보건복지부, 한국보육진흥원, 2020).

첫째, 상시적인 보육서비스 질 관리를 위해 주요 핵심지표를 중심으로 질 관리 표준을 제시하고 어린이집 스스로 질적 수준을 제고하도록 한다.

둘째, 전체 어린이집에 대한 주기적 평가를 통하여 보육서비스 품질관리 사각지대를 해소하고 전반적인 보육서비스 수준을 지속적으로 관리하여 국가의 책무성을 강화하고자 한다.

셋째, 궁극적으로 평가제를 통해 보육서비스의 질 향상을 제고함으로써 영유아의 안전과 건강, 조화로운 성장과 발달을 도모하고자 한다. 이를 위해 영유아의 인권과 놀 권리를 보장하고 영유아가 건강하고 행복하게 성장할 수 있는 안심 보육환경을 조성하며, 보육교직원이 영유아 보육에 집중할 수 있는 여건을 조성한다.

3) 어린이집 평가제의 특징

어린이집 평가제는 보육・양육에 대한 사회적 책임 강화 실현 및 안심 보육환경 조성을 위해 국가 차원에서 모든 어린이집을 주기적으로 평가하여 상시적인 보육서비스 질을 확보하고자 하는 제도로서, 영유아의 건강한 성장 및 발달을 위해 전체 어린이집을 대상으로 평가가 원활하게 진행되고 결과등급별로 질 관리가 지속되도록 설계되었다. 정해진 주기에 따라 한국보육진흥원에서 대상을 선정하여 어린이집에 통보하고 확정통보를 받은 어린이집에 대해 익월부터 기본사항 확인 및 자체점검, 현장평가, 종합평가 등의 과정이 3개월간 진행된다. 의무평가로 전환되어 참여수수료는 국가가 전액 부담한다.

평가방식은 종전의 서류 위주의 평가를 관찰, 면담 등 현장 중심으로 개편하여 보육교사의 평가업무 부담 경감 및 근무환경 개선, 직무역량 강화 등을 통해 어린이집의 업무 부담을 줄이는데 중점을 두었다. 평가결과는 A, B, C, D등급으로 부여되며, 하위등급(C, D)은 평가주기를 기존 3년에서 2년으로 1년 줄이는 대신 보육서비스 질 개선을 위한 전문가 방문지원을 실시한다.

어린이집에는 평가의무가 부여되므로 「영유아보육법」 제44조제4의6호에 따라 평가를 거부, 방해 또는 기피하거나 거짓, 그 밖의 부정한 방법으로 평가를 받을 시 그에 따른 시정명령 및 행정처분을 받을 수 있다. 어린이집 평가제의 특징을 평가인증제와 비교하여 정리하면 표 9-2와 같다(보건복지부, 한국보육진흥원, 2020).

표 9-2 ⋙ 평가인증제 및 평가제 특징 비교

구분	평가인증제	평가제
평가 대상	• 평가인증 신청 어린이집	• 전체 어린이집
평가 절차	• 어린이집 신청 → 기본사항 확인 → 자체점검 → 현장평가 → 종합평가(총 4개월)	• 평가대상 통보 → 기본사항 확인 및 자체점검 → 현장평가 → 종합평가(총 3개월)
	신청 ⇨ 기본 사항 확인 ⇨ 자체 점검 보고서 제출 ⇨ 현장 평가 ⇨ 종합 평가, 결과 통보 어린이집 / 지차체 / 어린이집 / 현장 평가자 / 종합평가 위원회	대상통보 ⇨ 기본사항 확인 및 자체점검 보고서 제출 ⇨ 현장평가 ⇨ 종합평가, 결과통보 한국보육 진흥원 / 지자체, 어린이집 / 현장 평가자 / 종합평가 위원회
	• 참여수수료 어린이집 납부	• 참여수수료 전액 국가 부담
	• 기본사항 : 필수항목 9개, 기본항목 – 필수항목 미준수는 참여 제외, 기본항목 미준수는 차하위 등급 부여	• 기본사항 : 사전점검사항 5개, 위반이력사항 – 사전점검사항 미준수는 D등급 부여, 위반이력사항 발생 시 차하위 등급 부여
	• 소위원회와 종합평가위원회에서 심의, 등급 결정	• 소위원회와 종합평가위원회에서 심의, 등급 결정 * 필수지표 및 요소 미충족 시 A등급 불가
	• 재참여, 재평가 과정 운영	• 재참여, 재평가 과정 폐지
평가 결과	• 4등급(A, B, C, D), D등급 불인증	• 4등급(A, B, C, D)

(계속)

구분	평가인증제	평가제
평가 주기	• (유효기간) 3년(A등급 1년 연장 가능)	• A, B등급 3년/C, D등급 2년
결과 공표	• 평가받은 어린이집의 결과 공시 – 평가인증 결과, 인증이력 등 공개	• 전체 어린이집의 결과 공시 – 평가결과, 평가이력 등 공개
사후 관리 및 등급 조정	• 인증 어린이집 사후관리 – 연차별 자체점검보고서 제출 – 확인점검(무작위, 월 단위 시기 안내) – 확인방문(배우자 및 직계존비속 또는 1년 이상 재직교사로 대표자 변경, 주소 변경) – 인증유효기간 종료 • 법 위반 및 행정처분 발생 시 인증취소	• 평가 등급별 사후관리 – 연차별 자체점검보고서 제출(A, B등급) – 사후방문 지원(C, D등급 의무 실시) – 확인점검(평가 관련 민원발생, 법 위반 및 행정처분, 징보공시 부실어린이집 등에 대하여 불시 점검) • 평가등급 조정 및 관리 – 법 위반 및 행정처분 발생 시 최하위 등급 조정
결과 활용	• 인증어린이집에 대한 행 · 재정적 지원	• 평가 등급별 행 · 재정적 지원 등 • 지도점검 연계(2회 연속 D등급 어린이집)

출처: 보건복지부, 한국보육진흥원(2020).

평가지표는 제3차 평가인증에서 적용하였던 통합지표를 기반으로 하되, 어린이집 고유한 특성을 반영하였다. 또한 개정 누리과정 및 제4차 표준보육과정의 시행, 보육지원체계 개편 등 보육정책의 변화를 반영하여 평가항목을 일부 개신하였다. 평가제 지표의 주요 특징은 다음과 같다(보건복지부, 한국보육진흥원, 2020).

첫째, 기존 지표 간 항목 수 차이로 나타났던 등급 산정의 불합리성을 해소하고자 지표를 21지표에서 18지표로, 79항목에서 59항목으로 축소하였고, 지표별 평가항목 수를 평균 3~4개로 균형 배치하였다.

둘째, '영유아 권리 존중', '놀이', '안전' 가치 강조를 통해 영유아 중심의 안심 보육환경을 조성하고자, 영유아 권리 존중(1-1) 지표를 필수지표로 지정하여 그 의미를 강조하고 놀이 중심의 보육과정 운영을 강화하였다. 또한 급 · 간식 위생 및 안전 항목 중 영유아의 등원부터 하원까지 안전하게 생활하는데 반드시 필요한 필수요소(8개)를 지정하여, 필수지표 또는 필수요소 충족이 최상위 등급을 받을 수 있는 필수조건이 되도록 하였다.

셋째, 보육교직원의 근무여건 개선과 보육에 집중할 수 있는 보육환경 마련을 위하여 보육교직원의 처우, 스트레스 관리 관련 지표를 강조하고 직무역량 제고를 위한 항목을 강화하였다.

표 9-3 >>> 평가인증지표와 평가지표 비교

구분	평가인증제		평가제	
영역(4)	지표(21)	항목(79)	지표(18)	항목(59)
1. 보육과정 및 상호작용 (31→18)	1-1. 보육계획 수립 및 실행	4	1-1. 영유아 권리 존중(필수)	2
	1-2. 일과 운영	5	1-2. 보육계획 수립 및 실행	6
	1-3. 교수-학습방법 및 놀이 지원	6		
	1-4. 교사-영유아 상호작용	6	1-3. 놀이 및 활동 지원	3
	1-5. 영유아 간 상호작용 시 교사 역할	4	1-4. 영유아 간 상호작용 지원	4
	1-6. 평가	4		
	1-7. 일상생활	2	1-5. 보육과정 평가	3
	소계	31	소계	18
2. 보육환경 및 운영관리 (19→14)	2-1. 실내 공간 구성	5	2-1. 실내 공간 구성 및 운영	4
	2-2. 실외 공간 구성	3	2-2. 실외 공간 구성 및 운영	3
	2-3. 기관 운영	4		
	2-4. 가정 및 지역사회와의 연계	5	2-3. 기관 운영	4
	2-5. 어린이집 이용 보장	2	2-4. 가정 및 지역사회와의 연계	3
	소계	19	소계	14

(계속)

구분	평가인증제		평가제	
영역(4)	지표(21)	항목(79)	지표(18)	항목(59)
3. 건강 · 안전 (15→15)	3-1. 실내외 공간의 청결 및 안전	4	3-1. 실내외 공간의 청결 및 안전	3
	3-2. 급 · 간식	3	3-2. 급 · 간식	3
	3-3. 건강증진을 위한 교육 및 관리	3	3-3. 건강증진을 위한 교육 및 관리	3
	3-4. 등 · 하원의 안전	2	3-4. 등 · 하원의 안전	3
	3-5. 안전교육 및 사고 대책	3	3-5. 안전교육과 사고예방	3
	소계	15	소계	15
4. 교직원 (14→12)	4-1. 원장의 리더십	4	4-1. 원장의 리더십	3
	4-2. 보육교직원의 근무환경	3	4-2. 보육교직원의 근무환경	3
	4-3. 보육교직원의 처우와 복지	3	4-3. 보육교직원의 처우와 복지	3
	4-4. 보육교직원의 전문성 제고	4	4-4. 보육교직원의 전문성 제고	3
	소계	14	소계	12

출처: 보건복지부, 한국보육진흥원(2020).

2. 어린이집 평가 운영체계와 평가지표

1) 어린이집 평가 운영체계와 절차

(1) 어린이집 평가 운영체계

어린이집 평가는 정해진 주기에 따라 대상을 선정하여 통보함으로써 시작된다. 대상 통보는 총 2회에 걸쳐 진행되며, 선정통보(1차)는 현장평가 6개월 이전에, 확정통보(2차)는 현장평가 2개월 전에 통보되고, 확정통보를 받은 어린이집에 대해서는 통보 익월

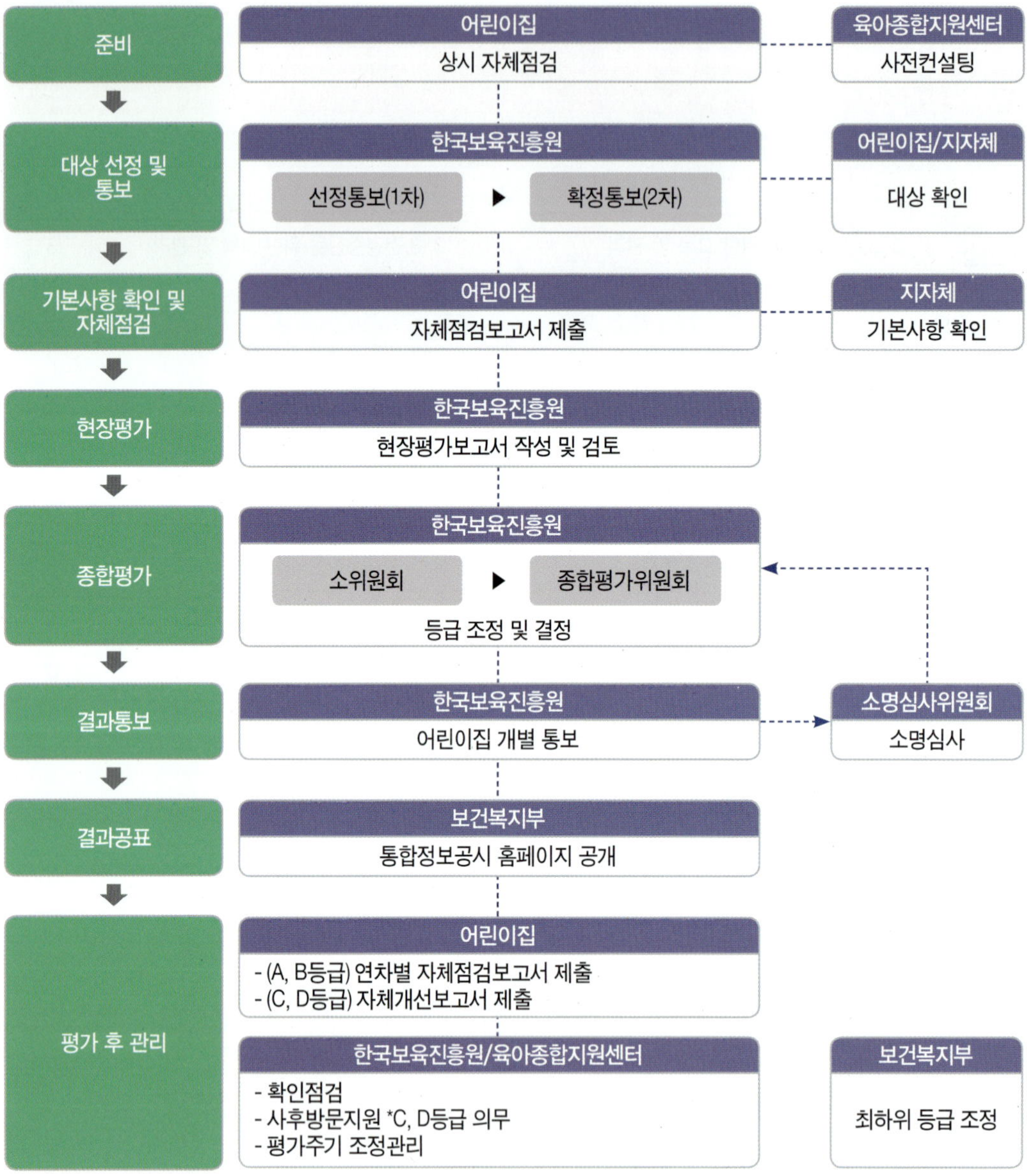

그림 9-1 ⋘ 어린이집 평가 운영체계

출처: 보건복지부, 한국보육진흥원(2020).

부터 기본사항 확인 및 자체점검, 현장평가, 종합평가 순으로 3단계를 거쳐 3개월 간 진행된다. 어린이집 평가 운영체계는 그림 9-1과 같다.

각 어린이집의 평가시기는 평가주기와 연계하여 정해지는데, 정해진 평가주기 외 신규 개원, 대표자 변경, 소재지 변경, 6개월 이상 운영 중단, 법 위반 및 행정처분 등의 사유 발생 시에는 별도로 정해진 평가시기에 맞춰 통보가 이루어진다.

(2) 어린이집 평가 절차

여기에서는 어린이집 평가가 진행되는 과정을 평가 운영체계에 따라 구체적으로 살펴보고자 한다.

① 평가대상 선정 및 통보

「영유아보육법」에 따라 설치한 모든 어린이집(방과후 전담 어린이집 제외)을 평가대상으로 하며, 인증유지 어린이집은 기존 인증유효기간과 연계하여 만료 전 평가를 실시하고, 미인증 어린이집은 대상선정 통보 후 6개월 경과 시 현장평가를 한다.

한국보육진흥원은 평가주기에 따라 평가대상을 선정하여 해당 어린이집 및 지자체에 통보한다. 어린이집지원시스템을 통해 평가대상으로 선정된 어린이집에 대해 해당 어린이집 현장평가월 기준 6개월 전에 대상 선정 사실 및 평가일정을 개별적으로 통보하며(1차), 대상 선정통보를 받은 어린이집은 10일 이내에 '평가대상 선정통보서'를 확인한 후 '평가실시에 대한 동의서' 및 '어린이집 정보 확인 및 제공동의서'를 어린이집지원시스템으로 제출해야 한다. 동의서를 제출한 어린이집에 대해 현장평가월 기준 2개월 전에 확정통보를 하고(2차), 평가대상 확정 어린이집 명단을 지자체에 통보한다.

어린이집의 특정 사유로 인해 통보된 일정에 참여하기 어려운 경우에는 어린이집지원시스템을 통해 조정신청서 및 인정 사유(환경개선 공사, 보육교직원 출산, 장기입원 등)에 해당하는 증빙서류를 제출하면 최종 확인 후 3개월 전·후로 평가시기 조정이 가능하다.

② 1단계 : 기본사항 확인 및 자체점검보고서 제출

한국보육진흥원은 평가대상 확정 어린이집 명단을 어린이집이 소재한 지자체(시 · 군 · 구)에 통보하고, 지자체는 확정 통보된 어린이집에 대해 기본사항(사전점검사항–5항목, 위반이력사항)을 확인하여 그 결과를 정해진 기한 내에 시 · 도 및 한국보육진흥원에 통보한다.

어린이집은 원장, 보육교사, 원아 부모 각 1인 이상을 포함한 자체점검위원회(3~7인 이내, 어린이집 운영위원회에서 수행 가능)를 구성하여 평가지표를 기준으로 어린이집의 운영 전반을 점검한 후 어린이집지원시스템을 통해 자체점검보고서(평가항목별 점검결과, 총평, 법 위반 및 행정처분 이력사항 등)를 전산으로 작성하여 제출한다.

지자체에서 확인하는 기본사항의 구체적인 내용은 표 9-4, 표 9-5와 같다.

표 9-4 >>> 사전점검사항(5항목)

항목	평정	평정기준
영유아 및 보육교직원 관련 보험 가입	준수	• 모든 영유아에 대한 상해보험과 어린이집에 대한 화재 및 배상 보험에 가입되어 있는 경우 • 임용된 모든 보육교직원에 대한 4대 보험에 가입되어 있는 경우
	미준수	• 영유아 상해보험에 가입되지 않은 경우 • 화재보험 또는 배상보험에 가입되지 않은 경우 • 임용된 모든 보육교직원에 대한 4대 보험에 가입되지 않은 경우
어린이집의 설치기준	준수	• 어린이집 내 영유아용 화장실, 목욕실, 조리실이 설치되어 있고, 폐쇄회로 텔레비전이 보육실, 공동놀이실 등에 설치되어 있는 경우 * 폐쇄회로 텔레비전의 경우 보호자 전원이 서면으로 동의하여 시 · 군 · 구청장에게 설치하지 않을 것으로 신고하거나, 네트워크 카메라를 설치한 경우 설치 면제 *「영유아보육법」 시행규칙 제9조 [별표 1] 참조 • 정원 50인 이상 어린이집에 놀이터가 설치되어 있는 경우
	미준수	• 어린이집 내 영유아용 화장실, 목욕실, 조리실이 설치되어 있지 않거나, 폐쇄회로 텔레비전이 보육실, 공동놀이실 등에 설치되어 있지 않은 경우 • 인가공간을 무단 전용하는 경우 *「영유아보육법」 시행규칙 제9조 [별표 1] 참조 • 정원 50인 이상 어린이집에 놀이터가 설치되어 있지 않은 경우

(계속)

항목	평정	평정기준
보육실의 설치기준	준수	• 인가정원 대비 보육실의 면적이 설치기준을 충족한 경우 *「영유아보육법」 시행규칙 제9조 [별표 1] 참조 *기존 어린이집('05. 1. 29 이전 설치 신고된 어린이집)은 구(舊)법 적용
	미준수	• 인가정원 대비 보육실의 면적이 설치기준 미만인 경우 • 인가공간을 무단 전용하는 경우 *「영유아보육법」 시행규칙 제9조 [별표 1] 참조
보육교직원 배치기준	준수	• 보육교직원 배치기준 중 일반기준을 모두 충족한 경우 *「영유아보육법」 시행규칙 제10조 [별표 2] 참조
	미준수	• 보육교직원 배치기준 중 일반기준을 충족하지 못한 경우 *「영유아보육법」 시행규칙 제10조 [별표 2] 참조
비상재해 대비시설 설치	준수	• 비상재해대비시설 설치기준을 충족한 경우(보육사업안내 I -11 참조) *「영유아보육법」 시행규칙 제9조 [별표 1] 참조
	미준수	• 비상재해대비시설 설치기준을 충족하지 못한 경우(보육사업안내 I -11 참조) *「영유아보육법」 시행규칙 제9조 [별표 1] 참조

※ 사전점검사항 미준수 항목이 종합평가 때까지 개선되지 않은 경우 종합평가에서 최하위 등급(D등급)을 부여함
출처: 보건복지부, 한국보육진흥원(2020).

표 9-5 >>> 위반이력사항

구분	확인내용	결과반영
운영정지	영유아보육법 제45조제1항제1호에 따라 3백만원 이상 보조금을 거짓이나 그 밖의 부정한 방법으로 교부받거나 유용하여 6개월 이상의 운영정지 행정처분을 받은 경우	종합평가 시 차하위 등급 부여
	영유아보육법 제45조제1항제2호에 따라 3백만원 이상 비용 또는 보조금 반환명령을 받고 반환하지 않은 경우	
	영유아보육법 제45조제1항제3호에 따라 제44조에 따른 시정 또는 변경명령을 위반하여 6개월 이상의 운영정지 행정처분을 받은 경우	
	영유아보육법 제45조제1항제4호에 따라 운영정지 이상의 행정처분을 받은 경우	
	영유아보육법 제45조제1항제5호에 따라 6개월 이상의 운영정지 행정처분을 받은 경우	

(계속)

구분	확인내용	결과반영
과징금 처분	영유아보육법 제45조의2에 따라 제45조제1항제1호 · 제2호 · 제3호 · 제5호의 6개월 이상의 운영정지 행정처분에 갈음한 과징금을 부과 받은 경우	종합평가 시 차하위 등급 부여
	영유아보육법 제45조의2에 따라 제45조제1항제4호의 운영정지 이상의 행정처분에 갈음한 과징금을 부과 받은 경우	
보조금 반환명령	영유아보육법 제40조제2호 또는 제3호에 따라 3백만원 이상 보조금의 반환명령을 받은 경우	
원장 자격정지 또는 자격취소	영유아보육법 제46조에 따른 자격정지 6개월 이상인 경우	
	영유아보육법 제48조에 따른 자격취소	
보육교사 자격정지 또는 자격취소	영유아보육법 제47조에 따른 자격정지 6개월 이상인 경우	
	영유아보육법 제48조에 따른 자격취소	
금고 이상의 형	어린이집의 설치 · 운영자가 영유아보육법을 위반하여 금고 이상의 형을 선고받고 그 형이 확정된 경우	
아동복지법 등 위반	아동복지법 제17조를 위반하거나, 아동 · 청소년의 성보호에 관한 법률 제2조제2호의 아동 · 청소년대상 성범죄 또는 제2조제3호의 아동 · 청소년대상 성폭력범죄를 저지른 경우(수사, 재판 계류 중에 있는 경우 포함)	
식품위생법 위반	식품위생법 제94조제1항제1호 또는 제2호, 제95조제1호 또는 제4호, 제97조제1호 또는 제2호를 위반하여 징역 또는 벌금형을 받은 경우	

※ 선정통보 직전월 말일로부터 최근 3년 이내에 위의 위반이력사항이 발생한 경우 종합평가 시 차하위 등급으로 조정
출처: 보건복지부, 한국보육진흥원(2020).

③ 2단계 : 현장평가

한국보육진흥원은 기본사항 확인 및 자체점검보고서를 제출한 어린이집을 대상으로 현장평가월 1주일 전에 현장평가 주간을 지정하여 통보하고, 해당 평가 주간 중 현장평가일을 정하여 사전고지 없이 현장평가자를 파견한다.

어린이집 1개소당 2인(정원 99인 이하 어린이집) 또는 3인(정원 100인 이상 어린이집)의 현장평가자가 방문하여 보육교직원 근무상황 및 영유아 재원사항, 어린이집 하

루일과표, 실내·외 배치도를 확인한 후 무작위로 선정된 보육실 2개반을 중심으로 어린이집 실내·외 전체(인가공간)를 하루일과 전반에 걸쳐 평가지표에 따라 평가한다. 평가대상 어린이집의 질적 수준에 대한 현장평가는 관찰, 기록(문서) 검토, 면담 등의 방법으로 1일간 진행된다.

현장평가 시 어린이집 운영기준에서 개선 필요사항이 확인된 경우 시·도 및 시·군·구에 통보하여 개선 여부를 확인하고 종합평가 전까지 개선 여부가 통보되지 않거나 미개선된 어린이집에 대해서는 종합평가 단계에서 확인 후 '최하위 등급(D등급)'을 부여한다. 현장평가자가 어린이집 운영기준에 대해서 확인하는 내용은 표 9-6과 같다.

표 9-6 어린이집 운영기준

연번	항목	확인방법
1	영유아 재원사항	• 증빙자료 : 보육통합정보시스템 • 사례 – 미등록 영유아가 재원하고 있는 경우 – 보육통합정보시스템의 등록된 반과 다른 반에서 영유아를 보육한 경우 – 등록된 반 구성을 임의 변경하여 서로 다른 연령을 통합하여 운영하는 경우 – 등록된 반 구성을 임의 변경하여 혼합반 구성 원칙을 준수하지 않는 경우 – 퇴소한 원아가 보육통합정보시스템에 등록되어 있는 경우
2	보육교직원 근무상황	• 증빙자료 : 보육교직원 관리 대장, 보육통합정보시스템 • 사례 – 원장 및 보육교사가 무자격인 경우 – 원장 및 보육교사가 미임용 상태로 근무하는 경우 – 원장 및 보육교사가 역할 변경 및 미수행한 경우(보육통합정보시스템에 등록되어 있는 것과 다르게 역할을 바꾸어 근무하거나 역할을 미수행) * 보육업무를 담당하는 담임교사, 대체교사 등 모두 포함 – 원장 및 보육교사가 근무시간을 미준수한 경우 – 타 어린이집에 임용된 보육교직원(기타 보육교직원 포함)이 근무하는 경우

※ 보육교직원 근무상황, 반 구성 및 영유아 재원사항은 보육통합정보시스템 정보와 동일해야 하며, 임의로 보육통합정보시스템과 다르게 운영하지 않도록 유의

출처: 보건복지부, 한국보육진흥원(2020).

④ 3단계 : 종합평가

현장평가를 완료한 어린이집을 대상으로 학계 전문가, 현장 전문가, 보육담당공무원으로 구성된 소위원회와 종합평가위원회에서 종합평가를 진행한다.

소위원회(1단계)에서는 기본사항확인서, 자체점검보고서, 현장평가보고서 등을 검토한 후 등급 및 평가결과에 영향을 미치는 사안 등에 대해 심의하여 종합평가위원회에 안건을 상정한다. 종합평가위원회(2단계)에서는 소위원회를 거쳐 상정된 안건에 대해 심의한 후 전체 종합평가 대상 어린이집의 최종등급 및 평가주기를 확정하고 검토한 결과를 토대로 어린이집 질적 개선 방향을 평가결과서에 제시한다.

평가결과 등급은 현장평가 결과(100%)를 바탕으로 하되, 기본사항 확인 결과 및 평가과정 중 행정처분 사항 등을 반영하여 종합평가 시 차하위 등급이나 최하위 등급(D등급)으로 조정한다.

⑤ 결과 공표

어린이집 평가결과는 매월 15일 전 · 후에 어린이집지원시스템 업무연락 등을 통해 개별 통보한다.

어린이집 및 영역별 등급은 어린이집지원시스템 내 어린이집 평가 메뉴를 통해 확인할 수 있으며, 결과통보 후 익월 1일에 평가결과(A~D등급) 등 전체 어린이집에 대한 평가 이력정보를 통합정보공시 홈페이지(www.childinfo.go.kr)를 통해 공개한다.

평가받은 어린이집은 평가결과에 대해 평가결과 통보월의 말일까지 어린이집지원시스템을 통해 소명신청이 가능하며, 소명을 신청한 어린이집은 해당 과정 완료 후 최종 평가결과를 공표한다.

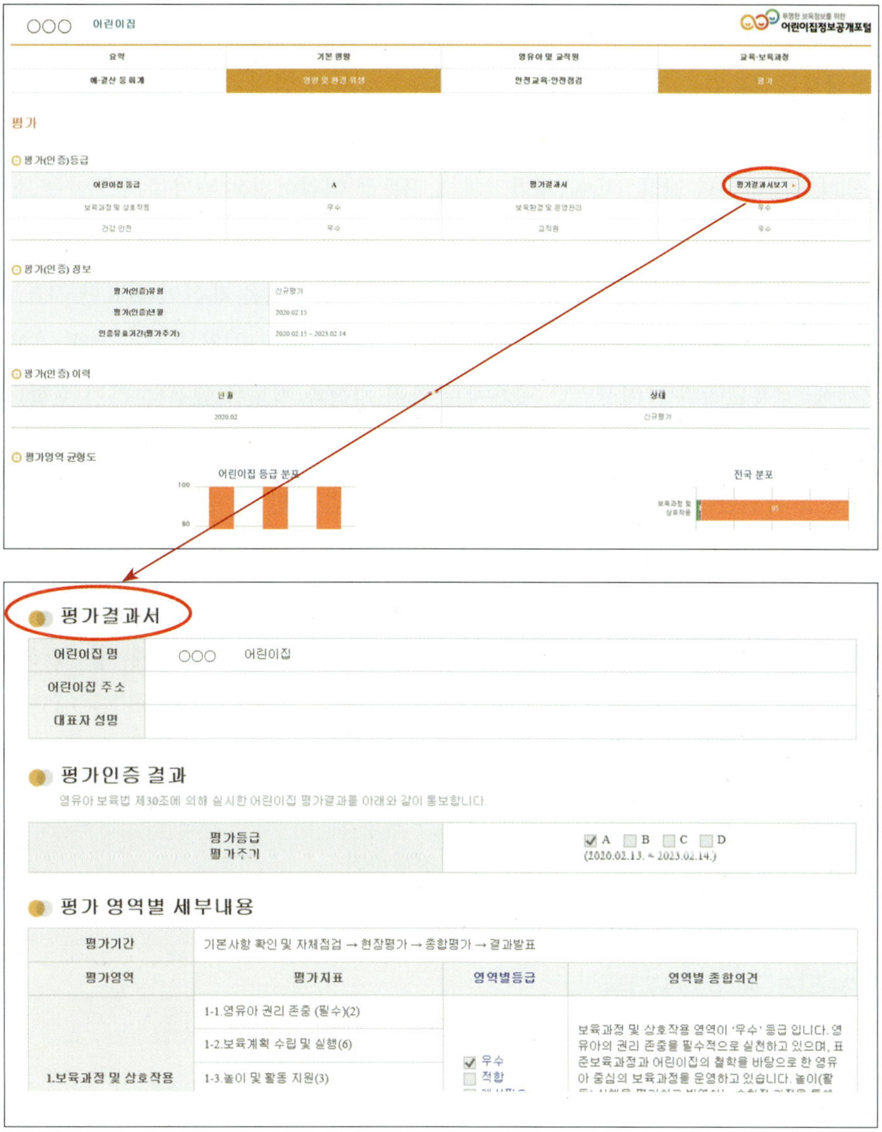

그림 9-2 어린이집 평가결과 공표 사례

⑥ 평가 후 관리

한국보육진흥원은 평가 후 어린이집이 평가주기 동안 일정 수준 이상의 보육서비스 수준을 유지하고 지속적으로 향상시켜 나갈 수 있도록 관리・지원한다. 구체적인 내용을 살펴보면 다음과 같다. 첫째, 평가결과 A, B등급 어린이집은 평가주기 동안 스스로 보육서비스의 질적 수준을 점검하여 개선・보완하도록 매년 자체점검을 실시하고 그 결과를 제출하도록 한다. 둘째, 평가결과 C, D등급 어린이집은 개선이 필요한 지표, 보육과정 운영 등 어린이집 운영 전반에 대한 방문지원과 교육 및 정보 제공 등을 지원한다. 셋째, 보육교직원을 대상으로 평가지표 관련 지식과 정보를 교육(온라인 포함) 등을 통해 제공한다. 넷째, 평가 받은 어린이집 중 일부를 불시 방문하여 보육서비스의 질적 수준을 확인한다. 평가내용과 관련된 민원 발생, 법 위반 및 행정처분, 연차별 자체점검보고서 미제출, 평가 이후 대부분의 교사가 이직한 어린이집, 정보공시 부실 어린이집, 필수요소(3영역) 일정기준 미충족 어린이집, 종전 운영자 변동없이 국공립어린이집 전환 전 평가(인증)결과를 승계한 어린이집 등이 대상이다. 다섯째, 평가받은 어린이집에 법 위반 및 행정처분 등이 발생한 경우 기존 평가등급을 최하위 등급(D등급)으로 조정한다. 여섯째, 평가받은 어린이집에 변경인가 등 평가주기 조정사유(어린이집의 대표자 변경, 소재지 변경, 6개월 이상 운영 중단 후 재개)가 발생한 경우 사유 발생일로부터 6개월 이상 경과 후 선정통보를 진행한다.

2) 어린이집 평가지표

(1) 평가지표의 구성

평가지표는 평가영역≫평가지표≫평가항목≫평가내용(평가요소) 순으로 구성되어 있으며 평가 시 관찰과 면담, 기록을 통해 확인한다. 평가지표의 구성체계는 그림 9-3과 같다.

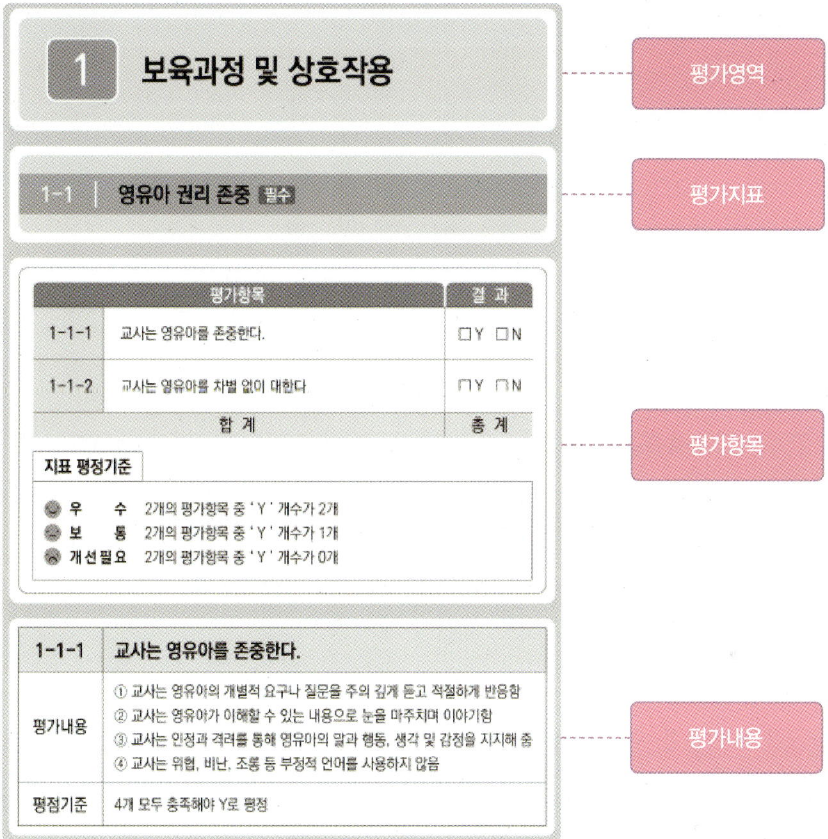

그림 9-3 구성체계

출처: 보건복지부, 한국보육진흥원(2020).

평가지표는 보육과정 및 상호작용, 보육환경 및 운영관리, 건강·안전, 교직원 4개의 평가영역과 18개의 평가지표, 59개의 평가항목으로 이루어져 있으며(표 9-3 참조), '1-1 영유아 권리 존중' 필수지표 1개와 3-2, 3-4, 3-5 평가지표 내 필수요소 8개가 포함되어 있다. 이는 어린이집이 영유아 인권(영유아 권리 존중 및 차별금지), 위생(식자재 위생관리, 유통기한 준수, 조리음식 당일 소모 등), 안전(등하원 영유아 인계절차, 차량 운행 안전기준 준수, 교사 안전교육 이수 등) 등의 항목을 충족하지 못할 경우 최

표 9-7 ⋙ 필수지표 및 요소

구분	평가지표 및 내용	
필수지표	1-1. 영유아 권리 존중	
필수요소	3-2-2-1	식자재는 신선한 것을 구입하고 이를 위생적으로 보관함
	3-2-2-2	유통기한 경과 식품(식자재 등)이 없음
	3-2-3-3	1회 조리된 음식은 당일 소모하고 재배식하지 않음
	3-4-1-4	영유아의 인계과정이 규정에 따라 안전하게 이루어짐
	3-4-2-4	영유아를 두고 자리를 비울 때에는 책임 있는 성인에게 인계함
	3-4-3-4	운전자와 함께 차량에 동승한 성인은 영유아를 안전하게 보호함
	3-5-2-1	보육교직원을 대상으로 기본적인 안전교육을 정기적으로 실시함(영유아 학대 예방교육 포함)
	3-5-2-4	영유아 학대 예방 지침(체벌 금지 포함)을 준수함

출처: 보건복지부, 한국보육진흥원(2020).

고등급을 부여받을 수 없도록 함으로써 영유아가 자유롭게 놀이를 즐기고 일과를 통해 존중받을 수 있도록 하며, 급 · 간식 위생 및 안전 관리를 통해 안심 보육환경 조성을 강조하고자 한 것이다. 필수지표와 필수요소의 구체적인 내용은 표 9-7과 같다.

평가를 통해 어린이집의 등급을 평정하는 방식은 표 9-8, 표 9-9와 같다. 먼저 평가항목을 체크리스트 방식에 의해 '충족(Y)' 또는 '미충족(N)'으로 체크하여 평정하고 지표별 평가항목의 '충족' 개수에 따라 3개 등급(우수, 보통, 개선필요) 중 1개를 부여한다. 그 다음 영역별 평가지표 중 '우수', '개선필요' 등급 지표 수에 따라 3개 등급(우수, 보통, 개선필요) 중 1개를 부여한다. 마지막으로 4개 평가영역의 등급 종류(우수, 보통, 개선필요) 및 수에 따라 어린이집 등급(A, B, C, D) 중 1개를 부여하고, 등급 기준에 따라 평가주기를 3년과 2년으로 한다.

표 9-8 어린이집 등급평정 방식

구분	지표 평정				영역 평정			
	항목수	우수	보통	개선필요	지표수	우수	보통	개선필요
1-1. 영유아 권리 존중 (필수)	2개	2개	1개	0개 이하	5개	'우수' 지표 4개 이상 (필수 포함)	우수 및 개선필요 등급에 해당하지 않는 경우	'개선필요' 지표 1개 이상
1-2. 보육계획 수립 및 실행*	5개	5개	3~4개	2개 이하				
1-3. 놀이 및 활동 지원	3개	3개	2개	1개 이하				
1-4. 영유아 간 상호작용 지원	4개	4개	2~3개	1개 이하				
1-5. 보육과정 평가	3개	3개	2개	1개 이하				
2-1. 실내 공간 구성 및 운영	4개	4개	2~3개	1개 이하	4개	'우수' 지표 3개 이상	우수 및 개선필요 등급에 해당하지 않는 경우	'개선필요' 지표 1개 이상
2-2. 실외 공간 구성 및 운영	3개	3개	2개	1개 이하				
2-3. 기관 운영	4개	4개	2~3개	1개 이하				
2-4. 가정 및 지역사회와의 연계	3개	3개	2개	1개 이하				
3-1. 실내외 공간의 청결 및 안전	3개	3개	2개	1개 이하	5개	'우수' 지표 4개 이상 (필수 포함)	우수 및 개선필요 등급에 해당하지 않는 경우	'개선필요' 지표 1개 이상
3-2. 급 · 간식	3개	3개	2개	1개 이하				
3-3. 건강증진을 위한 교육 및 관리	3개	3개	2개	1개 이하				
3-4. 등 · 하원의 안전	3개	3개	2개	1개 이하				
3-5. 안전교육과 사고 예방	3개	3개	2개	1개 이하				

(계속)

<table>
<tr><th rowspan="2">구분</th><th colspan="4">지표 평정</th><th colspan="4">영역 평정</th></tr>
<tr><th>항목수</th><th>우수</th><th>보통</th><th>개선필요</th><th>지표수</th><th>우수</th><th>보통</th><th>개선필요</th></tr>
<tr><td>4-1. 원장의 리더십</td><td>3개</td><td>3개</td><td>2개</td><td>1개 이하</td><td rowspan="4">4개</td><td rowspan="4">'우수'
지표
3개 이상</td><td rowspan="4">우수 및
개선필요
등급에
해당하지
않는 경우</td><td rowspan="4">'개선필요'
지표
1개 이상</td></tr>
<tr><td>4-2. 보육교직원의 근무 환경</td><td>3개</td><td>3개</td><td>2개</td><td>1개 이하</td></tr>
<tr><td>4-3. 보육교직원의 처우와 복지</td><td>3개</td><td>3개</td><td>2개</td><td>1개 이하</td></tr>
<tr><td>4-4. 보육교직원의 전문성 제고</td><td>3개</td><td>3개</td><td>2개</td><td>1개 이하</td></tr>
<tr><td>계</td><td>59개</td><td></td><td></td><td></td><td>18개</td><td></td><td></td><td></td></tr>
</table>

* 1-2. 보육계획 수립 및 실행 지표에서 장애영유아는 1항목 추가

출처: 보건복지부, 한국보육진흥원(2020).

표 9-9 >>> 평가등급 기준 및 평가주기

<table>
<tr><th colspan="2">등급구분(정의)</th><th>등급 부여기준</th><th>평가주기</th></tr>
<tr><td>A</td><td>국가 평가에서 제시하고 있는 기준을 모든 영역에서 충족함</td><td>4개 영역 모두 '우수'인 경우
(필수지표 및 요소 충족)</td><td rowspan="2">3년</td></tr>
<tr><td>B</td><td>국가 평가에서 제시하고 있는 기준을 대부분 충족함</td><td>'우수'영역이 3개 이하이며
'개선필요' 영역이 없는 경우</td></tr>
<tr><td>C</td><td>국가 평가에서 제시하고 있는 기준 대비 부분적으로 개선이 필요함</td><td>'개선필요' 영역이 1개 있는 경우</td><td rowspan="2">2년</td></tr>
<tr><td>D</td><td>국가 평가에서 제시하고 있는 기준 대비 상당한 개선이 필요함</td><td>'개선필요' 영역이 2개 이상인 경우</td></tr>
</table>

출처: 보건복지부, 한국보육진흥원(2020).

(2) 평가지표 내용 및 세부평가 항목

① 보육과정 및 상호작용 영역(1영역)

보육과정 및 상호작용 영역은 영유아의 권리 존중, 어린이집의 보육철학과 표준보육과정에 기초한 보육계획 수립 및 실행, 영유아의 놀이 및 활동에 대한 적절한 지원, 영유아간 상호작용 지원, 보육과정 운영에 대한 평가 등 5개 지표를 중심으로 평가한다.

어린이집에서는 영유아의 권리 존중을 필수적으로 실천하고, 표준보육과정을 기초로 보육과정 운영에 관한 기준을 세워야 한다. 교사는 보육과정을 운영할 때 영유아의 흥미나 개별적 차이를 파악하여 다양한 보육활동, 놀이, 일상생활 경험 등이 균형있게 이루어지도록 하고 영유아의 발달수준과 개인차를 고려하여 민감하고 적절하게 상호작용하여야 한다.

표 9-10 보육과정 및 상호작용 영역 평가지표의 세부 평가항목

평가영역	평가지표	평가항목
1. 보육과정 및 상호작용	1-1. 영유아 권리 존중(필수)	1. 교사는 영유아를 존중한다. 2. 교사는 영유아를 차별 없이 대한다.
	1-2. 보육계획 수립 및 실행	1. 표준보육과정을 바탕으로 어린이집의 철학을 반영한 보육계획을 수립한다. 2. 영유아가 편안한 분위기에서 일상경험을 할 수 있도록 운영한다. 3. 하루 일과에서 영유아의 놀이가 충분히 이루어지도록 한다. 4. 바깥놀이 시간을 매일 충분히 배정하여 운영한다. 5. 특별활동은 운영 지침에 따라 운영한다. 6. (장애영유아) 장애영유아를 위한 관련 서비스(치료지원 포함)를 일과 중에 통합적으로 제공한다.
	1-3. 놀이 및 활동 지원	1. 교사는 놀이와 활동이 영유아의 자발적 선택에 의해 주도적으로 이루어지도록 격려한다. 2. 교사는 영유아의 놀이 상황을 관찰하면서 놀이와 관련된 상호작용을 한다. 3. 영유아의 다양한 놀이와 활동에 필요한 자료를 제공한다.

(계속)

평가영역	평가지표	평가항목
1. 보육과정 및 상호작용	1-4. 영유아 간 상호작용 지원	1. 교사는 영유아의 감정에 공감하고 스스로의 감정을 다룰 수 있도록 돕는다. 2. 교사는 영유아가 일상에서 자신의 의견, 생각 등을 또래와 나눌 수 있도록 격려한다. 3. 교사는 영유아가 적절한 약속과 규칙을 지키도록 격려한다. 4. 교사는 영유아 간 다툼이나 문제가 발생할 경우 다양한 해결방식을 사용한다.
	1-5. 보육과정 평가	1. 반별 보육일지에 하루 일과 및 놀이실행에 대한 기록이 있고, 필요한 경우 그 내용을 다음 놀이 지원 및 활동 계획에 반영한다. 2. 영유아의 일상생활, 실내외 놀이 및 활동에 대한 관찰 내용을 기록하고, 영유아의 발달특성과 변화를 평가한다. 3. 원장은 각 반별 보육과정 운영에 대한 평가를 통해 어린이집 전체 보육과정 운영을 파악하고 있다.

출처: 보건복지부, 한국보육진흥원(2020).

② 보육환경 및 운영관리 영역(2영역)

보육환경 및 운영관리 영역은 실내공간 구성 및 운영, 실외공간 구성 및 운영, 기관 운영, 가정 및 지역사회와의 연계 등 4개의 지표를 중심으로 평가한다.

어린이집의 실내・외 놀이공간, 시설 및 설비는 영유아의 연령 및 발달 수준, 흥미와 요구에 적합하고, 영유아의 놀이 및 활동, 일상생활을 지원하도록 구성되어야 한다.

또한 어린이집은 운영계획 수립, 원아관리 등 정해진 규정이나 지침에 따라 체계적으로 운영되어야 하며, 가족 및 지역사회와 협력적인 관계를 맺음으로써 영유아가 자신을 둘러싼 환경을 긍정적으로 인식하고 생활할 수 있도록 지원하여야 한다.

표 9-11 보육환경 및 운영관리 영역 평가지표의 세부 평가항목

평가영역	평가지표	평가항목
2. 보육환경 및 운영관리	2-1. 실내 공간 구성 및 운영	1. 보육실 내 놀이영역은 영유아의 연령 및 발달 특성을 고려해 영유아의 놀이와 연계하여 구성한다. 2. 실내 시설 및 설비가 영유아의 발달 수준에 적합하다. 3. 영유아의 요구를 충족하는 보육실 이외의 별도의 공간을 마련하고 있다. 4. 비품과 활동자료를 보관하는 별도의 공간이 있고 체계적으로 정리하고 있다.
	2-2. 실외 공간 구성 및 운영	1. 옥외놀이터 등을 구비하고 있다. 2. 영유아의 발달을 지원하는 다양한 놀이 및 활동 자료가 준비되어 있다. 3. 영유아의 발달에 적합한 다양한 바깥놀이 및 활동이 이루어진다.
	2-3. 기관 운영	1. 모든 반을 편성 규정에 맞게 운영하고 있다. 2. 어린이집 운영계획을 수립하여 부모에게 안내한다. 3. 신규 보육교직원에게 오리엔테이션을 실시하고 있다. 4. 신입 영유아 적응을 위한 지원을 하고 있다.
	2-4. 가정 및 지역 사회와의 연계	1. 어린이집을 개방하여 다양한 부모참여와 교육이 이루어진다. 2. 평소 가정과 다양한 방법으로 소통하고 정기적인 개별면담을 통해 가족을 지원한다. 3. 지역사회와 연계한 다양한 활동을 실시하고 있다.

출처: 보건복지부, 한국보육진흥원(2020).

③ 건강 · 안전 영역(3영역)

건강 · 안전 영역은 실내외 공간의 청결 및 안전, 급 · 간식, 건강증진을 위한 교육 및 관리, 등 · 하원 안전, 안전교육과 사고예방 등 5개 지표를 중심으로 평가한다.

영유아가 어린이집에서 건강하고 안전하게 생활할 수 있도록 지원하는 것은 기본적인 권리와 삶의 질을 보장하는 필수 요건이다. 영유아의 건강과 안전은 신체적 상해 없이 건강하게 보호되는 것뿐만 아니라, 방임, 학대 등과 같은 정서적 문제로부터 안전하게 보호되는 것을 포함한다.

표 9-12 ≫ 건강 · 안전 영역 평가지표의 세부 평가항목

평가영역	평가지표	평가항목
3. 건강 · 안전	3-1. 실내외 공간의 청결 및 안전	1. 실내외 공간을 청결하고 쾌적하게 관리한다. 2. 실내외 공간과 설비를 위험요인 없이 안전하게 관리한다. 3. 실내외 공간의 놀잇감 및 활동자료와 위험한 물건을 안전하게 관리한다.
	3-2. 급 · 간식	1. 영양의 균형을 고려한 급 · 간식을 제공하고 있다. 2. 식자재의 구입 · 보관 및 조리공간을 위생적으로 관리하고 있다. 3. 조리 및 배식 과정을 청결하고 위생적으로 관리하고 있다.
	3-3. 건강증진을 위한 교육 및 관리	1. 손 씻기, 양치질 등 청결한 위생습관을 실천한다. 2. 교사는 영유아의 건강상태를 살펴보고 적절하게 지원한다. 3. 영유아와 보육교직원의 건강증진을 위한 예방관리와 교육을 실시한다.
	3-4. 등 · 하원의 안전	1. 교사는 영유아의 출석을 확인하며 인계규정에 따라 귀가지도를 한다. 2. 영유아는 등원부터 하원까지 성인의 보호 하에 있다. 3. 등 · 하원용 차량을 운행할 경우 안전요건을 갖추어 관리한다.
	3-5. 안전교육과 사고예방	1. 영유아를 대상으로 안전교육을 지속적으로 실시하고 있다. 2. 보육교직원은 안전교육을 받고 영유아 학대 예방 지침을 준수한다. 3. 안전설비를 비상시 효율적으로 사용할 수 있도록 관리하고 있다.

출처: 보건복지부, 한국보육진흥원(2020).

④ 교직원 영역(4영역)

교직원 영역은 원장의 리더십, 보육교직원의 근무환경, 보육교직원의 처우와 복지, 보육교직원의 전문성 제고 등 4개의 지표를 중심으로 평가한다.

보육교직원의 역량은 보육서비스 질에 큰 영향을 미치는 요인이므로 원장은 자신과 보육교사의 전문성을 향상하고, 보육교직원이 안정적으로 근무할 수 있는 환경을 마련해 주어야 한다.

표 9-13 교직원 영역 평가지표의 세부 평가항목

평가영역	평가지표	평가항목
4. 교직원	4-1. 원장의 리더십	1. 원장은 자신의 전문성 향상을 통해 어린이집 발전에 기여한다. 2. 원장은 보육교직원을 존중한다. 3. 원장은 건전한 조직문화 조성을 위해 노력한다.
	4-2. 보육교직원의 근무환경	1. 교사를 위한 별도 공간을 마련하고 있다. 2. 교사를 위한 개인 사물함과 업무지원 설비를 마련하고 있다. 3. 성인용 화장실을 영유아용과 별도로 설치하여 사용하고 있다.
	4-3. 보육교직원의 처우와 복지	1. 보육교직원의 복무와 보수에 관한 규정이 있으며, 이를 준수하고 있나. 2. 교사의 직무스트레스를 예방하고 관리할 수 있는 서비스를 안내 및 제공한다. 3. 보육교직원을 위한 복지제도를 운영하고 있다.
	4-4. 보육교직원의 전문성 제고	1. 보육교직원의 전문성 제고를 위한 다양한 교육 기회를 부여하고 있다. 2. 교사의 상호작용에 대한 관찰과 지원을 실시하고 있다. 3. 교사에 대한 근무평가를 실시하고 있다.

출처: 보건복지부, 한국보육진흥원(2020).

생각해 보자

인천 '아동학대' 어린이집, 평가인증 통과..평가 우수

아동학대 적발 어린이집 평가인증 평균점수 무려 94점

평가점수가 높음에도 어린이집에서의 아동학대는 여전히 발생하고 있다. 예비교사로서 어린이집 평가제에 대해 어떻게 생각하는지 이야기해 보자.

참고문헌

공인숙, 한미현, 김영주, 권기남(2013). **최신 보육학개론**. 파주: 교육과학사.

성미영, 유주연, 이세라피나, 임여정, 정현심(2019). **2019 개정 누리과정과 어린이집 평가제를 반영한 보육학개론**. 서울: 학지사.

보건복지부, 한국보육진흥원(2017). **2017 제3차 어린이집 평가인증 안내(통합지표)**.

보건복지부, 한국보육진흥원(2018). **2018 제3차 어린이집 평가인증 안내(통합지표)**.

보건복지부, 한국보육진흥원(2019). **2019 어린이집 평가 매뉴얼(어린이집용)**.

보건복지부, 한국보육진흥원(2020). **2020 어린이집 평가 매뉴얼(어린이집용)**.

한국보육진흥원 홈페이지 https://www.kcpi.or.kr/

10

CHAPTER

부모 및 지역사회와의 연계

핵가족화 및 맞벌이가정의 증대와 출산율 저하 등 현대사회의 가족체계 변화로 부모의 어린이집에 대한 의존도가 높아짐에 따라 어린이집과 부모 간 연계가 매우 중요해졌다. 이러한 어린이집과 부모 간 연계가 효과적으로 이루어지기 위해서 지역사회의 다양한 자원을 적극 활용하는 것이 필요하다.

CHAPTER

10

1. 어린이집과 부모 연계
2. 어린이집과 지역사회 연계

1. 어린이집과 부모 연계

1) 부모참여의 필요성

부모참여란 어린이집 보육프로그램 운영의 모든 과정에 부모가 참여하는 것으로, 영유아 보육에서는 부모들의 적극적 참여를 강조한다. 소극적 부모참여가 아닌 적극적인 주체로서 참여문화를 만들기 위해 부모가 보육의 주체임을 어린이집과 부모 모두가 인식하는 것이 중요하다.

현대 부모참여에 대한 관점은 1960년대 부모를 배움이 필요한 대상으로 보는 시각에서 출발하였다. 이 시기에는 자녀의 발달을 돕는 최적의 가정환경을 제공하지 못하거나 바람직한 양육 태도를 갖추지 못한 부모들을 대상으로 교육을 제공하거나 개입하여 영유아를 돕는 것이 강조되었다. 그러나 1980년대 이후의 부모참여는 부모를 이해와 협력의 대상으로 보는 관점이 강해져서, 부모 · 어린이집 · 지역사회 간의 대등한 파트너십과 능동적인 역할을 통하여 영유아와 그 가족의 성장을 효율적으로 지원할 수 있다고 보았다(김영옥, 2007). 그리고 최근에는 부모와 어린이집의 소통을 원활하게 하고, 유기적으로 협력하여 영유아가 속한 지역사회 전체가 미래사회의 주인공을 기르는 역할을 맡게 되면서 부모참여의 중요성이 더욱 부각되었다(육아정책연구소, 2015).

부모참여를 통해 가정과 어린이집이 동반자로서 밀접한 관계를 유지할 수 있으며,

그림 10-1 열린어린이집의 목적

출처: 보건복지부(2019).

부모는 능력 있는 양육자로 성장할 수 있다. 또한 부모참여를 통해 부모는 양육 관련 지식 및 의사소통기술을 습득할 수 있으며, 부모 자신과 자녀에 대한 이해도가 높아지고 긍정적인 양육 태도를 가질 수 있다.

2) 부모참여 유형

① 신입원아 부모 오리엔테이션

어린이집에 처음 다니게 되는 영유아의 부모에게 어린이집의 보육철학, 운영현황, 보육프로그램, 건강 및 영양, 안전 등 운영 전반에 대해 안내하고 소통함으로써 어린이집에 대한 이해를 돕고 교직원과 부모가 신뢰감을 형성하며 부모에게 정보를 제공하는 것을 목적으로 한다. 이를 통해 개별 부모의 요구를 파악하고 안정적인 보육서비스를 제공할 수 있다.

신입 원아 부모들을 위한 오리엔테이션은 주로 대집단으로 실시하며 중간 입소한 영유아의 부모에게는 개별 오리엔테이션을 실시한다.

그림 10-2 <<< 신입 원아 부모오리엔테이션

그림 10-3 <<< 중간 입소 원아 부모오리엔테이션

○○ 어린이집 운영 안내서 (2018년)

Ⅰ. 보육철학 및 목표
1. 보육철학
2. 보육목표

Ⅱ. 운영현황
1. 어린이집 연혁
2. 어린이집의 환경
3. 보육시간
4. 보육료
5. 연령별 집단크기와 교사 수
6. 보육교직원 구성

Ⅲ. 보육프로그램

Ⅳ. 하루일과

Ⅴ. 건강·영양·안전관리
1. 건강관리
2. 영양관리
3. 안전관리(아동학대 예방지침 포함)

Ⅵ. 부모 및 지역사회와의 협력
1. 부모참여 프로그램
2. 어린이집 운영위원회
3. 지역사회기관과의 연계 및 보육프로그램
4. 지역사회 및 아동발달 전문가 정보

Ⅶ. 공지사항
1. 신입원아 적응프로그램
2. 어린이집의 개방원칙 및 인계규정
3. 감염병 질환의 예방과 관리대책
4. 아프거나 다친 영유아에 대한 처리 절차(환아처리지침, 상해유형에 따른 응급처치 등)
5. 부모동의 및 조사서 작성 안내(귀가동의, 응급처치동의, 식품알레르기 관련, 개인정보활용 등)
6. 상해, 화재, 배상보험 가입 안내
7. 안전사고 발생 시 어린이집이 갖는 책임한계에 관한 규정
8. 맞춤형보육 프로그램 운영
9. 보육교직원 윤리강령
10. 기타

Tip	∘ 어린이집의 운영철학 및 보육목표, 운영내용을 포함하는 운영방침을 수립하고 안내 ∘ 신입원아 적응프로그램, 개방원칙, 전문가 정보, 감염병 대책, 아프거나 다친 영유아 처리, 인계과정에 대한 규정 등을 안내하고, 신입인력·신입원아 오리엔테이션 자료 포함 가능 ∘ 보육료 및 필요 경비 수납한도액을 어린이집 운영안내서에 포함하여 작성 가능 ∘ 어린이집 운영안내서의 각 항목별 세부내용은 해당 어린이집의 운영방침에 맞게 작성

그림 10-4 ⋘ 어린이집 운영 안내서

출처: 보건복지부, 한국보육진흥원(2019a).

② 부모 개별 면담

부모 개별 면담은 영유아의 성장과 발달, 생활 전반에 대해 서로 의견을 교환하고 긴밀한 협력관계를 유지하는 활동이다. 모든 영유아의 부모와 연 2회 이상 개별 면담을 실시하며 개별 면담 실시 일시, 대상 및 면담자, 면담내용에 대한 기록이 필수 요건이다. 면담장소는 편안한 장소가 바람직하고 보육교사와 동등한 입장에서 실시될 수 있도록 준비하여야 한다.

교사는 개별 면담 전 부모에게 사전면담 관련 내용의 작성을 요청하고 부모가 면담하기 원하는 내용, 영유아의 관찰기록을 토대로 개별 면담일지를 작성한다. 면담 전 영유아에 대한 관찰기록, 개별 면담일지, 신체 측정 기록, 활동결과물, 검사결과 보고서 등 영유아의 발달적 변화와 특성을 보여줄 수 있는 다양한 결과물 등을 사전에 준비해야 한다. 준비된 면담자료를 함께 보면서 영유아의 발달 상황 및 어린이집 생활, 가정에서의 행동 특성 등에 대해 면담을 진행한다. 효과적인 부모면담을 경험한 부모는 교사들과 동반자적 관계로 자녀에게 중요한 역할임을 인식하고 자녀를 돕고자 하는 믿음이 생기게 된다.

표 10-1 부모 개별 면담 일지

일시	2019. 4. 22.(월) 16 : 00~16 : 30	방법	☑ 방문 ☐ 전화
대상	어머니	면담자	담임교사 ○○○
부모 의견	어린이집에 다니는 것을 좋아하며, 선생님이나 친구 얘기를 많이 함. 특히 친구 △△와 재미있게 놀았던 얘기와 싸웠다는 얘기를 자주 함. 학습보다는 친구들과 잘 어울리는 원만한 성격이 될 수 있었으면 함 어린 동생이 생기면서 동생을 예뻐하면서도 가끔씩 떼를 쓰거나 손가락 빠는 행동이 보여 걱정임. 퇴행행동에 대한 대처방법이 궁금함		
교사 의견	**[신체운동 · 건강]** 신체활동 전반에 관심을 보이기는 하나 대근육 신체활동에 다소 소극적인 편임. 사람이나 사물에 대한 민감성이 발달되어 있어 신체활동에 적극적으로 참여하기 전에 탐색을 하는 경향이 있음. 자신감 있게 신체활동에 참여해 보도록 지원해 주면 신체활동 참여가 더욱 적극적으로 바뀔 수 있을 것으로 보임		

(계속)

교사 의견	**[의사소통]** 자신의 생각과 의견을 표현하려고 노력하며, 글자에 점차 관심을 많이 갖기 시작함. 가정에서도 학습지보다는 일상생활 주변에서 볼 수 있는 다양한 글자에 관심을 갖도록 환경인쇄물 등을 마련해 주면 '읽기'와 '쓰기'에 대한 목표가 잘 달성될 수 있을 것으로 보임 **[사회관계]** 친구들과 잘 어울리는 편이며, 특히 △△와 자주 놀이하는 모습을 보임. 다만, 아직까지는 친구와의 협력이나 양보 등이 잘 이루어지지 않고 있어 또래와의 사회관계를 증진할 수 있는 기회를 자주 제공해 줄 계획임 **[예술경험]** 노래, 미술, 춤과 움직임 등 다양한 예술적 표현에 관심을 갖고 즐기는 편임 **[자연탐구]** 주변 사물과 자연환경 등에 대한 호기심이 많고, 수량 인식 등도 연령 수준에 맞게 잘 발달되어 있음 **[퇴행행동에 대한 대처방법 안내]** 동생이 생기면 자연스럽게 나타나는 퇴행행동에 대해 부모가 너무 민감하게 반응하는 모습을 보이는 대신, ○○에 대한 관심과 스킨십을 포함한 애성 표현을 보다 자주 해주는 것이 바람직함을 안내함. ○○가 동생을 예뻐하는 순간을 놓치지 말고 '○○가 동생을 예뻐하는 모습을 보니 너무 멋지다'라는 표현을 해주거나, ○○만 따로 데리고 놀러가거나 맛있는 것을 먹으면서 ○○를 사랑한다는 표현을 많이 해주도록 말씀드림
총평	전반적으로 만3세 유아의 발달 수준에 맞게 다양한 영역에 흥미와 관심을 보임. ○○에 대한 주기적인 관찰을 통해 ○○가 관심 있어 하는 것을 어린이집과 가정에서 함께 격려해 주고, 친구와 협력할 수 있는 기회를 더 자주 제공해 줄 수 있도록 부모님께 말씀드림

※ 부모면담 기록은 어린이집의 상황에 따라 연간 횟수, 시기(예: 상, 하반기)를 정하여 지속적으로 관리
출처: 울산광역시육아종합지원센터(2018).

③ 가정통신문

가정통신문은 서면으로 가정에 보내는 통신문으로 어린이집의 필요에 따라 가정과 쉽게 소통할 수 있는 방법이다. 어린이집에서 부모에게 알리는 공지사항, 월별 행사 및 운영과 관련된 내용을 담고 있으며 어린이집의 상황에 따라 주 1회, 또는 월 1회 이상 실시하여 소통한다.

가정통신문

20 년

기간 : 3월 1주 (월 일 ~ 월 일)

학부모님께

따스한 봄을 맞이하여 인사드립니다.

우리 어린이집에서는 부모님들의 자녀 양육을 돕고자 가능한 시간을 서로 의논하여 어린이집을 개방하고 있습니다. 이를 통해 영유아가 어린이집에서 경험하는 하루일과를 지켜보거나 활동의 일부를 자녀와 함께 할 수 있도록 기회를 제공하고자 합니다. 자녀와 함께하는 보육경험은 자녀의 행동 및 어린이집을 이해하는데 도움이 될 것입니다.

1) (월간 또는 주간) 보육계획안
2) 식단표 (매월 작성 및 공지)
3) 어린이집의 주요행사
4) 공지사항(예시)
   - 필수예방접종 및 건강검진 안내
   - 신체계측 실시방법 및 결과통보 방법
   - 부모면담 실시 안내
   - 아동권리 존중 안내(가정에서의 실천방안)
   - 식중독 예방 및 식품 알레르기 관련 안내
   - 감염병 발생 시 공지 및 대처방안 안내
   - 운영위원회 회의 개최 및 회의 내용 안내
   - 부모교육 자료
   - 계절 및 날씨 관련 안전수칙, 교직원 근무현황 등
   - 지역사회 관련 정보 및 행사
   - 기타

20 년 월 일

○ ○ 어린이집

Tip	◦ 부모에게 어린이집 생활과 보육활동 등의 내용을 포함하는 가정통신문을 작성하고, 정기적으로 제공하여 적극적인 협력 관계가 되도록 활용 ◦ 보육계획안, 식단표, 어린이집 주요행사, 공지사항 등을 안내하며, 어린이집 상황에 따라 다양한 형태와 내용으로 작성하여 제공 ◦ 공지사항 중 신체 계측 결과 안내는 신체 계측 여부만 안내하고 결과는 개별 통보함을 명시

그림 10-5 ⋘ 가정통신문 양식

출처: 보건복지부, 한국보육진흥원(2019a).

④ 일일보고서, 알림장, 스마트알림장

어린이집과 부모가 매일 영유아의 일과 및 특이사항을 교환하는 대화장의 형태로 일일보고서(대화 수첩, 알림장 등), 스마트 알림장의 형태가 있다.

서면으로 기록되던 대화장의 형태는 현대의 정보통신 수단의 발달과 함께 개발된 영유아 교육기관 전용 앱을 이용한 스마트 알림장을 이용하는 경우가 많아지고 있다. 스마트알림장에는 개별 부모와 주고받을 수 있는 알림장, 공지사항, 앨범, 일정표, 투약의뢰서 등으로 구성되어 있다.

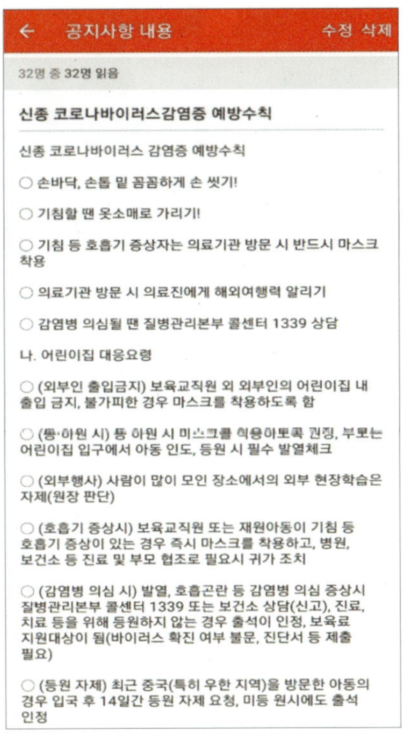

그림 10-6 스마트 알림장: 전체 부모와 소통

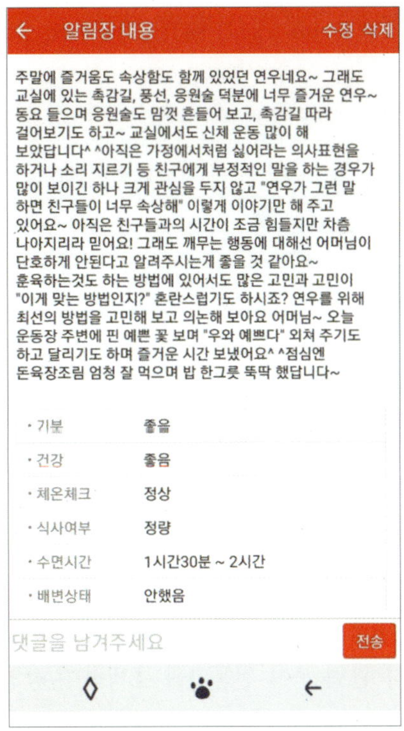

그림 10-7 스마트 알림장: 개별 부모와 소통

출처: ○○어린이집 스마트 알림장

⑤ 부모용 게시판 및 부모 공용 공간

부모용 게시판은 부모들이 어린이집을 방문했을 때 언제든지 필요한 정보를 확인할 수 있도록 어린이집 현관 쪽에 부착되어 있다. 게시판에는 어린이집 인가사항, 어린이집 원훈 및 교직원 현황, 보육프로그램, 식단표, 행사, 부모교육, 그 밖에 부모에게 안내할 내용 등이 게시되어 있다.

부모가 편하게 머무를 수 있는 부모 공용 공간을 마련하여 부모들이 모여 이야기를 나누고, 자료를 볼 수 있는 육아 정보 관련 책자 등을 함께 비치할 수 있다.

그림 10-8 부모용 게시판

그림 10-9 부모 공용 공간

⑥ 부모교육

부모교육은 영유아의 발달 및 자녀 양육관, 육아정보 제공부터 부모가 요구하는 다양한 내용을 강의, 토의 등으로 제공하는 폭넓은 의미의 교육활동이다. 이는 특정 주제에 대한 이해를 돕고 부모들의 궁금증을 해결할 수 있도록 어린이집의 인력을 활용하거나 관련 분야 전문가를 초빙하여 강연하는 방식으로 진행하여 자녀 양육에 필요한 정보나 지식을 습득할 수 있다.

부모교육을 계획할 때는 교육 주제, 시기, 장소, 강사 섭외, 교육자료 등을 준비하고 부모 대상으로 사전에 부모가 희망하는 부모교육 주제와 시기를 조사하거나 어린이집 운영위원회, 보육교직원 회의 등을 통해 의견을 수렴하여 반영한다.

그림 10-10 《《《 자체 부모교육

그림 10-11 《《《 전문가 부모교육

부모교육 관련 주제는 부모-자녀관계, 영유아 발달에 대한 이해, 영유아 교육, 영유아 및 가족 건강, 영유아 놀이, 자녀 양육방법 등이 있으며 주제 선정 후 적합한 교육방법(예: 대집단 강의, 워크숍, 영유아 동반 교육 여부, 어린이집 자체 교육, 외부 교육 등)을 정하게 된다.

⑦ 어린이집 운영위원회

어린이집 운영위원회는 어린이집 운영의 자율성과 투명성을 높이고 지역 실정과 어린이집 특성에 맞는 바람직한 보육을 실시하기 위해 원장, 보육교사, 부모, 지역사회 인사 등이 참여하여 어린이집의 운영 전반을 심의하는 의사결정 활동이다.

그림 10-12 《《《 어린이집 운영위원회

운영위원회의 구성은 어린이집 원장, 보육교사 대표, 학부모 대표 및 지역사회 인사를 포함한 5인 이상 10인 이내로 구성하되 학부모 대표가 2분의 1 이상이 되도록 하며, 운영위원회 회의는 분기별 1회 이상(연 4회 이상, 1분기는 3월 실시) 정기적으로 실시한다. 또한 운영위원회 구성, 개최 계획, 회의 결과 및 주요 논의 내용을 전체 부모가 내용을 알 수 있도록 공개하며 회의록을 작성하고 보관한다.

⑧ 부모참여활동

어린이집 행사나 영유아 보육과정에 부모가 다양한 방법으로 참여할 수 있는 기회를 제공함으로써 자녀의 어린이집 생활을 직접 참관하거나 자녀와 함께 어린이집 활동의 경험을 공유할 수 있다.

부모참여활동의 방법은 어린이집 일과에 참여하는 일일교사(재능 기부), 청소, 산책, 견학도우미, 아나바다장터활동, 동화 들려주기, 급식모니터링, 가족참여행사 참여, 부모 소모임 참여 등이 있다. 이를 바탕으로 어린이집에서 가능한 부모참여활동의 종류를 안내하고 부모의 수요를 파악한 뒤 실시한다.

자녀와 함께하는 시간의 즐거움을 통해 부모 역할의 중요성을 인식함과 동시에 부모–자녀관계 개선에도 도움을 받을 수 있다. 부모와 자녀가 함께 놀 수 있는 놀이 활동을 반별 영역에 준비하여 부모와 자녀가 함께 자유롭게 활동을 선택하며 놀 수 있도록 하는 프로그램을 준비하거나, 특별한 주제에 대하여 워크숍 형식으로 참여시키는 프로그램을 실시해 볼 수 있다.

부모는 보육활동에 매우 유용한 인적자원으로 활용될 뿐만 아니라, 자원봉사자로서의 참여 경험을 통해 부모교육의 효과까지도 얻을 수 있다.

부모들이 자원봉사자로 참여할 때에는 적절한 사전교육을 실시하여 부모가 미리 주체가 되어 준비할 수 있도록 하며, 사전에 교사와 함께 보육내용에 대한 협의를 거쳐야 한다.

20○○년 열린어린이집 관련 부모참여활동 수요조사서

○○어린이집 부모님께.

안녕하십니까? 항상 어린이집을 믿고 맡겨주시는 부모님께 감사드리며, 저희 ○○어린이집은 가정과 어린이집이 적극적으로 협력하는 열린어린이집이 되고자 노력하고 있습니다. '열린'이란 영유아의 가족, 특히 부모님의 참여가 활발히 이루어질 수 있도록 어린이집의 개방성을 증진한다는 의미입니다. 우리 아이들의 행복과 건강을 위해서는 가장 친근하고 중요한 환경인 가정과 어린이집의 신뢰와 소통이 필수적이기 때문입니다. 이를 위하여 올 한 해 동안 진행할 부모교육 및 참여활동에 대한 수요조사를 실시하고자 합니다. 수요조사 후 세부계획을 수립하여 추후 상세한 안내를 해드릴 예정입니다. 많은 관심과 의견 부탁드립니다.

※ 부모교육과 부모참여프로그램 중 참여하고 싶은 항목에 대해 내용, 시기, 주기, 방법 등에 기록 및 체크해주시기 바랍니다. 아래 예시를 참고하시고 예시에 없는 내용도 기록해 주셔도 됩니다.

예시	부모교육	긍정 훈육법, 부부의 강점 알기, 우리 아이 유형별 놀이방법, 아이발달 및 심리 이해, 자녀권리존중, 우리아이 성교육, 미디어 중독 예방 등
	부모참여 프로그램	일일교사(재능기부), 청소, 산책, 견학 도우미, 아나바다장터활동, 동화 들려주기, 급식 모니터링, 가족운동회, 가족 걷기대회 등

구분	내용	시기	시간	요일	주기		방법
부모 교육		월	□ 오전 □ 오후 □ 저녁		□ 분기별 □ 연 1회	□ 매월 □ 반기별	□ 소모임 □ 워크숍 □ 대집단
부모 교육		월	□ 오전 □ 오후 □ 저녁		□ 분기별 □ 연 1회	□ 매월 □ 반기별	□ 소모임 □ 워크숍 □ 대집단
부모 참여 프로 그램		월	□ 오전 □ 오후 □ 저녁		□ 매주 □ 분기별 □ 연 1회	□ 매월 □ 반기별 □ 수시	□ 개별 □ 소모임 □ 전체
		월	□ 오전 □ 오후 □ 저녁		□ 매주 □ 분기별 □ 연 1회	□ 매월 □ 반기별 □ 수시	□ 개별 □ 소모임 □ 전체

※ 열린어린이집 운영에 대한 의견을 자유롭게 적어주세요.

20 년 월 일

영유아명: 관계: 부모 성명:

그림 10-13 열린어린이집 관련 부모참여활동 수요조사서

출처 : 울산광역시육아종합지원센터(2018).

실내자유놀이 참여

바깥놀이 참여

견학 참여(실외)

견학 참여(실내)

점심 조리

점심 배식

가족참여활동

어린이집 환경 정비

설날 행사 참여

교재 · 교구 제작

텃밭 가꾸기

아나바다 자선바자회

그림 10-14 ⋘ 열린어린이집 부모참여활동

출처: ○○어린이집 열린어린이집 부모참여활동.

⑨ 부모만족도 조사

부모가 어린이집의 보육서비스 및 운영 전반에 대해 평가하는 부모만족도 조사를 실시함으로써 어린이집 운영 개선을 위한 기초자료로 활용한다.

부모만족도 조사는 연 1회 이상 실시하며 실행방법은 가정통신문 발송, 이메일 회신 등이 있다. 문항별, 범주별, 전체 만족도 점수 분석 및 도표(또는 그래프) 등으로 분석결과를 가정통신문 또는 운영위원회 등을 통해 전체 부모에게 공개한다. 추후 분석결과를 반영한 운영 개선계획을 수립하여 어린이집 운영의 개선사항으로 적용한다.

- 부모만족도조사 설문 문항은 어린이집의 상황을 반영하여 구성할 수 있다.
- 어린이집 부모만족도조사 결과는 어린이집 질 개선, 부모교육 등 어린이집 운영에 자체적으로 활용할 수 있다.
  예) 어린이집 부모만족도조사 설문 문항

범주	문항
어린이집 환경	1. 우리 아이가 다니는 어린이집 시설은 깨끗하고 안전하다
	2. 어린이집에는 다양하고 충분한 양의 놀잇감(동화책, 교구 등)이 있다
건강·안전	3. 우리 아이에게 제공되는 급·간식에 만족한다
	4. 아이가 아프거나 다쳤을 때 어린이집에서는 적절한 조치(부모연락 및 응급처치 등)를 취한다
	5. 어린이집에서의 등·하원(차량운행)이 안전하게 이루어진다
보육 과정	6. 어린이집 보육프로그램 및 행사계획을 잘 안내받고 있다
	7. 어린이집에서 아이들에게 제공하는 활동에 대해 만족한다
	8. 우리 아이는 어린이집에서 편안하게 생활한다
상호 작용	9. 어린이집 선생님들은 아이를 존중하고, 적절한 언어를 사용하며 따뜻하게 대한다
	10. 우리 아이는 담임교사를 좋아하고 따른다
	11. 어린이집에서 우리 아이는 갈등문제가 없다
운영의 개방성 및 가정 연계	12. 어린이집은 부모가 언제든 방문할 수 있도록 개방되어 있으며, 필요 시 의견을 제안할 수 있다
	13. 어린이집에서는 우리 아이의 생활 및 발달에 대한 정보를 충분히 알려준다
	14. 어린이집에서는 부모가 어린이집 활동에 참여할 수 있도록 다양한 기회를 제공한다
	15. 어린이집에 아이를 보내는 것이 나의 직장생활이나 가정생활에 도움이 된다

그림 10-15 부모만족도 조사

출처: 보건복지부, 한국보육진흥원(2019a).

2018년 부모만족도 조사 결과지

- 조사기간: 2019. 1. 21.(월)~1. 25.(금)
- 조사방법
  - 가정통신문 또는 홈페이지, SNS 등을 통한 부모만족도 조사 안내
  - 가정통신문과 함께 개별 부모에게 배포 후 회신 또는 홈페이지에 업로드하거나 개인 이메일로 발송 후 회신
- 결과: 부모 총 00명 중 00명 회신(회신율 00%)

〈전체 항목결과〉

범주	범주 평균	범주	범주 평균
어린이집 환경	4.78	건강 · 안전	4.65
보육과정	4.89	상호작용	4.92
운영의 개방성 및 가정연계	4.95	총 평균	4.84

(1점: 매우 불만족~5점: 매우 만족)

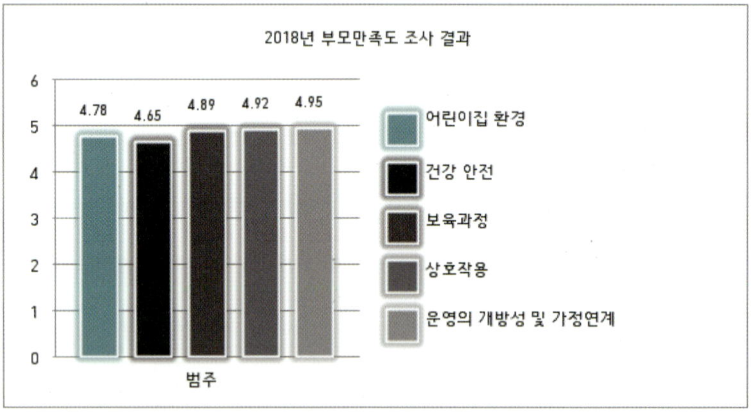

그림 10-16 부모만족도 조사 결과지

출처: 울산광역시육아종합지원센터(2018).

2. 어린이집과 지역사회 연계

1) 지역사회 연계의 필요성

영유아는 가족에 한정되어 있던 생활 범위를 점차 넓혀가면서 영유아가 살고 있는 지역에 관심을 가지게 된다. 영유아가 살고 있는 지역의 여러 곳을 방문하며 다양한 일을 하는 사람들을 만나고 체험하면서 주변 사람들이 하는 일, 역할, 기관의 기능 등에 대해 알게 되는 기회를 가지게 된다. 이러한 경험은 영유아에게 자신이 사회의 구성원인 동시에 다른 사람들과 함께 살아가는 존재라는 것을 느끼게 해주며, 사회에서 필요한 지식과 기술 및 능력을 갖춘 구성원으로 성장할 수 있다.

영유아의 성장에서 환경의 중요성과 환경 안에서의 다양한 체계 간의 상호작용을 강조한 생태학적 이론(Bronfenbrenner, 1979)을 통해 어린이집과 지역사회 환경의 중요성을 확인할 수 있다. 생태학적 이론에 따르면 영유아는 다양한 종류의 환경에서 살아가고 있으며 부모, 가족, 어린이집, 이웃, 지역사회 등에서 일어나는 다양한 경험의 영향을 받는다. 이에 어린이집은 바람직한 영유아 보육을 위해 지역사회의 다양한 자연적 환경, 인적 환경, 물리적 환경을 적극적으로 활용함으로써 영유아가 자신의 주변 환경에 대해 이해하고 적응할 수 있도록 도와줄 수 있어야 한다.

2) 지역사회 연계 유형

① 지역사회 기관 방문

지역사회 내의 각종 기관 및 시설들은 영유아들의 현장학습에 효과적으로 이용될 수 있는 물적 자원이다. 어린이집이라는 한정된 공간을 벗어나 지역사회 다양한 기관들을 직접 방문하여 여러 기관이 담당하고 있는 역할을 직접 체험해 보며 주변 환경에 대한 관심을 가지게 할 수 있다.

구체적으로 지역사회에 있는 공원, 산책로 등을 활용한 일상생활 관련 활동, 지역사회 기관 중 인근의 공원 산책, 어린이집 주변 둘러보기, 인근 파출소, 소방서 등 공공기관 방문, 도서관, 우체국, 노인정, 마트 방문하기, 박물관 및 유적지 관람, 육아종합지원센터 프로그램 참여, 어린이 인형극 관람 등이 포함된다.

② 지역사회 인사의 보육활동 참여

지역사회의 경찰관, 소방관, 보건소, 어린이급식관리지원센터, 육아종합지원센터, 시 · 군 · 구청, 복지관 등의 전문 인력 및 자원봉사자를 활용하여 어린이집 내 보육활동에 참여하게 하는 것으로 영유아의 건강 및 영양, 안전교육, 어르신들이 어린이집을 방문하여 예절교육 및 동화책 읽어주기 활동 등이 포함된다. 지역사회의 전문 인력 및 자원봉사자를 활용하여 어린이집 내 보육활동에 참여하게 하는 것은 영유아들의 경험을 풍부하게 하고 인간관계의 이해를 돕는다.

③ 지역사회 기여

지역 주민을 대상으로 다양한 프로그램을 실시하여 지역사회의 복지 향상에도 기여할 수 있다. 지역 주민을 위한 프로그램으로는 인근 경로당, 마을회관에 방문하여 어르신들을 즐겁게 해드리는 미니 공연, 불우이웃돕기, 아나바다 바자회 등에 지역사회 주민이 함께 참여하는 것, 지역의 환경보호 캠페인 등이 있다.

그림 10-17 ≪≪ 환경보호 캠페인

그림 10-18 ≪≪ 아나바다 바자회

④ 지역사회 기관 정보 제공 및 활용

어린이집은 영유아뿐만 아니라 가족 지원을 포함하는 포괄적 서비스를 제공하는 기관으로 자녀 양육에 필요한 다양한 서비스를 이용할 수 있도록 관련 기관의 유익한 정보를 부모에게 제공한다.

부모가 이용할 수 있는 육아종합지원센터, 보건소, 사회복지기관의 교육, 상담, 행사 등에 대한 정보를 가정통신문, 어린이집 홈페이지, 게시판을 통해 부모에게 제공할 수 있고, 어린이집 운영 전반에도 활용할 수 있다.

그림 10-19 지역사회 기관 정보 제공 예시

출처: 울산광역시육아종합지원센터 홈페이지.

영유아와 가족의 특정 문제를 도와줄 전문기관에 대한 실질적인 정보를 관리하여 가족이 적절한 도움을 받을 수 있도록 부모에게 제공하고, 어린이집과 기관의 연계가 필요한 경우 적극적으로 협력하여야 한다. 어린이집에서는 지역사회 관련 기관과 여러 협력관계를 통하여 영유아와 가족이 자신의 지역사회를 이해하고 지역사회에서 필요한 지지를 받을 수 있도록 노력할 필요가 있다.

울산광역시육아종합지원센터에서 개발한 Ulsan Child-Belt를 가정에서 활용할 수 있도록 정보를 제공할 뿐 아니라 영유아가 자신이 사는 지역의 공공기관 또는 시설 등을 방문하여 장소의 기능 및 특성, 일하는 사람들의 역할 등을 알고 이해할 수 있도록 어린이집 지역사회연계 프로그램 계획 시에도 활용할 수 있다.

생각해 보자

내가 속한 지역의 어린이집이 이용할 수 있는 지역사회기관을 찾아보고 연계 및 활용할 수 있는 방법을 알아보자.

참고문헌

김규수, 박승순, 김선혜, 권가영(2014). **보육학개론**. 고양: 공동체.

김영옥(2007). **부모교육**. 고양: 공동체.

김정원, 이경화, 이연규, 전선옥, 조순옥, 조화연, 최일선(2018). **보육학개론**. 파주: 양서원.

김현자(2007). P.E.T.와 현실요법을 접목한 부모교육 프로그램이 부모의 의사소통기술과 양육 태도에 미치는 영향. **부모교육연구**, 4(2), 95-121.

김희진(2002). 저소득층 부모지원 프로그램 개발 적용 및 평가 과정에 대한 연구. **유아교육연구**. 22(3), 43-66.

방승희(2012). 어린이집 부모참여 활성화 프로그램 구성 및 적용. 중앙대학교 박사학위논문.

백명진(2017). 열린 어린이집 부모 참여 활동의 의미 탐색. 총신대학교 석사학위논문.

보건복지부(2019). **2019 열린어린이집 가이드라인 통합본**.

보건복지부(2020). **2020 보육사업안내**.

보건복지부, 한국보육진흥원(2019a). **2019 평가인증 문서 서식 양식**.

보건복지부, 한국보육진흥원(2019b). **2019 어린이집 평가 매뉴얼(어린이집용)**.

송연숙, 남미경, 최애경(2013). **보육과정**. 서울: 파란마음.

울산광역시육아종합지원센터(2018). **U-열린어린이집 프로그램 서식 자료집**.

울산광역시육아종합지원센터(2018). **어린이집 표준운영문서 서식**.

육아정책연구소(2015). **열린어린이집 가이드라인**.

임현정(2016). 열린어린이집 실현을 위한 부모참여도와 부모참여 요구도 분석. 경남과학기술대학교 석사학위논문.

주희경, 한유미(2016). 열린 어린이집에 대한 교사의 인식에 관한 연구. **한국영유아보육학**, 97, 103-123.

진선경(2015). 함께 키우며 성장하는 부모. 국민대학교 교육대학원 석사학위논문.

황은실(2015). 어린이집 부모참여프로그램 유형에 대한 부모의 만족도. 국민대학교 석사학위논문.

Bronfenberenner, U, (1979). *The Ecology of Human Development Experiments by Nature and Design*. MA: Harvard University Press.

Elkind, D.(1994). *Ties that stress:The new family imbalance*. Cambridge, MA:Harvard University Press.

울산광역시육아종합지원센터 울아이랑홈페이지 http://www.ulsan-i.or.kr/

울산광역시 중구보건소 홈페이지 http://www.junggu.ulsan.kr/

CHAPTER 11

세계 여러 나라의 보육

세계 여러 나라의 보육제도는 그 나라가 갖고 있는 이념적 바탕에서 이해가 가능하다. 더불어 그 나라가 처한 정치, 경제, 사회적 여건에 기반하게 되는데, 보편적으로 한 국가의 보육 제도와 정책은 여성의 취업률 증가에 따른 여러 가지 사회적 문제와 이를 해결하기 위한 일 · 가정 양립 정책의 영향을 받는다.

CHAPTER

11

1. 스웨덴의 보육
2. 독일의 보육
3. 프랑스의 보육
4. 호주의 보육

1. 스웨덴의 보육

스웨덴은 모든 시민에게 혜택이 돌아가도록 하는 것에 국가적 가치를 두고, 특유의 평등과 연대의식을 토대로 사회정책을 펼치고 있다. 스웨덴은 여성 경제활동 참가율이 79%로 OECD 최고 수준이며, 출산율도 1.9명으로 다른 유럽 국가에 비해 높다.

스웨덴의 보육정책은 만민을 위한 기본권으로서 서비스의 보편성과 형평성에 바탕을 두고 있으며, 저비용, 정부의 체계적 관리, 우수한 보육프로그램, 가족의 폭넓은 선택 등의 형태로 요약할 수 있다. 이는 공공의 책임과 양성평등의 원칙, 영유아의 권리를 고려하여 이루어진 것이라 할 수 있으며, 그 결과 스웨덴의 기혼여성의 취업률은 70% 이상으로 매우 높고 대부분 시간제 근로(39.6%)로 육아와 일을 병행할 수 있다(김진욱 외, 2019).

1) 보육제도의 발달

17세기 산업화 이전의 스웨덴은 다른 서구 국가들의 경우와 마찬가지로 영유아 양육은 완전히 가족만의 책임이었다. 가정에서 부모가 자녀를 양육하는 것이 가장 이상적인 것으로 여겨졌으나 스웨덴의 산업화 과정에서 부모나 성인의 보호없이 지내는 영유아들이 증가하기 시작하였다. 이에 따라 영유아 보호에 대한 사회적 대책의 필요성이 강구되었고, 17세기 중엽부터 도시의 빈민 고아들을 위한 고아원이 설립되면서 이 시설에서 일부 제한된 수의 빈민 영유아들이 보호를 받았다.

보육제도가 본격적으로 발전하기 시작한 것은 1930년대로, 복지정책의 투자에 중점을 두면서 국가는 보육제도의 수준 향상을 위해 국가보조금을 지급하였고, 보육교사의 자격을 제한하였다. 이와 함께 교육개혁도 시작하여 유아를 위한 종일제 유아학교가 개설되었고 엄격한 교육프로그램, 식사와 놀이, 20분간의 수업 진행 등 비교적 체계적인 집단 프로그램이 제공되었다.

1960년에 「아동복지법」이 개정되었고, 1973년에는 「취학전 교육법Preschool Act」이 제정, 1975년 시행되었는데 6세 이하 영유아의 교육목적을 "가정과 긴밀히 협조하여 아동의 전인적 인격발달과 신체·사회적 발달을 도모함"으로 규정하였다. 이 법을 제정함으로써 스웨덴의 보육제도는 보편주의적 영유아 교육 및 보호 서비스에 대한 공적 지원이 실질적으로 가능하게 되었으며, 이러한 보편주의 제도의 발달은 여성 취업에 대한 진보적 의식과 영유아를 바라보는 관점의 변화를 반영한 것으로 볼 수 있다.

이후 1996년 보육의 주무부서가 교육과학부로 일원화되면서 보육에 관한 법도 「교육법School Act」으로 바뀌었고, 「교육법」에 따라 2003년 만 4~5세를 위한 보편적 ECEC 서비스에 대한 정부법안이 제정되어 부모의 여건과 관계없이 모든 스웨덴 영유아가 서비스를 이용할 수 있는 권리를 부여받게 되었다(최윤경 외, 2015).

2) 보육 체제와 유형

(1) 보육체제

스웨덴은 교육과학부 산하의 일원화된 공보육제도를 통해 전생애적·총체적 관점에서 보육서비스를 체계적으로 계획·관리하고 있다. 대부분 보육기관은 공립으로 운영되며, 정책은 기본적으로 국가가 수립하지만 보육기관의 설치, 운영 및 감독 등 실질적인 보육업무는 지방자치단체가 담당하고 있다.

스웨덴의 공보육제도의 발전은 출산율과 가족구조의 변화와 더불어 부모의 일할 권리를 지원하는 차원에서 시작되었고, 나아가 영유아의 건전한 성장·발달을 지원한다는 영유아 권리 존중 차원의 상위목표를 지향하고 있다. 이에 부모의 일·가정 양립을 지원하고 영유아의 권리를 보장하는 다양한 양육지원제도가 마련되었다. 이를 정리하면 표 11-1과 같다.

표 11-1 ⋙ 스웨덴의 양육지원제도

종류	내용	비고
아동수당	• 자녀가 있는 가정에 대한 경제적 비용 분담	아동수당, 한부모 양육지원비, 아동보호수당, 장애아수당, 아동연금, 주거수당, 입양수당
임신급여	• 임신한 여성이 직업 특성상 일을 계속 할 수 없고, 대체업무가 제공되기 어려울 때 이용 • 출산 60일 전부터 이용, 최대 50일 지원	
아버지 휴가	• 자녀 출생 시 출산 전후로 자녀 양육 지원 • 자녀 입양 시에도 이용 가능 • 10일간 지원	
출산 · 육아 휴직	• 자녀 출산이나 입양 시 자녀 1인당 • 480일의 유급 휴직(부모 나누어 사용) • 출산 예정일 60일 전부터 이용 가능	1955년 어머니의 출산휴가제도 도입 1974년 아버지 육아휴직제도 도입(세계 최초)

그림 11-1 ⋘ 스웨덴의 육아휴직

(2) 보육 유형

스웨덴의 보육은 일원화체제로 교육과학부 산하에서 1~6세 영유아는 '푀르스콜라', 6~7세는 '유아학급'을 통해 실시되며 이후 시기의 교육과정과 연계를 고려하여 계획, 관리되고 있다. 스웨덴의 의무학령기는 7세부터이며, 6세의 경우 유아학급과 학교

중 선택할 수 있다. 보육기관 유형으로는 푀르스콜라förskola, 개방형 푀르스콜라oppen förskola, 가정보육familjedaghem, 여가활동센터fritidsehn, 유아학급förskoleklass 등을 들 수 있고 구체적인 특징은 표 11-2와 같다.

표 11-2 >>> 스웨덴의 보육기관 유형

유형	연령	특징
푀르스콜라(förskola)	1~6세	부모가 취업, 학업 중에 있거나 특별 보호 대상의 경우
개방형 푀르스콜라 (oppen förskola)	1~6세	전업주부를 위한 기관 기관에 다니지 않는 아동이 부모, 양육자와 함께 이용하는 서비스 시간제
가정보육 (familjedaghem)	1~12세	부모의 근무시간에 따라 융통성 있게 조정
여가활동센터 (fritidsehn)	6~12세	시간제로 연중 운영
유아학급 (förskoleklass)	6~7세	취학직전 유아를 위한 기관으로 초등학교내 위치 반일 + 방과후 보육으로 구성

① 푀르스콜라

대표적인 종일제 보육기관으로, 대상 연령은 1~6세이며 부모의 취업, 학업 중인 경우 이용이 가능하다. 연중무휴 종일제이며 일하는 부모의 출퇴근 시간에 맞추어 다양하게 운영된다. 대부분 1~4개 학급이 있으며 각 학급은 평균 15명의 혼합연령 영유아로 구성된다. 한 학급에는 2명의 정교사와 1명의 보조교사 등 3명이 팀을 이루는 등 주로 팀티칭으로 이루어진다.

② 개방형 푀르스콜라

전업주부를 위한 기관으로, 다른 기관을 이용하지 않는 영유아가 부모 또는 양육자와 함께 이용할 수 있다. 가정에서 접하기 어려운 교재 등을 이용하여 사회적 · 교육적 자극을 제공한다. 대부분 무료이고 시간제로 운영되나, 이용자의 요구에 따라 이용시간이 달라진다.

③ 가정보육

1~12세 아동을 대상으로 각 가정에서 가정보육사가 보육하는 형태로, 지방자치단체가 그들에게 직접 임금을 주고 부모들은 지방자치단체에 비용을 지불한다. 이러한 보육기관은 시간적인 융통성이 있어, 짧은 시간의 시간제 노동이나 불규칙적으로 근무하는 부모의 보육 욕구에 쉽게 대응할 수 있다.

④ 여가활동센터

학령기 아동을 위한 대표적 보육기관으로 유아학교나 학교의 수업시간 이외의 시간에 부모가 일이나 공부를 해야 할 경우 보육을 제공한다. 6~12세 아동을 대상으로 한 시간제 보육으로 연중 운영되며, 운영시간은 부모의 스케줄에 따라 달라진다. 보육료는 가족의 수입과 보육시간에 의해 정해진다.

⑤ 유아학급

취학 직전인 6~7세를 위한 기관으로 초등학교 내 위치하며, 높은 이용률로 준 의무교육에 해당된다.

(3) 교사 양성제도

스웨덴의 다양한 보육기관에 종사하는 보육교사들은 양호교사, 유치원 교사, 레크리에이션 지도교사, 가정보육사로 분류된다.

0~6세의 영유아를 위한 보육기관에서 종사하는 양호교사는 원칙적으로 아동양호교육이나 유치원 교사교육을 이수하여야 한다. 아동양호교육과정은 고등학교의 간호학 관련 과정에 개설되어 있다. 이 과정에 입학하기 위해서는 9년의 의무교육을 마치고

최소한 16세 이상이어야 한다.

유치원 교사, 레크리에이션 지도교사가 되기 위해서는 고등학교 졸업 후, 대학에서 2년 6개월간의 교육을 받아야 한다. 이 과정에 입학하기 위해서는 최소 18세 이상, 최저 11년 이상의 교육을 이수해야만 한다.

가정보육사의 자격 취득을 위해서는 단기교육과정을 이수한다. 약 90~100시간 또는 그 이상의 아동양호교육과정을 이수하도록 되어 있다. 그러나 최근의 가정보육사들은 대부분 아동양호교사 이상의 자격을 갖추고 있다.

한편, 스웨덴 정부는 현직 보육교사들의 능력 향상을 위해 보수교육에 상당한 재정적 예산을 지원하고 있다.

(4) 스웨덴 보육제도의 시사점

스웨덴 보육에서 알 수 있듯이 공보육이란 국가와 부모가 공동의 책임과 협력으로 함께 아이를 키우는 것이고, 이는 공보육제도를 보육서비스뿐만 아니라 부모의 양육지원을 포함한 다른 육아지원정책과 함께 접근해야 한다는 것을 보여준다. 이러한 관점에서 스웨덴의 육아지원제도는 공보육정책을 수립하는 우리나라에 시사하는 바가 있다. 또한 스웨덴은 영아의 경우 기관 중심 보육보다는 양육수당이나 유아휴직제도 등을 통해 가정양육 지원을 활성화하고 있는데 이는 영유아의 권리를 최우선으로 하는 보육정책이라는 측면에서 역시 시사하는 바가 크다.

2. 독일의 보육

독일은 제2차 세계대전 후 40년간 서독과 동독으로 분단국가 체제가 지속되었다. 1990년 10월 통일이 되기까지 동독과 서독은 사회·정치적 이익 및 이념의 차이로 각각 다른 길을 걸어왔기 때문에 보육제도나 정책 면에서 많은 차이를 보여주고 있다.

1) 보육제도의 발달

서독에서는 학생운동 및 여성해방운동의 영향으로 한가정 부모, 여성취업률이 증가하여 영유아 보육기관에 대한 요구가 폭발적으로 증가하였다. 그럼에도 서독에서는 자녀 양육은 가정이나 여성의 일로 인식되어 가정보육이 중시되었고, 이로 인해 기혼여성의 취업률이 낮았으며 3세 미만의 영유아를 위한 보육기관의 보급도 매우 낮았다. 3세 미만의 영유아 보육기관은 매우 어려운 상황에 있는 가정을 지원하기 위한 목적에서 운영이 되어 상당히 제한된 영유아만이 이용할 수 있었다. 3~6세 유아를 위한 유치원은 보육기관으로 발전하기는 하였으나, 대부분의 유아는 초등학교 입학 전 1년 동안만 유치원을 다니는 것이 일반적이었다.

동독은 1949년 헌법에 여성 평등에 관한 내용을 포함시키고, 1년 후에 「모자보호 및 여성 기본권리법」을 제정하였다. 1965년에는 「사회통합을 위한 교육법」을 제정하여 거의 100%에 가까운 영유아가 보육기관에서 보육을 받도록 지원하는 보육제도가 획기적으로 발전하였다. 이 법으로 인해 보육기관은 모든 국민을 위한 교육제도의 첫 번째 단계로 인정되었고 보육기관이 교육기관으로 인정되는 중요한 계기가 되었다(공인숙 외, 2005). 그 후 1960년 중반부터 동독에서는 보육시설의 위생 및 설비, 교육프로그램 등에 관한 연구가 더욱 활성화되었다.

한편, 동독에서는 일찍부터 유아에게 집단교육을 시켜왔는데 이러한 집단교육은 유아의 의식과 행동발달에 크게 영향을 미친다는 이념적 기초에서 발달되었으며, 기혼 여성이 다른 남자들과 직장 안에서 자유롭게 경력을 쌓아갈 수 있도록 도와준다는 의미에서였다.

통일 이후 독일 사회는 정치 · 경제 · 사회적으로 급속한 변화를 경험하였고, 서로 다른 정책을 고려하여 통합하려고 노력하는 과정에서 보육정책도 크게 변화하였다. 그러나 통일 이후 어려운 경제 여건으로 인해 독일 젊은이들이 결혼을 회피하였고 출산율도 1%대로 감소하였다. 독일은 저출산과 고령화 사회의 문제에 대한 해결책으로 가족지원 대상을 지속적으로 확대하였다. 유치원 운영시간을 연장하고 방과후 프로그램을 활성화하였으며, 보육기관을 대폭 늘리고 종일제 프로그램을 강화, 확대하였다. 또한 3세 미만 영유아 모두가 보육 받을 수 있도록 유치원 재원의 권리를 법적으로 보장하였으며, 뒤처지는 영유아가 없도록 저소득층 및 장애아를 위한 보육정책도 강화하였다. 그 결과 독일은 영유아를 위한 보육뿐만 아니라 양성평등사회, 저출산 및 고령화 사회, 양극화사회의 문제를 해결하고 지속 성장 발전이 가능한 사회 건설을 목표로 발전하고 있다.

2) 보육 체제와 유형

(1) 보육체제

독일은 연방국가로서 강력한 지방자치단체가 실시되고 있다. 각 지자체에서는 보육기관에 대한 제반 지원과 실제 교육에 대한 자율적인 결정을 내리고 수행해가면서 지역 상황에 따른 고유한 특성을 발전시켜 가고 있다.

독일의 보육정책은 영유아교육, 모성보호, 취업모 정책, 가족문제 지원을 중심으로 확대되고 있으며, 특히 취업 중인 여성들의 일 · 가정의 양립을 지원하기 위하여 부모휴직제도, 부모휴직수당, 가족수당, 아동수당 등 다양한 양육지원제도를 제공하고 있다.

이를 정리하면 표 11-3과 같다.

표 11-3 ≫ 독일의 양육지원제도

종류	지원자격	지원내용
부모휴직	자녀와 함께 거주하며 직접 양육하는 모든 근로자	• 부모가 직장과 자녀양육을 병행하여 수행할 수 있도록 부여된 무급휴가
부모휴직수당	3세 이하의 자녀를 둔 부모	• 신청 후 12개월 동안 수당 지급
가족수당	주당 28~36시간 근무하는 모든 부모(8세 자녀까지 신청)	• 부모에게 각각 150유로씩 2년 동안 지급 • 한부모가정의 경우 300유로 지급
아동수당	자녀를 양육하고 납세의무를 지닌 부모	• 가정의 생계와 양육비부담 경감을 위해 지원금 지급 * 부모가 사망 또는 행방불명인 경우 아동에게 직접 지급

(2) 보육 유형

독일 정부의 청소년청과 각 주의 청소년국이 상호 협력하여 유아원부터 유치원, 호르트까지 일원화된 교육체계를 갖추고 있다. 독일의 공식적인 보육기관은 크게 3세 미만 영유아를 위한 유아원Kinderkrippe과 3~6세 유아를 위한 유치원Kindergarten, 그리고 7~11세의 취학아동을 대상으로 방과후 프로그램을 전담하고 있는 호르트Hort로 구분된다.

이들 세 가지 유형의 기관은 지역에 따라 각각 분리 설치되어 있거나 통합아동보육기관Kindertagestaette이라 하여 종일제로 설치 · 운영되고 있으며, 최근에는 통합아동보육기관이 증가하고 있다. 보육 유형을 정리하면 표 11-4와 같다.

표 11-4 >>> 독일 보육기관의 유형

유형	취학 연령	설립 주체	특징
유아원 (Kinderkrippe)	0~3세	종교단체 사회단체 지방자치단체	• 대부분 종일제로 운영 • 초기 적응을 위해 부모가 2주간 함께 생활하며 적응을 도움
유치원 (Kindergarten)	3~6세	종교단체 사회단체 지방자치단체	• 오전반, 오후반, 종일반으로 놀이 중심 활동으로 운영함
호르트 (Hort)	방과후: 6~14세 유치원 혼합연령: 3~14세		• 이용시간의 제한이 없고, 오후 6시까지 운영 • 학교 수업이 없거나, 오전 수업이 일찍 끝났을 때도 시설 이용이 가능함 • 방학기간에도 계속 개방함

출처: 김진욱 외(2019).

① 유아원

0~3세 미만의 영유아의 보육을 담당하는 기관이다. 대부분 취업중이거나 학업 중인 어머니의 자녀를 보육하며 종일제로 운영된다. 초기에 영유아가 보육시설에 빨리 적응

하도록 부모가 2주간 함께 생활하며 적응을 돕도록 한 것이 특징이다.

② 유치원

유아들이 매일 정기적으로 몇 시간씩 다닐 수 있는 기관이다. 아침 10시부터 오후 2시까지 운영하는 경우가 많으며 최근에는 취업모를 위한 종일제 유치원이 증가하는 추세이다. 주로 놀이방법을 이용하여 일상생활에 적용할 수 있는 학습활동을 제공한다.

학교유치원은 취학 전 신체・심리적으로 학교생활에 어려움을 요하는 6세 유아를 대상으로 교육하는 기관이다. 교육연한은 1~2년이고 오전반 3시간, 오후반 3시간으로 운영된다. 유아들의 초등학교 입학 준비를 목적으로 하기 때문에 일반 유치원의 놀이중심방법과는 달리 읽기, 쓰기, 셈하기 중심의 초등학교 학습 준비에 중점을 둔다.

시작학교는 초등학교 1학년과 연계되어 하나의 단위를 이룬다. 5~6세 유아를 대상으로 학급당 20명씩 3시간 정도의 교육을 하며, 교육연한은 1~2년이다. 보통 재능 있는 유아를 위한 곳으로 1년은 유치원과 비슷한 놀이중심으로 이루어지고, 2년째에는 초등학교 1학년에서 요구되는 교과중심의 학습으로 이루어진다.

③ 호르트

호르트는 주로 부모 모두 취업 중이거나 학업 중인 경우, 또는 한부모가정의 유아들이 이용하는 시설이다. 학교수업이 없거나, 오전수업이 일찍 끝났을 때도 이용이 가능하며, 방학기간에도 개방한다. 2명의 교사가 20~40명의 아동을 담당하며 숙제를 도와주고, 점심과 간식이 제공되며 게임이나 그림그리기 등의 각종 프로그램이 실시된다.

(3) 교사 양성제도

독일에서 보육교사가 되기 위해서는 평균적으로 초등학교부터 시작해서 13~16년 정도의 교육연한이 필요하다. 기간에 있어서는 우리나라의 대학 졸업연한과 유사하나, 그 과정은 우리와 현격한 차이가 있다.

고등학교를 졸업한 후, 전문학교에 들어가 이론과 실습을 겸한 소정의 과정(2~3년)을 이수해야 한다. 그러나 졸업과 동시에 교사 자격이 주어지지 않고, 2번의 국가시험에 합격해야만 국가에서 인정하는 보육교사가 될 수 있다. 합격하면 수습교사를 할 수 있으며, 보통 1년 반 정도의 수습기간을 치른 후 두 번째 교사자격고시를 본다. 이 두 번의 국가시험에 합격해야만 국가에서 인정하는 보육교사가 될 수 있다.

(4) 독일 보육제도의 시사점

독일은 일원화체제로 보육제도와 양육지원제도가 잘 갖추어져 있다. 독일의 공식적인 보육기관의 주체는 대부분 공공성에 기반하여 전개되고 있고, 이는 우리나라의 보육정책의 전개에 있어 국가와 사회의 역할을 강화하고 부모의 부담을 줄이며, 양질의 보육을 실천하는 방안을 마련하는 것이 필요함을 시사한다. 또한 독일의 보육은 영유아를 위한 보육뿐만 아니라 모성보호, 취업모 정책, 가족문제 지원을 확대하고 있고, 취업모의 일·가정 양립 지원을 위해 다양한 양육지원제도를 제공함으로써 저출산과 고령화 사회의 문제에 대한 해결을 위한 방안마련 측면에서 시사하는 바가 크다.

3. 프랑스의 보육

세계적으로 최근 20년 동안 다른 국가들이 저출산의 위기를 경험할 때 프랑스의 출산율은 지속적으로 증가하였다. 프랑스의 높은 출산율은 폭넓은 가족지원정책과 출산장려정책의 시행으로 유지되고 있다. 가족지원정책은 영아 자녀에 대해 보육 지원(부모 보조금)을 제공하여 가정보육을 활성화하는 방향으로 추진하였고, 출산장려정책으로는 출산휴가에서부터 가족수당 제공, 세제 지원, 다자녀 출산에 대한 경제적 지원을 실시하였다. 또한 유아에 대하여 공공 교육기관을 통해 무상교육을 제공하는 이원화된 지원을 하고 있다.

이러한 다각적인 정책을 통해 높은 출산율을 유지하면서도 여성의 경제활동참가율을 유지하고 있다. 프랑스의 출산율은 현재 2.0명으로 아일랜드와 더불어 유럽 최고 수준이다.

1) 보육제도의 발달

프랑스는 보육의 역사가 길고 체제도 잘 갖추어져 있다. 프랑스의 영유아 보육기관은 1770년 오베르랑Oberlin에 의해 설립된 편물학교에서 시작되었다. 편물학교는 부모가 일터에 있는 동안 아이들을 안전하게 보호하였는데, 이는 노동자의 아이들을 거리의 위험으로부터 보호하기 위한 것으로서 자선사업 또는 구빈사업에 목적을 둔 것이었지만 부모 외의 타인에 의해 이루어지는 교육 및 보호 기능을 제공했다는 의미에서 보육기관으로 볼 수 있다(정미라, 1992).

19세기 산업화는 많은 여성 노동자를 필요로 했고, 이로 인해 취업모 가정의 자녀들을 보호하기 위한 기관들이 생겨나기 시작하였다. 1826년에는 최초의 유아보호소가 자선단체에 의해 설립되었고, 1829년에는 빈민 구제를 위한 보호소들이 운영되었다. 그 후 1836년부터 빈민구제사업과 더불어 교육활동에 대한 교육부의 감독 기능이 점차 증가되었다. 그러나 당시의 보육기관들은 시설과 설비가 빈약했고, 자격을 갖춘 교사가 부족했으며 대상 영유아들의 사회적 수준이나 위생, 건강상태도 열악하여 효과적인 운영이 어려웠다.

프랑스 사회에서 보육기관이 영유아와 가족을 위한 본격적인 교육 및 지원 기관으로 발전하게 된 것은 사회와 가족구조의 변화, 여성의 사회 참여 증가 등이 중요한 사회적 문제로 대두되기 시작한 20세기 중반부터라고 볼 수 있다. 여성의 사회 참여율의 증가에 따른 사회적 필요성과 인구증가정책의 하나로서 보육기관의 양적·질적 개선이 중요한 사회적 과제로 대두되었다. 그 결과 1960년을 기점으로 프랑스의 보육기관은 양적 측면에서의 증가뿐 아니라 보육기관의 시설 및 기능이 다양화되었고, 그 기관에 종사하는 전문 인력들의 자격 및 시설 기준도 강화되었다.

이처럼 가난한 계층의 부모에게 일할 수 있는 여건을 마련해 주거나 여성 노동력을 확보하기 위한 경제적 이유로 설립된 프랑스의 보육기관이 점차 인구를 증가시키고 가족의 교육기능을 지원하기 위한 가족정책의 하나로 발달되어 왔음을 알 수 있다. 따라서 초기에는 주로 특정 계층의 육아 기능 대행이나 영유아의 건강, 위생 등의 요소에 중점을 두었던 보육기관의 기능도 점차 가정의 교육기능을 지원하는 입장에서 모든 계층의 영유아에게 바람직한 교육을 시키고 그들의 정상적인 발달을 돕는 방향으로 전환하였다.

2) 보육 체제와 유형

(1) 보육 체제

프랑스는 영아기와 유아기로 나누어 보호와 교육의 통합서비스를 제공하며, 행정체제는 이원화되어 운영되고 있다. 보육은 노동고용건강부에서 담당하고, 시설의 설립 및 운영관리와 직접적으로 관련된 제반 업무는 지방정부의 책임으로 지역의 사회보건국에서 담당하며, 유아교육은 교육부에서 담당한다(서문희 외, 2011).

프랑스는 출산율을 높이고 여성의 경제활동 참여율을 유지하기 위해 출산휴가, 육아휴직, 부모수당, 아동수당 등 다양한 양육지원제도를 지속적으로 시도하였다. 이를 정리하면 다음 표 11-5와 같다.

표 11-5 ⋙ 프랑스의 양육지원제도

종류	내용	비고
출산휴가	• 모성출산휴가 16주 • 부성휴가 유급 11일	

(계속)

종류	내용	비고
육아휴직	• 1977년 여성육아휴직 시행 • 1984년 부 또는 모 육아휴직 이용	*육아휴직급여는 가족수당기금에서 부담 *고용주의 경제적부담은 없으나 육아휴직 후 일자리 보장 의무
부모수당	• 자녀가 만 3세가 될 때까지 육아를 위해 노동시간을 단축하거나 일을 그만둘 경우 제공	
아동수당	• 둘째 자녀가 출생한 후부터 그 자녀가 만 20세가 될 때까지 제공	

그 외 가족수당으로 출산수당, 입양수당, 기초수당, 편부모수당, 장애아동 교육수당, 주거수당 등이 있는데, 이는 가구소득에 따른 선별적 수당이다.

소득계층과 상관없이 동일하게 지급하던 가족수당을 2015년부터 가구 소득에 따른 차등 지원으로 변경하였지만 프랑스에 거주하는 모든 부모에게는 가족수당 등의 서비스를 제공한다. 하지만 영아의 경우 가정에서 부모가 직접 양육하는 비율이 높으며, 취업부모인 경우에도 27%의 부모가 직접 양육하고 있다. 이는 육아휴직의 사용으로 인해 가능한 것으로 볼 수 있어 우리나라 보육정책에 주는 시사점이 크다(서문희 외, 2011).

(2) 보육 유형

프랑스는 영아에게는 양질의 공보육을 제공하거나 가정에서 보육 시 부모 보조금을 지급하고, 유아에게는 유아교육기관을 통해 무상교육을 제공하는 공교육체계가 확고하게 정립된 국가이다.

영유아가 이용하는 보육기관은 크레쉬Crèche, 가정보육모Assistante Maternelle, 방과후여가센터Centre loisir로 구분되고, 유아교육기관으로는 에꼴 마테르넬École Maternelle이 있다. 이를 정리하면 표 11-6과 같다.

표 11-6 ⋙ 프랑스의 보육기관 유형

유형		연령	특징
크레쉬 (Crèche)	공립보육기관 (Crèche collective)	3세 미만	• 부모가 일하는 주간 시간에 운영 • 30~60명 보육 • 보육전문가에 의해 보육
	부모협동보육기관 (Crèche parentale)	0~6세	• 부모가 참여하는 소규모 보육기관 • 20명 보육
	시간제보육기관 (halte-gardrie)		• 이용시간을 탄력적으로 운영
	가정보육기관 (Crèche familiale)	3~6세	• 공공보육과 부모보육의 중간 형태 • 40명 이하 보육 • 가정보육모를 고용하여 보육
가정보육모(Assistante Maternelle)		0~6세	• 3가지 형태로 활동 – 기관에 소속되어 보육 – 가정보육모 자신의 집에서 보육 – 부모에 의해 고용되어 부모의 집에서 보육
방과후 여가센터(Centre loisir)		3~6세	• 유아학교 일과 이후 운영
에꼴 마테르넬(Échole Maternelle)		3~5세	• 무상으로 제공 • 종일제 운영

① 공립 보육기관

3세 미만의 영아를 주간에 보육하는 대표적인 보육기관으로, 한 반의 인원은 30~60명 정도이다. 보육전문가에 의해 보육된다.

② 부모협동보육기관

부모가 아동보육에 참여하는 소규모 보육기관으로, 20명 정도의 영유아를 보육한다.

③ 시간제 보육기관

0~6세아들을 위한 간헐적 시간제 보육기관으로, 이용시간을 탄력적으로 운영한다.

그림 11-2 ⋘ 프랑스 보육시설(Crèche) 크레쉬 전경
출처: Pride Global Bridge 홈페이지(http://pridegb.ngelnet.com)

④ 가정보육기관

공공보육과 부모보육의 중간 형태인 가정보육기관으로, 40명 이하의 영유아를 보육하며 가정보육모를 고용하여 보육한다.

⑤ 가정보육모

일정한 보수를 받으며 자신의 집에서 1~3명의 영유아를 보육한다. 이들은 기관에 소속되어 활동하거나 부모에 의해 고용되어 활동할 수도 있다.

⑥ 방과후 여가센터

주로 유아학교 일과시간이 끝나는 오후4시 이후부터 보육이 이루어지며 유아교육체계 속에서 이루어지는 보육서비스로 3~6세 유아들이 이용한다.

⑦ 에꼴 마테르텔

유아를 대상으로 하는 유아학교로 프랑스의 취학 전 공교육기관의 역할을 한다. 무상으로 제공되며 종일제로 운영된다

(3) 교사 양성제도

보육기관의 원장은 의사이거나 국가학위를 소지한 육아전문가puéricultrice로서 적어도 그 직종에 5년 이상 종사한 경력이 있어야 한다. 육아전문가 양성기관에는 고등학교를 졸업한 학생들이 시험을 거쳐서 입학할 수 있으며, 그 과정은 3년이다. 그러나 실제로 이미 사회사업활동에 종사하고 있는 사람이나 간호사 또는 조산원 국가자격증을 가지고 있는 사람의 경우에는 양성과정이 1년으로 단축된다. 이들은 양성기관에 입학하여 소정의 과정을 이수한 후 국가자격고시를 통과함으로써 원장의 자격을 취득한다.

보육기관에서 영유아를 직접 돌보는 일을 담당하는 사람은 국가 자격증을 취득한 준육아 전문가Auxiliaire de puéricultrice이다(Davidson & Maguin, 1983). 준육아 전문가가 되려면 고등학교 과정을 이수한 학생이 시험을 거쳐 육아 전문가 양성학교écoles de puéricultrice에 입학해야 한다(Howes & Marx, 1992). 이들은 실제를 중심으로 운영되는 1년의 과정을 이수한 후 시험을 통과함으로써 자격증을 받는다.

집단 보육기관과는 달리 가정 보육기관에서는 가정보육모가 영유아의 양육을 직접 담당한다. 가정보육모는 18세 이상, 65세 미만의 결혼한 여성, 특히 자녀를 둔 건강한 여성이면 누구나 될 수 있다. 이들을 양성하기 위한 특별한 과정은 없으나 지역의 사회보건국에 의해 자격을 인정받고 난 후 가정보육의 운영 및 영유아 지도에 관한 이론이나 실제를 현장 실습을 포함하여 60~120시간의 교육을 받아야 한다.

(4) 프랑스 보육제도의 시사점

프랑스는 연령별 이원화체제로 영유아의 보육제도가 잘 정비되어 있으며, 다양한 자녀양육수당제도를 통해 가정에서 자녀를 양육하는 부모의 육아 부담을 경감시켜주고 부모의 양육권을 지지해 주고 있다.

과거 저출산의 어려움을 겪던 프랑스가 결혼과 출산율이 증가하는 추세일 뿐 아니라 자녀 양육기인 25~49세 여성의 취업률이 높아지고 있는 것은 여성이 일과 가정을 양립할 수 있도록 사회적 차원에서 양육지원체계를 제공하여 모성과 사회적 활동을 병행할 수 있도록 지원하고 있기 때문이다. 이는 저출산의 어려움을 겪고 있는 우리나라에서 저출산 대책으로 보육정책 수립 시 영유아 보육에 대해 기관 보육 및 양질의 개별양육을 지원하고, 부모의 양육권을 보장할 수 있는 각종 수당제도를 마련하는 것이 필요함을 시사한다.

4. 호주의 보육

연방제도로 운영되는 호주는 과거 유치원과 보육기관의 이원화체제로 보육서비스가 제공되었으나 최근 일원화체제로 변경하여 운영하고 있다. 보육서비스 공급의 상당부분이 시장에 맡겨져 있어 보육에서 민간 부분이 차지하는 비율이 높은 편이며, 다양한 유형의 보육서비스가 공존하고 있다. 이와 더불어 대표적으로 보육기관의 질 관리체계가 잘 정비되어 있는 것이 특징이라고 할 수 있다.

1) 보육제도의 발달

다른 나라들 보다 비교적 늦은 1970년대부터 보육정책이 시작되었으나, 1980~1990년대부터 연방정부 및 주 정부에 의해 가정에 대한 사회서비스의 일환으로 여겨지며 강력하게 추진되기 시작하였다. 특히 이 시기에 여성의 사회·경제적 활동 참여가 증가하면서 여성노동자들의 권리획득운동의 배경으로 발전하여 노동정책에서 중요한 의제가 되었다.

영유아 보육에 관련된 기본법인 「아동보육법Child Care Act」(1972)은 취학 전 영유아를 대상으로 보호를 행하는 경우 장소의 설치 및 보호 관련 조사를 수행하는 목적으로 규정되어 있다. 이 법은 보육기관에 관한 정의와 세칙이 규정되어 있는데, 보육기관은 영유아 보육을 제공하거나 제공하려는 의도를 가진 장소로 규정하고, 이용하는 영유아는 다수가 취학 전 영유아로 평일 8시간, 주 48시간 이상을 운영하는 것을 원칙으로 한다. 또한 비영리기업, 지방정부, 비영리조합 등이 설치한 비영리시설로 규정하고 있다. 이후 2010년에 제정된 국가교육과 보호서비스 법에 의해 영유아 보육서비스 전반에 대한 질적 체계가 확립되었다.

2) 보육 체제와 유형

(1) 보육체제

호주의 경우 2009년 이전까지는 보육은 가족 및 지역사회서비스부에서, 유아교육은 교육부에서 담당하는 이원화체제로 운영되었으나, 현재는 교육 · 고용 · 노사관계부의 일원화체제로 운영되고 있다.

한편, 1999년 가족지원 전반에 대한 사항을 규정한 신조세체계(가족지원)법이 제정되면서 보육료 지원인 보육급여와 보육료 환급, 가족세액공제, 출생아에게 지급하는 아기보너스 등의 제도가 마련되었다. 이를 기초로 정부는 취학 전 영유아의 보육 수요와 공급의 균형을 맞추기 위해 지역 특성에 따라 다양한 유형의 보육서비스를 공급하고 있다. 또한 소득 수준별로 차등하여 보육급여를 지급하고, 소득 수준과 관계없이 근로, 훈련, 학업 등의 이유로 보육급여 대상 보육기관을 이용하는 부모에게 보육료 환급제도를 통해 보육비용을 지원하고 있다(서문희, 2013).

① 보육급여

2000년 7월부터 보육급여제도로 영유아 보육비용의 상당 부분을 부모보조금으로 보호자 소득 수준에 의해 차등 지원하고 있다. 보육급여는 기관보육과 개인등록보육에 모두 지원되며, 지원 비율은 소득, 재산, 취업 유무 등에 따라 차등된다. 등록은 부모가 보육제공자에게 대가를 지불하는 것을 증명할 수 있을 때만 가능하다. 보육급여 지원 대상은 소득 상한선을 두어서 한 자녀 기준으로 연소득 14만 2,426달러 이상은 지원하지 않는다. 지원금액은 보호자의 소득 수준, 자녀수, 자녀의 취학 여부, 보육기관 이용 이유, 보육시간 등에 따라 정해진다.

② 보육료 환급

보육료 환급제도는 자녀를 기르면서 일, 훈련 및 공부하는 가족에게 보육비 부담을 덜어주기 위한 추가적인 지원이다. 지원대상은 소득 제한이 없으므로 보육급여 소득한도액 이상의 가구라 보육급여를 받을 수 없는 가족도 보육료 환급은 받을 수 있다. 보육료 환급을 받기 위한 자격은 보육급여 지원대상 보육기관을 이용하고, 부모나 보호자가 직장, 직업훈련, 학습 테스트를 충족할 경우 등이다. 보육급여 대상 보육기관 이용자에만 허용되므로 등록보육서비스를 이용하는 가족에게는 지원되지 않는다.

(2) 보육 유형

호주의 보육기관 유형으로는 종일제 보육, 가정보육, 방과후 보육, 일시보육, 가정내 보육 등이 있으며, 그 외 소외지역이나 원주민에게 제공되는 서비스를 가지고 있다. 이를 정리하면 표 11-7과 같다.

표 11-7 >>> 호주의 보육기관 유형

유형	대상	운영형태
종일제 보육 (long day care)	0~5세, 취학아동	• 기관보육 형태로 하루에 8시간 이상 보육 • 시간제 또는 종일제
가정보육 (family day care)	0~5세, 취학아동	• 전문 보육모가 자신의 집에서 보육 • 보육모는 정부에 등록하고 연방정부의 지도·감독을 받음 • 운영시간은 탄력적
방과후 보육 (outside school hours care)	4~12세	• 학교 운영시간 전이나 방과 후, 휴일 등에 실시

(계속)

유형	대상	운영형태
일시보육 (occasional care)		• 통상적 일시보육 제공뿐만 아니라 취학 전 영유아가 사회화의 기회를 가질 수 있도록 한시적 돌봄을 제공
가정 내 보육 (in-home care)	소외지역 거주 영유아, 장애 영유아, 미취학 아동이 2명 등 외부 이동이 어려운 경우	• 인가를 받은 서비스 제공자가 영유아의 집을 방문하여 보육하는 서비스

① 종일제 보육

종일제보육은 기관보육으로, 주로 0~5세의 영유아에게 종일제와 시간제 서비스를 제공하지만, 취학 아동도 이용이 가능하다. 보통 오전 7시 30분에서 오후 6시까지 운영하기 때문에 부모들은 자신의 취업 및 근로 상태에 따라 보육서비스를 선택하게 된다. 호주 종일제 보육기관의 75% 이내가 민간에 의해 공급되고 있다(권미경 외, 2012).

② 가정보육

가정보육은 일정한 자격을 가진 전문적인 보육모가 자신의 집에서 소수의 아동을 보육하는 것으로, 기관보육과 마찬가지로 취학 아동을 보육하기도 한다. 가정보육 제공자는 등록을 하여야 하며, 대체로 가정보육센터가 일정 수의 가정보육 운영을 지원하고 지도 · 관리하는 체계로 운영한다. 운영시간은 부모의 요구에 따라 탄력적으로 운영되어 다양한 시간의 운영이 가능하다.

③ 방과후 보육

방과후 보육은 주로 4~12세까지의 취학 아동을 대상으로 학교 운영시간 전이나 방과후, 휴일 등에 실시하는 보육서비스이다. 주로 학교나 지역사회 회관에서 게임, 스포츠, 음악 등의 활동을 제공하며 학부모연합회나 비영리단체가 운영한다.

④ 일시보육

일시보육은 일시보육센터에서 제공되는 것으로, 짧은 시간이나 응급 상황 시 이용 가능하다. 주로 지역사회 공공기관이나 단체들에 의해 운영되며, 운영시간은 일정하지 않다.

⑤ 가정 내 보육

가정 내 보육은 인가를 받은 서비스 제공자가 영유아의 집을 방문하여 보육하는 서비스로, 소외지역 거주 영유아, 장애영유아처럼 집 밖에서 보육받는 것이 어려운 영유아를 대상으로 운영되며, 가정보육과 마찬가지로 가정 내 보육센터가 일정 수의 가정 내 보육제공자를 관리한다.

한편, 호주의 보육기관 유형은 전체 취학 전 기관 중 33%가 정부기관이고, 비정부기관이 67% 정도로 민간의 비중이 높은 편이라 할 수 있다. 개인 및 민간 부분이 우위인 공급구조로 인해 호주 정부에서는 민간 보육기관의 질 관리를 위해 1994년 기관평가를 도입하여 연방정부 차원에서 보육서비스에 대한 국가 수준의 질 관리 체계를 구축, 운영하고 있다. 특히 2012년부터 새로운 법 체계National Quality Framework을 시행하여 보육서비스에 대한 평가제도를 도입하였으며, 이를 통해 보육서비스 수준의 향상을 꾀하고 보육기관에 대한 더욱 투명하고 포괄적인 정보를 부모에게 제공함으로써 자녀들을 위한 최상의 서비스를 선택할 수 있도록 하고 있다. 국가 수준의 질 관리 체계는 기관의 평가뿐만이 아닌 교사의 자격 요건과 교사 대 영유아 비율, 보육의 품질을 보증하는 새로운 국가 기관의 설립을 모두 포함하는 포괄적인 질적 수준 관리 체계의 개선이다.

국가 수준의 질적 기준National Quality Standard은 보육서비스의 질에 관련하여 교육 프로그램 및 실천, 영유아의 건강 및 안전, 물리적 환경, 직원 사항, 영유아와의 관계, 가족 및 지역사회와의 협력적 파트너십, 리더십 및 서비스 관리 등 7가지로 구성된다. 이에 따라 평가도 각 서비스를 일곱 가지 질적 영역 평가를 통해 하나의 총괄적인 등급을 결정하게 된다.

(3) 교사 양성제도

호주는 보육 인력에 대하여 교육과정을 통하여 자격을 부여하고 있고, 일부 기존 인력에 대해서는 국가가 직업자격기준에 의하여 자격을 인증하는 제도를 채택하였다.

1970년대 말에서 1980년대 초에 걸쳐 기술교육전문대학Technical and Further Education: TAFE에 보육교사를 양성하기 위한 과정이 신설되기 시작했는데, 전문대학에서 1년 과정을 끝내면 Certificate를 받고, 2년의 과정을 끝내면 준학사에 해당되는 Diploma를 받게 된다. 전문대학의 보육과정은 가정보육, 기관보육, 방과후 보육 및 연습생traineeship 등으로 구분되어 있다. 연습생 1년 과정인 경우 1,045시간의 현장실습과 390시간의 학과 교육으로 구성되어 있다.

한편 호주 정부는 그 동안 보육 현장에서 장기적으로 업무를 해온 사람들을 대상으로 호주 국립훈련원The National Training Board에서 1~8단계의 경력 인증 척도를 개발하여 보육 직업자격증Australian Vocational Certificates을 수여하였다. 경력에 따라서 1~6단계까지는 초급에서 2급까지 보육교사 자격증을, 그 이상 단계는 1급에 해당하도록 하여 대학 졸업자에 준하는 전문가의 자격을 인정한다.

(4) 호주 보육제도의 시사점

호주는 과거 우리나라와 같이 이원화체제였으나 현재는 일원화체제로 운영되고 있으며, 국·공립과 같은 정부 시설보다 개인 및 민간 부분이 우위인 공급 구조로 보육서비스의 질이 국가적 당면과제가 되었던 국가로, 평가제도와 재정 지원 연계를 통하여 민간 보육기관의 질을 개선하고자 노력하였다(서문희, 2013).

호주의 보육은 다양한 유형의 서비스를 제공하고 있으며, 2012년 보육과 유아교육을 모두 아우르는 새로운 법 체계를 구축하고 평가제도를 통해 서비스 질적 수준 관리를 강화하는 방향으로 개선하였다. 이러한 변화는 우리나라의 보육제도, 평가제도의 활성화 및 운영방안에 많은 시사점을 준다.

생각해 보자

내가 바라는 우리나라의 보육정책을 구성해 보세요.

참고문헌

공인숙, 한미현, 김영주(2005). **보육학개론**. 파주: 교육과학사.

공인숙, 한미현, 김영주, 권기남(2013). **최신 보육학개론**. 파주: 교육과학사.

권미경, 도남희, 황성온(2012). OECD 회원국의 보육서비스: 보육유형, 보육교직원, 보육비용을 중심으로, **육아정책연구소 연구보고서**, 2012-04.

김송이(2007). 스웨덴과 영국의 보육서비스 유형화와 접근성에 관한 비교 연구. 중앙대학교 석사학위논문.

김영모, 표갑수편(1998). **선진국 아동보육 제도와 보육 프로그램**. 서울: 한국복지정책연구소 출판부.

김진욱, 박유정, 이미애, 윤소정(2019). **보육정책론**. 파주: 양서원.

나종혜, 김송이, 신나리, 권연희, 배선영 외(2018). **영유아 중심 보육교사를 위한 보육학개론**. 고양: 파워북.

민혜진(2000). 프랑스와 스웨덴의 유아교육 및 보육에 관한 고찰. 동덕여자대학교 석사학위논문.

박성희(2011). 아동청소년의 행복보장을 위한 독일의 교육복지 개념 고찰. **한독사회과학논총**, 21(2), 143-166.

서문희(1998). 일본과 호주의 보육정책동향. **한국보건사회연구원 보건복지포럼**. 26(1998.11), pp.78-89.

서문희, 송신영(2011), **우리나라의 보육실태와 외국 사례-공립보육기관, 보육비용 지원, 양육수당을 중심으로**. 서울: 육아정책연구소.

서문희(2013). **호주의 보육 관련 법과 제도**. 서울: 육아정책연구소.

성미영, 유주연, 이세라피나, 임여정, 정현심(2019). **2019 개정 누리과정과 어린이집 평가제를 반영한 보육학개론**. 서울: 학지사.

양옥승, 김영옥, 김현희, 신화식, 위영희, 이옥, 이정란, 이차숙, 정미라, 지성애, 홍혜경(1998). **세계의 보육제도**. 파주: 양서원.

이복희(2017). 독일의 영유아 보육체계 탐색(공공성을 중심으로). 단국대학교 박사학위논문.

이화도(2007). 프랑스 유아교육 및 보육 행정체계 연구. **유아교육연구**, 27(5).

정동문(2019). 호주의 아동 보육·교육 서비스 평가제도 고찰. 연세대학교 석사학위논문.

정미라(1992). 프랑스 유아교육기관의 발달에 관한 연구. 경원대학교 논문집.

최윤경, 김윤화, 이혜민(2015). **스웨덴의 육아정책**(II). 서울: 육아정책연구소.

Howes, C. & Marx, E.(1992). Raising questions about improving the qoality of child care : Child care in the United States and Fance. *Early Childhood Research Quarterly*. 347-366.

경상북도 경제진흥원 홈페이지 http://pridegb.ngelnet.com/

교육정책네트워크 정보센터 홈페이지 http://edpolicy.kedi.re.kr/

네이버뉴스 https://news.naver.com/

Australian Children's Education and Care Authority https://acecqa.gov.au/

CHAPTER 12

보육의 역사, 과제 및 전망

여성의 경제활동 증가와 핵가족화는 보육 수요가 급증하면서 1991년 「영유아보육법」이 제정 · 공포되었고, 저출산문제가 심각하게 대두되면서 보육의 공공성 강화 정책이 강조되었다. 이처럼 우리나라 보육의 역사와 정책은 사회문화적 · 경제적 변화의 영향을 받아 변화되어 왔으며, 앞으로도 그러할 것이다.

CHAPTER

12

1. 우리나라 보육의 역사
2. 보육의 과제 및 전망

1. 우리나라 보육의 역사

1) 보육사업의 변화

우리나라 보육사업의 역사는 최초의 탁아프로그램을 마련한 1921년을 시작으로 「아동복리법」 제정 이전 시기(1921~1960년), 「아동복리법」 제정 시기(1961~1981년), 「유아교육진흥법」 제정 시기(1982~1990년), 「영유아보육법」 제정 시기(1991년~) 등으로 구분할 수 있다(제주특별자치도보육시설연합회 외, 2009에서 발췌하여 정리함).

(1) 아동복리법 제정 이전 시기(1921~1960년)

우리나라의 보육사업은 1921년 서울 태화기독교사회관의 탁아프로그램에서 빈민아동을 위한 구제사업의 일환으로 시작되었다. 이후 1926년 부산공생탁아소와 대구은총탁아소 등 2개 시설이 설치되는 등 관립 1개소, 공립 2개소, 재단설립 3개소, 종교단체설립 1개소, 기타 2개소로 늘어나 1939년에는 전국에 11개소의 공·사립 탁아소에서 435명의 아동이 보육을 받았다. 해방 이후부터 1960년까지는 한국전쟁을 비롯한 정치적·사회적 혼란기로서 정부가 보육사업에 대한 뚜렷한 정책을 펼치지 못하는 시기였고, 당시 전쟁고아나 기·미아 등 요보호아동에 대한 각종 수용보호시설이 주로 외국의 원조에 의하여 여러 곳에 설치되어 운영되던 상황이었다. 따라서 이 시설들은 아동들을 단순히 보호할 목적으로 설치되어 임시구호적인 성격을 강하게 띠고 있었으며 국가 차원의 보육정책은 부재한 시기였다고 할 수 있다.

(2) 아동복리법 제정 시기(1961~1981년)

1960년대는 정부의 경제정책 가속화로 여성 노동력이 증가하게 되면서 탁아소 시설의 증설 및 정비가 요구되었다. 이에 1961년 「아동복리법」이 제정·공포됨으로써 국가 차원의 보육정책이 시작되고, 법정시설로서의 보육시설에 대한 설치 근거가 마련되어

그림 12-1 ⋘ 1973년 건국대학교 학생들이 경기도 여주 등 농촌마을에서 농번기 간이 탁아소에서 봉사활동하는 모습

그림 12-2 ⋘ 1975년 거제군 농촌지도소 농번기탁아소

'탁아소'가 아동복지시설로 인정되었다.

1960년대 후반부터 경제개발 정책에 따라 취업모가 증가하고 입소 대상 아동이 증가하는 등 보육 수요가 늘어나면서 시설이 부족하게 되자, 1968년 3월 14일 정부는 「아동복리법」 시행령으로 '미인가 탁아시설 임시조치 요령'을 공포하였다. 이 시행령은 빈곤층 아동을 대상으로 민간탁아소 설치를 가능하게 하여 탁아사업을 적극 권장하였고, 1969년에는 탁아소의 명칭을 '어린이집'으로 인가 갱신하였다.

1981년 4월 13일 「아동복리법」이 「아동복지법」으로 전면 개정됨에 따라 어린이집은 법인 이외의 개인도 신고만으로 시설을 설치 운영할 수 있게 되었다.

(3) 유아교육진흥법 제정 시기(1982~1990년)

제5공화국 출범과 함께 정부는 1982년 3월 26일에 '유아교육진흥종합계획'을 수립하고, 같은 해 12월 31일에 「유아교육진흥법」을 제정 · 공포하였다. 이에 따라 기존의 어린이집, 새마을협동유아원, 농번기탁아소를 새마을유아원으로 흡수 · 통합하여 내무부에서 관장하였다. 당시 보건사회부에서 관장하던 어린이집이 691개소, 농업진흥청에서 관장하고 1966년 이래 운영하던 농번기탁아소 382개소, 1980년 12월부터 내무부에서 새마을사업의 일환으로 설립 운영되던 새마을협동유아원 263개소, 개인에 의해 설립된 민간 유아원 38개소 등 총 1,374개소의 아동 관련 시설이 있었으며, 이들이 모두 새마을유아원으로 통합된 것이다. 이로써 우리나라에서 취학 전 아동을 위한 프로그램을 운영하는 기관은 내무부에서 관장하는 새마을유아원과 문교부에서 관장하는 유치원으로 이원화되었다.

그러나 새마을유아원은 양적 확대에도 불구하고 늘어나는 보육 수요를 충족시키지 못하고, 실제 운영에 있어서도 전일제가 아니었다. 이에 요보호가정의 자녀나 취업여성의 자녀 양육문제가 큰 사회적 문제로 등장하게 되었다.

이에 따라 1987년 12월 4일 노동부에서는 「남녀고용평등법」에 의한 직장탁아제도를 도입하여 공단지역을 중심으로 근로자 자녀를 위한 21개소의 시범탁아소를 설치하였다. 1989년 9월 19일 보건사회부에서는 저소득층 맞벌이가정의 자녀 보육문제를 해결하고자 「아동복지법」 시행령을 개정하여 1982년에 삭제된 탁아시설의 설치 운영 근거를 부활하였다.

이처럼 보육 관련 정책이 교육부의 「유아교육진흥법」, 노동부의 「남녀고용평등법」, 보건사회부의 「아동복지법」 등 세 법령에 의해 각각의 부처에서 독자적으로 관리·운영됨에 따라 정부 재정의 비효율적 투자는 물론 영유아에 대한 체계적이고 효율적인 보육을 실시하는 데 어려움이 발생하였다.

(4) 영유아보육법 제정 시기(1991년~)

취업 여성의 증가와 핵가족화로 인하여 사회·국가적 차원에서 영유아 보육을 다뤄야 한다는 점과 별도의 입법과 주관부서의 일원화 문제가 제기됨에 따라 1991년 1월 14일에 「영유아보육법」이 제정·공포되었다. 이에 따라 「유아교육진흥법」에 의해 설치 운영되어 온 새마을유아원 및 민간 개인놀이방은 1994년 1월까지 「교육법」에 위한 '유치원'이나 「영유아보육법」에 의한 '보육시설'로 전환토록 하였으며, 보육시설은 종전의 단순 '탁아'사업에서 보호와 교육을 동시에 중시하는 '보육'사업으로 확대·발전하게 되었다.

「영유아보육법」이 제정된 이후 지속적으로 확대되고 있는 보육 수요에 비해 보육시설의 공급이 원활하지 않자, 1999년에는 보육시설의 설치절차 간소화로 인가제에서 신고제로 전환하여 보육시설이 양적으로 급격히 증가하였다. 그러나 보육시설의 지역별 불균형 설치 및 특수보육시설의 부족 등의 결과도 초래되어 2000년 이후에는 다양한 보육서비스 제공에 노력을 기울이게 되었다.

2004년 1월 29일「영유아보육법」의 전면개정에 따라 보육시설의 설치 및 종사자 배치기준을 대폭 강화함으로써 보육서비스의 질적 수준 향상과 보육이 공공성 강화 등을 통해 보육사업이 더욱 발전할 수 있는 계기를 마련하였다.

「정부조직법」개정으로 2004년 6월 12일부터 보육 주무부서가 보건복지부에서 여성부(이후 여성가족부)로 이관됨으로써 보육사업은 새로운 전환기를 맞게 되었다. 또한 출산율의 급격한 하락은 보육에 대한 정부와 사회의 관심을 불러일으켜 2004년 6월 대통령자문기구인 '고령화 및 미래사회위원회'가 설치되었고, 2005년 12월 '육아지원정책' 방안을 발표하였다. 2005년 12월,「영유아보육법」과 동법 시행규칙의 일부개정으로 시설장의 국가자격증제 도입과 보육시설운영위원회 설치 의무화로 보육시설 운영의 책임성과 투명성을 강화하게 되었다. '보육시설평가인증사무국'과 '보육교사자격관리사무국'이 한국여성개발원 산하에 설립되어, 보육시설 평가인증은 2005년 시범 운영에 이어 2006년부터 본격적으로 실시되고 있으며 보육교사 자격증도 발급되고 있다.

2006년 7월 27일에 여성가족부는 제1차 중장기보육기본계획 '새싹플랜(2006~2008)'을 발표함으로써 여성의 사회 진출 증가에 대응한 보육서비스 공급에 중점을 두었다. 또한 2006년 11월 10일「영유아보육법」시행규칙 개정을 통해 표준보육과정을 마련하고 구체적 보육내용 및 교사지침을 고시하였다.

2007년과 2008년에「영유아보육법」일부 개정을 거쳐, 2008년 3월에는 보육업무가 여성가족부에서 보건복지부로 다시 이관이 되었고, 기존의 새싹플랜을 보완한 '아이사랑플랜(2009~2012)'을 발표함에 따라 국가 책임을 강화하고 보육서비스를 '영유아' 중심으로 설정하였다.

2013년에는 '제2차 중장기보육기본계획(2013~2017)'을 수립하여 무상보육 도입과 수요자 맞춤 지원에 중점을 두었다. 이에 따라 보육료 · 양육수당 전 계층 지원 실시(2013), 3~5세 공통의 보육 · 교육과정인 '누리과정' 도입(2013), 입소대기시스템(전산화) 도입(2014), 모든 어린이집에 CCTV 설치(2015), 임신 · 출산 · 육아 관련 웹사이트를 통합한 아이사랑포털사이트 개설(2015), 맞춤형보육 도입 · 시행(2016) 등의 정책이 마련되었다.

2018년에는 '제3차 중장기보육기본계획(2018~2022)'을 수립하여 보육의 공공성 강화, 효과적 보육서비스 제공을 위한 보육체계 개편, 보육서비스의 품질 향상, 부모양육 지원 확대 등을 시행하고 있다. 특히 2019년에는 유아교육 혁신방안에 근거한 유아 중심 · 놀이 중심의 '누리과정'을 공통 교육과정으로 명시하여 2020년 3월 1일 전면시행하고, 이와 함께 표준보육과정 중 0~2세 보육과정도 개정되었다.

2) 보육정책의 변화

앞에서 살펴본 우리나라 보육의 역사를 토대로 보육 관련 법 제 · 개정 및 관할 부처에 따른 주요 보육정책의 변화과정을 정리하면 다음과 같다(제주특별자치도보육시설연합회 외, 2009, 로앤비 웹사이트에서 발췌하여 정리함).

표 12-1 영유아보육법 제정 이전의 보육정책 변화와 근거

시기	관련 법	내용
1962. 10.	아동복리법	• 아동복리법 시행령 제2조제9항 – 탁아시설 설치규정으로 보건사회부 주관의 탁아사업 실시 – 탁아소 691개 설치 · 운영
1968. 3.	아동복리법	• 미인가 탁아시설 임시조치요령 – 탁아소→어린이집
1978.	보건사회부	• 탁아시설 운영방안 – 어린이집을 일반 아동에게 개방 – 수탁료를 7,000원까지 받을 수 있도록 함
1981. 4. 13.	아동복지법	• 아동복리법→아동복지법으로 전문개정

(계속)

시기	관련 법	내용
1982. 12. 31.	유아교육 진흥법	• 유아교육진흥법 제정 – 어린이집, 농번기탁아소, 새마을협동유아원, 민간 유아원을 모두 '새마을유아원'으로 통합 일원화
1987. 12. 4.	남녀고용 평등법	• 남녀고용평등법 제정 – 육아시설 설치에 관한 조항 신설로 직장탁아제 도입
1990. 11.		• 내무부, 교육부, 보건사회부 3부 장관합의에 의해 새마을유아원을 1993년까지 유치원이나 보육시설로 전환토록 함

표 12-2 영유아보육법 제정 이후의 보육정책 변화와 근거

시기	관련 법	내용
1991. 1. 14.	영유아보육법	• 영유아보육법 제정 · 공포 – 보육사업을 보건사회부로 일원화 – 종전 단순 '탁아'에서 보호와 교육을 통합한 '보육'으로 기능 확대
1991. 8. 26.		• 탁아시설의 설치 · 운영규정 폐지
1992. 10. 20.	영유아보육법 시행규칙	• 영유아보육법 시행규칙 개정 – 시설 및 종사자 기준 완화
1995. 5. 19.	영유아보육법 시행령	• 영유아보육법 시행령 개정 – 무상보육 실시 대상 지역 설정 – 보육교사 양성교육시간 강화(800시간→1,000시간)
1997. 12. 13.	영유아보육법	• 영유아보육법 개정 – 보건사회부→보건복지부로 정부부처 명칭 변경
1997. 12. 24.	영유아보육법	• 영유아보육법 개정 – 중앙보육위원회 및 지방보육위원회 설치 – 초등학교 취학 직전 1년 유아의 무상보육 실시 근거 마련
1998. 7. 1.	영유아보육법	• 영유아보육법 개정 – 보육시설에 대한 인가제를 신고제로 전환
개정 2004. 1. 29. 시행 2005. 1. 30.	영유아보육법	• 영유아보육법 전면 개정 – 보육이념 신설 – 보육위원회→보육정책위원회로 명칭 변경

(계속)

시기	관련 법	내용
개정 2004. 1. 29. 시행 2005. 1. 30.	영유아보육법	– 보육정보센타, 보육지도원→보육정보센터, 보육전문요원으로 명칭 변경 – 보육시설운영위원회 조항 신설 – 보육과정(표준보육과정), 보육시설생활기록, 보육시설 평가인증 등의 조항 신설
개정 2004. 3. 11. 시행 2004. 6. 12.	영유아보육법	• 영유아보육법 개정 – 여성부(이후 여성가족부)로 보육업무 이관
개정 2005. 1. 29. 시행 2005. 1. 30.	영유아보육법 시행규칙	• 영유아보육법 시행규칙 전면개정 – 보육시설 인가 시 설치기준 – 보육시설종사자 배치기준 – 종사자 임면사항 보고 – 보육 관련 교과목 및 학점 총 12과목 취득 시 보육교사 2급 취득 – 표준보육과정 조항 신설
개정 2005. 12. 12. 시행 2006. 3. 1.	영유아보육법 시행규칙	• 영유아보육법 시행규칙 개정 – 보육시설 설치 전 상담제 조항 신설 – 보육시설 인가증 게시 의무 조항 신설
개정 2011. 6. 7. 시행 2011. 12. 8.	영유아보육법	• 영유아보육법 개정 – 명칭 변경: 보육시설→어린이집, 보육시설종사자→보육교직원, 보육시설의 장→원장 – 보육실태 조사 주기: 5년→3년 – 놀이터 설치 조항 신설
개정 2011. 8. 4. 시행 2012. 2. 5.	영유아보육법	• 영유아보육법 개정 – 목적 내용 중 '가정복지 증진에 이바지함'→'영유아 및 가정의 복지 증진에 이바지함'으로 수정 – 어린이집의 종류 변경: 법인어린이집→사회복지법인, 법인·단체 등 어린이집으로 변경
개정 2013. 1. 23. 시행 2013. 3. 1.	영유아보육법	• 영유아보육법 개정 – 무상보육 내용 신설
개정 2013. 6. 4. 시행 2013. 12. 5.	영유아보육법	• 영유아보육법 개정 – 보육정보센터→육아종합지원센터로 명칭 변경 – 부모모니터링단 내용 신설 – 일시보육서비스 내용 신설 – 어린이집의 정보공시 내용 신설 – 위반사실의 공표 내용 신설

(계속)

시기	관련 법	내용
개정 2018. 12. 11. 시행 2019. 6. 12.	영유아보육법	• 영유아보육법 개정 – 어린이집 평가인증→어린이집 평가로 내용 변경 – 보육개발원→한국보육진흥원의 설립 및 운영으로 명칭 변경
개정 2018. 12. 24. 시행 2018. 12. 24.	영유아보육법	• 영유아보육법 개정 – 일시보육서비스→시간제보육서비스로 용어 변경
개정 2019. 1. 15. 시행 2019. 7. 16.	영유아보육법	• 영유아보육법 개정 – 국공립어린이집 외 어린이집 설치 인가 시 보육 수요 고려
개정 2019. 4. 30. 시행 2020. 3. 1.	영유아보육법	• 영유아보육법 개정 – 보육시간별 보육교사 배치 기준 추가 – 기본보육 및 연장보육시간 구분 신설

3) 보육 관련 기관의 변화

우리나라 영유아 보육과 관련한 대표적인 기관으로는「영유아보육법」제7조에 명시된 육아종합지원센터, 제8조 한국보육진흥원이 있다. 두 보육 관련 기관의 설립과 기능 등의 변화를 살펴봄으로써 우리나라 보육정책이 어떻게 보육현장에 실현되는지를 이해할 수 있다.

(1) 육아종합지원센터

① 정의

육아종합지원센터는 보육 및 양육에 관한 정보의 수집 · 제공 및 보육교직원 · 부모 상담 등을 제공하기 위하여 보건복지부장관과 지방자치단체의 장이 설치 · 운영하는 육아지원기관이다(영유아보육법 제7조).

② 기능

육아종합지원센터의 사업목적은 지역사회 내 어린이집 지원 · 관리 및 보호자의 가정양육 지원을 위한 육아 지원서비스를 제공하는 것이다. 구체적으로는 교직원 교육 및 상담, 보육정보 제공, 보육컨설팅 등 어린이집 지원 기능과 부모교육 및 상담, 영유아 체험프로그램, 대여 및 시간제보육 서비스 등 가정양육 지원기능을 하고 있다.

표 12-3 >>> 육아종합지원센터 명칭과 기능(2021년 보육사업안내)

구분	종전	영유아보육법 개정(2013. 12. 5.)
명칭	보육정보센터	육아종합지원센터
기능	(어린이집 지원) 보육 관련 정보 수집 · 제공, 교재 · 교구대여, 보육교직원 상담 등	(어린이집 지원) 종전과 같음 보육컨설팅, 보육 관련 정보 수집 · 제공, 교재 · 교구 대여, 보육교직원 상담, 어린이집 설치 · 운영 등에 관한 상담 및 컨설팅, 영유아학대예방교육, 보육교직원 교육 등 (가정양육 지원) 부모교육 · 상담, 영유아의 체험 · 놀이 공간 제공, 시간제보육 등

③ 설치 현황

1993년 3월 경기 성남시육아종합지원센터를 시작으로 2020년 2월 현재 중앙 포함하여 총 114개소가 설치, 운영되고 있다. 이 중 서울과 울산은 시 · 군 · 구 단위까지 육아종합지원센터가 100% 설치 완료된 지역이다.

표 12-4 >>> 전국육아종합지원센터 설치 현황(2020.2.10. 기준)

구분	설치 개소 수			설치율(%)
	지역	시 · 도	시 · 군 · 구	
계	총 114개소	19	95	
1	중앙	1	–	100
2	서울	1	25	100
3	부산	1	8	50.0
4	대구	1	1	12.5
5	인천	1	5	50.0

(계속)

구분	설치 개소 수			설치율(%)
	지역	시 · 도	시 · 군 · 구	
6	광주	1	0	0
7	대전	1	1	20.0
8	울산	1	5	100
9	세종	1	0	0
10	경기	1	21	93.5
11	경기북부	1	8	
12	강원	1	3	16.7
13	충북	1	2	18.2
14	충남	1	1	6.7
15	전북	1	4	28.6
16	전남	1	2	9.1
17	경북	1	3	13.0
18	경남	1	5	27.8
19	제주	1	1	50.0

④ 역할(영유아보육법 제7조, 동법 시행령 제13조, 2021년 보육사업안내 참조)

중앙육아종합지원센터는 시 · 도 및 시 · 군 · 구 센터의 업무 전반에 대한 관리 · 지원 및 시 · 도 및 시 · 군 · 구 센터에 대한 정기적인 평가를 시행하고 그 밖의 정부의 보육사업 시행을 지원한다.

《《《 중앙육아종합지원센터 역할 》》》

- 전국 단위 보육 관련 정보의 수집 · DB 구축 및 제공
- 전국 공통사업 강사(컨설턴트) 양성 및 인력풀 관리, 매뉴얼·자료 제작, 실적 관리 등 시 · 도 및 시 · 군 · 구 센터 사업 지원
- 통합홈페이지의 운영 및 업무(실적)관리시스템 관리, 원격교육 등 온라인 서비스 수행 및 지원
- 센터 직원 등에 대한 연수 및 운영지원
- 센터 평가 및 우수사례 발굴
- 센터 홍보 및 이용자 만족도 조사 실시

그리고 시 · 도 및 시 · 군 · 구 센터는 관할 지역의 어린이집과 영유아·보호자에 대하여 지역 특성에 기초한 서비스를 제공하고, 중앙육아종합지원센터에서 실시하는 평가에 참여하여 질적인 개선을 도모한다.

시 · 도 및 시 · 군 · 구 육아종합지원센터의 역할

- 지역의 보육 · 양육 관련 정보의 수집 및 제공
- 지역 특성을 고려한 보육 프로그램 및 콘텐츠의 개발·보급
- 지자체 특수사업 매뉴얼 개발, 자료 제작 등 지자체 특수사업 총괄·지원
- 어린이집 보육컨설팅, 보육교직원 교육 · 상담, 등 어린이집 지원
- 영유아 · 보호자에 대한 양육정보 제공, 교육, 상담 등 가정양육 지원
- 시 · 군 · 구 센터 대상 교육 및 컨설팅, 실적 관리 지원
- 시 · 도 센터와 시 · 군 · 구 센터 간 정기적인 회의 구성 및 관리
- 소외지역에 찾아가는 서비스 제공 등 시 · 군 · 구센터 미설치 사각지대 지원
- 이용자의 욕구 조사 등 프로그램 개선을 위한 정보 수집 및 제공
- 지역의 전문인력, 유관기관 연계 등 지역사회와의 네트워크 구축

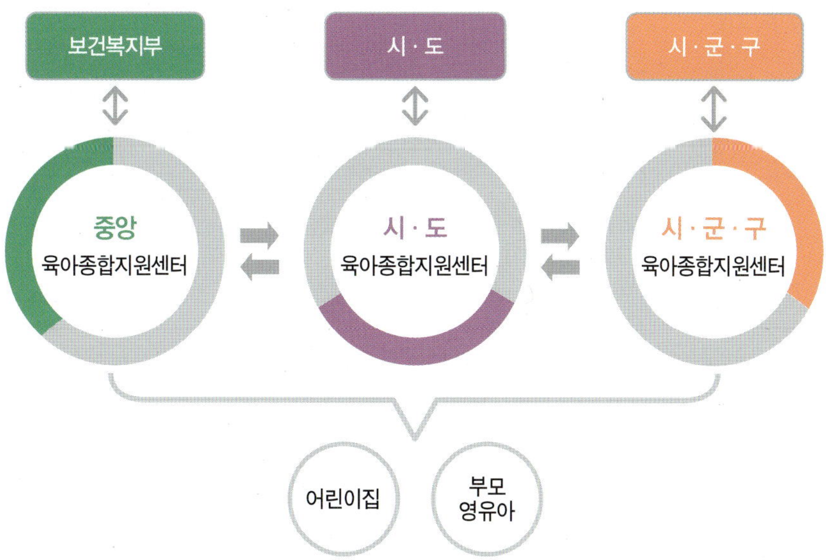

그림 12-1 육아종합지원센터 전달체계

표 12-5 >>> 육아종합지원센터 역할(예시)

구분	사업
어린이집 지원	• 표준보육과정 교육 및 교재 · 교구의 제공 또는 대여 • 어린이집 설치 · 운영 · 이용 등에 관한 상담 • 어린이집 보육컨설팅 • 대체교사 지원 및 관리 • 보육교직원에 대한 상담 및 교육(보수교육 실시의 위탁) • 보육교직원에 대한 영유아학대예방 교육 및 상담 등 • 보육교직원에 대한 건강 · 영양 · 안전 교육 • 장애아보육 등 취약보육에 대한 정보의 제공 및 지원 • 보육교직원 구인 · 구직 정보 제공 • 어린이집 이용 부모에 대한 교육 • 열린어린이집 운영 지원 • 어린이집 재원 영유아를 위한 체험 및 놀이 공간 제공 • 그 밖에 어린이집 운영 및 이용에 관하여 필요한 사항
가정양육 지원	• 부모교육 및 상담 • 부모–자녀 체험프로그램 운영 • 육아콘텐츠 개발 및 지원 • 영유아 체험프로그램 및 놀이공간 제공 • 도서 · 장난감 등 제공 또는 대여 • 일시보육서비스 제공 • 부모소모임 등 교류 공간 제공 • 영유아 발달에 관한 검사 • 부모에 대한 영유아학대예방 교육 및 상담 • 그 밖에 가정양육지원 등에 관하여 필요한 사항
기타사업	• 보육 및 양육에 관한 정보 수집 및 제공 • 보육프로그램 및 양육 콘텐츠 제공 • 정보지, 자료집 발간 등 보육 및 양육관련 홍보 • 육아종합지원센터 및 유관기관과 연계사업 • 보육통합정보시스템 이용 관련 상담

※ 사업내용은 지방자치단체 및 육아종합지원센터의 상황에 따라 변동될 수 있음

⑤ 직원 배치 기준

육아종합지원센터 종사자는 크게 센터장과 사업 전담 인력으로 구분할 수 있으며, 직종별 자격요건은 표 표 12-6에 제시된 바와 같다.

표 12-6 ⋙ 육아종합지원센터 직원의 직종별 자격요건

<table>
<tr><th colspan="3">구분</th><th colspan="2">자격요건</th></tr>
<tr><td colspan="3">센터장</td><td colspan="2">보육전문요원의 자격을 취득한 이후 보육업무에 5년 이상 종사한 경력이 있는 사람
*2017. 6. 20. 이후 육아종합지원센터 위탁 신청을 하거나, 육아종합지원센터장 변경을 위해 위탁사항 변경 신청을 하는 경우부터 적용('17. 6. 20. 현재 재직 중인 육아종합지원센터의 장에 대해서는 그 직위에 계속 재직할 때까지는 종전의 규정에 따름)</td></tr>
<tr><td rowspan="15">사업 전담 인력</td><td rowspan="3">보육 전문요원</td><td colspan="2" rowspan="2">보육교사 1급 자격을 가진 사람</td><td>보육교사 2급 자격을 취득한 이후 3년 이상의 보육업무 경력과 보건복지부장관이 정하는 승급교육을 받은 사람</td></tr>
<tr><td>보육교사 2급 자격과 보육 관련 대학원에서 석사학위를 취득한 자로서 1년 이상 보육업무 경력과 보건복지부장관이 정하는 승급교육을 받은 사람</td></tr>
<tr><td colspan="3">「사회복지사업법」에 의한 사회복지사 1급 자격을 취득한 이후 보육업무에 3년 이상 종사한 경력이 있는 사람</td></tr>
<tr><td>상담 전문요원</td><td colspan="3">「국가기술자격법」에 따른 임상심리사 2급 이상 자격을 가진 사람 또는 상담, 심리 분야의 학사학위 이상을 취득하고 상담업무와 관련하여 3년 이상의 실무경력이 있는 사람</td></tr>
<tr><td>전산원</td><td colspan="3">공무원임용시험령의 전산직 8급 공무원 상당의 경력경쟁채용자격 요건에 적합한 사람</td></tr>
<tr><td>영양사</td><td colspan="3">영양사 면허증을 취득한 자로서 1년 이상 영양사 업무에 종사한 경력이 있는 사람</td></tr>
<tr><td>간호사</td><td colspan="3">간호사 면허증을 취득한 자로서 1년 이상 간호사 업무에 종사한 경력이 있는 사람</td></tr>
<tr><td rowspan="3">특수교사 (치료사)</td><td colspan="3">「초중등교육법」 제21조제2항에 의한 교사자격기준 중 특수학교 정교사 1급 및 2급, 준교사 자격증을 취득한 자로서 보육 관련 업무경력이 3년 이상인 사람</td></tr>
<tr><td colspan="3">「초중등교육법」 제21조제2항에 의한 교사자격기준 중 치료교육 과목의 특수학교 실기교사 자격증을 취득한 자로서 보육 관련 업무경력이 3년 이상인 사람</td></tr>
<tr><td colspan="3">대학(전문대학 및 대학원을 포함함)에서 특수교육 또는 재활 관련 학과를 전공하고 졸업한 자로서 어린이집에서 3년 이상 종사한 경력이 있는 사람</td></tr>
<tr><td>컨설턴트</td><td colspan="3">보육교사 1급 자격을 취득한 자로서 보육업무 경력 5년 이상인 사람</td></tr>
<tr><td>행정원</td><td colspan="3">공무원임용시험령의 일반직 8급 공무원 상당의 경력경쟁채용자격 요건에 적합한 사람</td></tr>
<tr><td rowspan="2">운영요원</td><td colspan="3">보육교사 자격을 취득한 사람</td></tr>
<tr><td colspan="3">보육교사 자격을 취득하지는 않았으나 운영요원의 업무에 적합하다고 판단되는 사람</td></tr>
</table>

※ '보육 관련 업무경력'이라 함은 특수교육지원센터, 장애인종합복지관, 교육청 소속의 순회지원교사 등으로서 영유아를 대상으로 한 장애아 업무경력을 말함

(2) 한국보육진흥원

① 정의

한국보육진흥원은 보육서비스의 질 향상을 도모하고 보육정책을 체계적으로 지원하여 영유아의 건강하고 행복한 성장과 발달에 기여하기 위해 설립된 공공기관이다. 2009년 12월에 재단법인으로 설립되었으며, 2018년 12월「영유아보육법」개정에 따라 2019년 6월부터 법정기관으로 전환하였다.

② 기능 및 역할

한국보육진흥원은 주로 어린이집 평가업무, 보육교직원 자격 관리업무, 중앙육아종합지원센터 위탁운영 등을 하고 있으며, 다음 각호의 업무를 수행한다(영유아보육법 제8조).

1. 어린이집 평가척도 개발
2. 보육사업에 관한 교육 · 훈련 및 홍보
3. 영유아 보육프로그램 및 교재 · 교구 개발
4. 보육교직원 연수프로그램 개발 및 교재 개발
5. 이 법에 따라 보건복지부장관으로부터 위탁받은 업무
6. 그 밖에 보육정책과 관련하여 보건복지부장관이 필요하다고 인정하는 업무

이에 따라 현재 한국보육진흥원이 진행하는 구체적인 사업내용은 다음과 같다.

구분	사업
어린이집 평가	• 어린이집 평가과정 운영 • 어린이집 평가 후 관리
자격검정 및 자격증 교부	• 보육교직원 자격검정 • 보육교직원 자격증 교부

(계속)

구분	사업
보육교직원 역량강화	• 보육교직원 마음성장 프로젝트 • 보수교육기관 평가사업 • 취약보육 지원 • 온라인 교육콘텐츠 개발 및 보급 사업 • 교육통합관리시스템을 통한 보육교직원 양성 및 보수교육 관리
공공형어린이집 품질관리	• 공공형어린이집 운영관리 및 운영지원 • 공공형어린이집 보육교직원 전문성 강화 사업
시간제보육 지원	• 시간제보육 관련 담당자 교육 • 시간제보육 제공기관 및 관리기관 지원
다함께돌봄사업지원단	• 다함께돌봄센터 지원 • 다함께돌봄 관련 정책연구
중앙육아종합지원센터 위탁 운영	• 보육지원사업 • 양육지원사업 • 센터 운영지원사업

2. 보육의 과제 및 전망

1) 보육의 과제

(1) 저출산시대, 저출산 예산을 늘려도 출생아 수는 역대 최저

우리나라 보육에 있어서 가장 먼저 고민해야 할 것은 저출산 문제이다. 저출산 예산을 늘려도 출생아는 '역대 최저'라는 것이 일반적인 국민들의 인식이다. 여기서 저출산 예산에 대해 알아보자(저출산고령사회위원회 홈페이지). 정부 예산 중 '저출산고령사회 기본계획'에 따라 매해 수립되는 시행계획에 수반되는 예산을 편의상 저출산 예산이라고 부르는데, 여기에 지방자치단체 사업이나 건강보험, 조세지원하는 사업 등은 빠져 있다. 실제로 '저출산 예산' 전부 저출산에 사용되지는 않는다. 전체 저출산 예산 중 실제 임신, 출산 지원이나 아동돌봄, 일 · 가정 양립 등 저출산 대응을 위한 직접 지원예산은 54%이고, 나머지는 시간선택제 · 다양한 근무형태 지원, 청년 · 신혼부부 주거지원, 고교무상교육 등에 사용되는 간접 사업예산이 46%이다. 저출산 대응에 직접적 관련이 있는 아동가족지원 예산을 다른 나라와 비교해보면, 2015년 우리나라 아동가족지원예산은 전체 GDP 대비 1.43%이며, 프랑스 3.68%에 비해 아직 낮은 수준임을 알 수 있다.

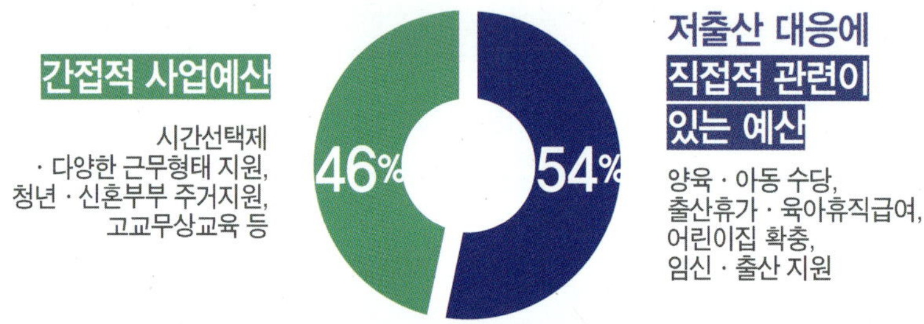

'15년	합계(GDP 대비)	현금	서비스	세제지원
한국	1.43%	0.18%	1.01%	0.23%
평균	2.40%	1.23%	0.94%	0.22%
프랑스	3.68%	1.51%	1.43%	0.74%
스웨덴	3.54%	1.36%	2.18%	0.00%
독일	3.06%	1.09%	1.13%	0.84%

그림 12-2 저출산 대응 관련 아동가족지원 예산

생각해 보자

다음에 제시한 이야기에서 보육의 과거, 현재, 미래를 찾아보자.

☑ 토론방법

- 소그룹(4~5명)으로 앉는다.
- 아래 글을 읽고, 그룹별로 가장 인상 깊은 핵심단어에 체크한다.
  예) 초저출산시대, 정해진 미래, 출산장려책, 공동체 의식, 첫 사회생활, 우리의 미래...
- 체크한 핵심단어 중 한두 개를 정하여 관련 자료에 대한 인터넷 검색 등을 토대로 토론한다.
- 토론 결과를 10쪽 이내의 PPT 자료로 만들어 발표한다.

(계속)

초저출산시대의 준비된 미래, 오늘의 양육자가 만든다

박혜원(울산대학교 보육교사교육원장)

한 국가의 인구가 일정수준을 유지하려면 자연적인 사망률을 감안할 때 부부 2명이 2명 이상의 자녀를 낳아 2.1의 출산율을 보여야 하는데 2018년 현재 한국의 출산율은 0.97이다. 세계적으로도 찾아보기 힘든 저출산율이다. 이러한 초저출산문제를 좀 더 구체적인 숫자로 살펴보자. 1971년 104만 명 이상이던 출생아수가 2019년 현재 30만 명을 겨우 넘겼다고 한다. 50년이 채 안된 기간 동안에 70% 감소한 것이다. 그러나 이 사실보다 최근 5년간의 자료가 더 실감날 수 있다. 5년 전인 2015년 43만 명의 출생아수와 비교하면 2019년 30만 명의 출생아수는 무려 30% 가까운 감소율을 보인 것이다.

이렇게 출산율이 점점 더 가파르게 감소하는 추세는 통계청이 예언한 것보다 훨씬 빠른 미래에 한국에서 아기울음소리를 듣기 어려워진다는 사실을 알려준다. 〈정해진 미래〉(조영태, 2016)의 저자인 인구학자는 출산율과 같은 인구동향을 통해 이 아기들이 주인공이 될 20년후 우리 사회의 모습을 정확히 예측할 수 있다고 주장한다. 적어지는 세대의 크기는 곧 한국사회의 경제력의 감소를 의미하게 될 것이며 직업과 산업구조에도 큰 변화를 가져올 것이다. 요즘 가장 인기 있는 직업 중 하나로 알려져 있는 초등교사의 수는 가장 먼저 줄여야 할 것이며 아기 기저귀를 만드는 공장은 그 품목을 바꾸어야 할 것이다.

지난 10년 이상 정부는 아이를 낳고 기르는 부모의 부담이 줄여주고자 보육비, 세금감면, 보육시설 등에 지원을 아끼지 않았다. 2006년부터 2018년 사이 150조원이 넘은 예산을 지원했다고 추산된다. 정부의 다각적인 정책과 지원에도 불구하고 세계적인 초저출산사회에 살게 된 우리는 당황스럽기만 하다. 그러나 아는 것이 힘이고 알면 이길 수 있다. 우왕좌왕할 것이 아니라 객관적인 데이터를 바탕으로 정확히 예측하고 차근차근 준비해야 한다. 단기적이고 일회적인 대책이 아니라 장기적이고 체계적인 준비가 중요하다.

한 심리학연구에 따르면 한 국가의 경제발전수준은 생산인력들이 20년 전 초등학교시절에 읽은 교과서에서 다룬 성취지향적 내용과 상관이 있었다고 한다. 현재 한국의 출산장려책은 현재 성인이 된 젊은이나 결혼한 부부를 대상으로 하고 있다. 그러나 이러한 출산장려책은 미래의 젊은이인 어린 아동이 그 대상이 되어야 예측가능하고 장기적인 대책이 된다.

어린 아이들에게 무엇을 가르쳐야 저출산 고령화 사회인 한국에 밝은 미래가 존재할 것인가? 교육자들은 작아지는 한국 사회에 걸맞는 질적으로 향상된 인재를 양성하는데 총력을 기울여야 한다. 또한 저출산뿐 아니라 고령화문제도 함께 해결해야 한다. 젊은 사람 한명이 부양해야 하는 노인의 수가 급증한다고 하니 자녀들의 미래가 얼마나 부담스러울까 걱정하는 부모들이 많이 있다. 더 이상 노인부양은 가족의 문제가 아니라 사회의 과제여야 한다. 그러기 위해서는 우리는 내 가족만이 아니라 사회의 모든 구성원을 생각하는 더욱 커다란 공동체의식을 갖추어야 한다. 최근 마을 공동체들에서 아이를 함께 키우고 식당을 공동으로 운영하는 것은 바람직한 방향이다. 지금 한국뿐 아니라 전 세계를 흔들고 있는 신종 코로나 바이러스사태를 보면서도 우리는 남들과 함께 살아야 하고 타인의 배려 없이는 존재할 수 없다는 사실을 실감할 수 있다.

한국의 젊은이들이 가족을 부양하고 자녀를 양육하는 것이 행복하다고 생각할 수 있으려면 일과 가정의 양립이 가능한 제도적 장치뿐 아니라 무엇보다도 더불어 사는 것의 귀중함과 사회구성원으로서의 책임감을 어려서부터 이해하는 것이 필요한 것이다. 누가 이러한 가치를 심어줄 수 있을까? 우리 아이들에

(계속)

게 가장 중요한 교육을 하는 사람은 바로 첫 교훈과 지식을 제공하는 부모님과 가족 그리고 보육교사, 유치원교사들이다. 각 가정에서의 밥상머리 교육과 아이들의 '첫 사회생활'을 담당하는 교사들의 '오늘의 교육'이 우리의 '미래'를 정한다. 양육자들은 미래를 준비한다는 자긍심과 책임감을 다시 한 번 상기하고 공동체의식을 실천해 가야 할 것이다.

출처: 경상일보, 2020년 2월 3일자.

(2) 영유아 중심의 보육

그간 우리나라 보육은 '영유아'를 최우선으로 두고 있다고 말하면서 보육을 제공하는 기관 중심의 정책 또는 부모의 양육 부담을 줄여주는 수당 지원에 초점이 맞춰져 있었다고 해도 과언이 아니다. 유아교육 혁신방안에 따라 2019년 7월 24일에 개정된 누리과정이 '유아 중심 · 놀이 중심'을 핵심목표로 삼고 있고, 뒤이어 개정된 제4차 어린이집 표준보육과정(누리과정 포함) 역시 동일한 핵심목표를 담고 있다는 점에서 보육을 담당하는 기관이나 가정에서도 '영유아'가 경험하는 것, '영유아'가 알고 싶어 하는 것, '영유아'가 느끼는 것에 관심을 두어야 할 때이다.

생각해 보자

성인인 교사와 부모들이 가장 먼저 염두에 두어야 할 것은 '영유아'의 '유능함'이다. 아래에 제시한 게임을 소그룹으로 진행해보고, '영유아의 유능함'에 대해 토론해 보자.

☑ 토론방법
- 소그룹(4명)으로 앉는다.
- 제시된 준비물로 게임을 시작한다.
  예) 팀별 재료: 스파게티면 20개, 접착테이프 90cm, 실 90cm, 마시멜로 1개
  예) 제한시간: 18분
  예) 게임방법: 주어진 재료로 마시멜로를 가장 높이 쌓는 팀이 이기는 게임
- 게임 후 느낀 점을 서로 나누고, 다음 글을 읽고 '유아의 유능함'에 대해 토론한다.

(계속)

마시멜로 챌린지(marshmallow challenge)—마시멜로 탑을 쌓는 방법

이 게임은 미국의 디자인 회사인 IDEO의 피터 스킬먼(Peter Skillman)이 고안한 것으로 과학자들 사이에서 이미 유명했지만, 많은 사람들에게 널리 알려진 계기는 톰 우젝(Tom Wujec)이라는 학자가 했던 실험 내용이 테드(TED)에 소개되면서부터입니다.

마시멜로 챌린지 게임의 룰은 매우 간단합니다. 서로 처음 보는 사람 네 명이 둥근 테이블에 둘러앉습니다. 그들에게는 스무 가닥의 스파게티 면과 접착테이프, 실, 그리고 마시멜로 한 개가 주어집니다. 그들은 이 재료들을 이용해 탑을 쌓아야 합니다. 주어진 시간은 단 18분. (중략). 우젝은 직업군에 따라 마시멜로 탑을 쌓은 방식과 결과가 다르다는 사실을 테드에 소개하면서 이 게임을 널리 알리게 됩니다.

우선 우젝은 미국 경영대학원(MBA) 학생들이나 변호사처럼 소위 가방 끈이 길다고 하는 명석한 사람들이 쌓은 탑의 높이가 유치원생들이 쌓은 탑의 높이보다 현저히 낮다는 충격적인 결과를 보여줍니다. 그들이 탑을 쌓는 과정도 매우 전형적입니다. 세션이 시작되면, 그들은 먼저 자기소개를 한 후에(주로 명함을 돌리지요) 어떻게 이 과제를 수행할지 계획을 짭니다. (중략).

하지만 유치원생들은 전혀 다른 방식으로 18분을 보낸다는 겁니다. 물론 그들의 결과가 훨씬 더 좋고요. 우선 명함을 주고받지 않습니다. 자기소개도 하지 않고 바로 말을 놓습니다. 무엇보다 계획을 세우지 않습니다. 일단 재료를 가지고 탑을 만들어봅니다. 그래서 성공하면 다음에 좀 더 높은 탑을 쌓죠. 다리를 붙이고 가지를 뻗고 안테나를 올리는 방식으로 탑의 높이를 올립니다. 그래서 18분 동안 적게는 세 개, 많게는 여섯 개의 탑을 완성합니다. 그들은 '어떻게 쌓을 것인가?'에 대해 아무런 계획 없이 출발합니다. 일단 실행에 옮기고 보는 거죠. (중략)

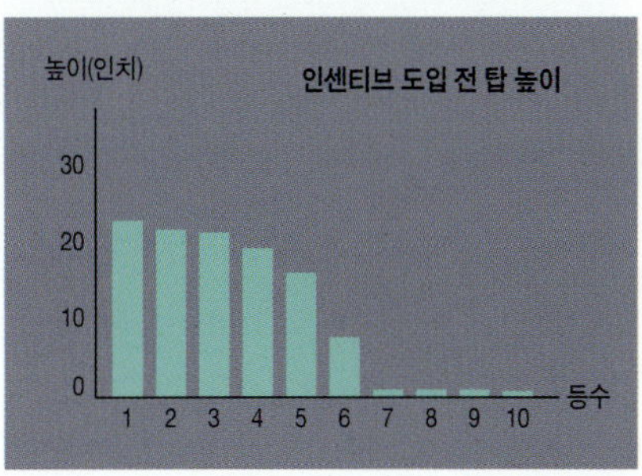

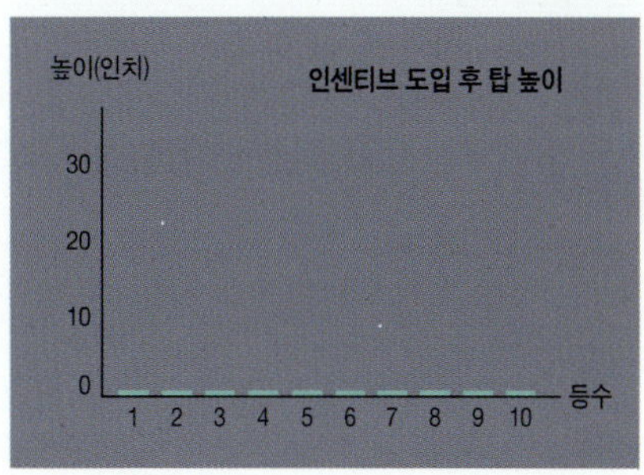

(계속)

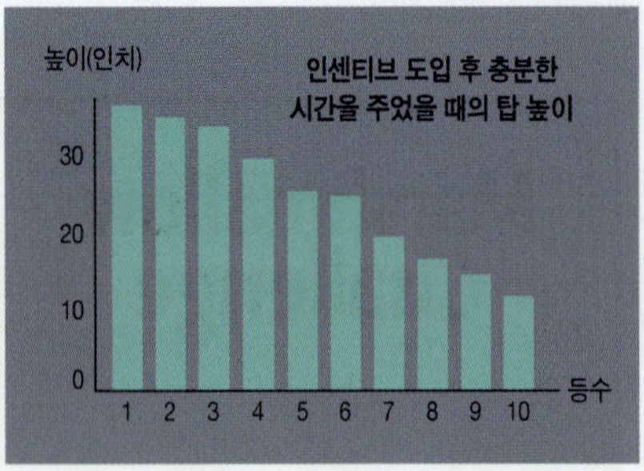

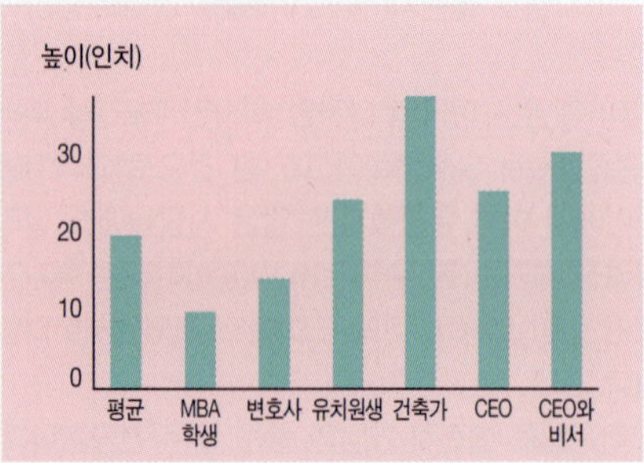

마시멜로 챌린지가 우리에게 주는 마지막 교훈이 있습니다. 이를 위해 한 가지 흥미로운 실험이 추가됩니다. 여기 10개의 팀이 있다고 가정해봅시다. 열 팀에게 마시멜로 탑을 쌓아보라고 하면 평균 여섯 팀 정도가 성공합니다. 그런데 이런 상황에서 이들에게 상금을 거는 겁니다. 제일 높이 쌓은 팀에게 1만 달러(약1200만원)의 상금을 겁니다. (중략) 그러면 과연 어떤 일이 벌어질까요? 마시멜로 탑은 얼마나 높이 올라갈까요?

결과는 가히 충격적입니다. 물론 큰돈이긴 하지만 1200만 원이 주어졌을 뿐인데, 결과는 완전히 달라집니다. 성공하는 팀이 사라집니다! 탑을 무사히 쌓은 팀이 사라진다는 얘기입니다. 이걸 여러 번 실험했습니다만, 매번 결과는 유사했습니다. (중략) 가장 높은 탑을 쌓기 위한 무모한 도전이 시작됩니다. 상금이 커질수록 사람들은 시야가 좁아지고 조급해집니다. 이것을 터널 비전(tunnel vision) 현상이라고 부르지요. (중략)

"엄마 나 숙제 다 하면 뭐 해줄 거야?", "너 공부 못하면, 저런 일 해야 해!" 우리 사회에서 아주 만연한 대화이지요. 대학이든 회사든 잘하는 사람에게 인센티브를 주고, 못하는 사람에게 일종의 처벌을 내리죠. 그런데 이런 제도가 생기면 사람들은 목표와 성취 그 자체를 위해서 달리지 않고 보상과 처벌에 따라 일을 하기 때문에 시야가 좁아집니다. 마시멜로를 높이 쌓으려고 노력하는 게 아니라 1등을 하려고 노력하는 거예요. (중략)

이 과제를 다음 주에 수행하겠다고 미리 알려주고 사람들에게 준비할 시간을 충분히 주면 그들은 여러 가지 시도를 해보면서 적절한 전략을 짰을 겁니다. 실제로 충분한 시간이 주어지면 기록이 더 좋아집니다. 지금 주어진 시간 내에 바로 완수하라고 하면 대부분 실패하지만, 사람들에게 충분한 시간과 여유를 주면 보상이 도움이 됩니다.

출처: 정재승(2018). 열두 발자국. 어크로스.

2) 보육의 전망

2021년 우리나라 합계출산율이 세계 최저수준인 0.8명대 이하를 기록할 것으로 예측하고 있다. 매일경제신문은 맞벌이 부부를 대상으로 아이를 낳지 않는 이유에 대해 심층 인터뷰를 했다. 그 결과 우리나라의 저출산 현상이 아이를 낳고 싶어도 경제력 등의 여력 때문에 포기하는 '후진국형'과 성공기회를 놓치지 않으려 출산을 꺼리는 '선진국형', 그리고 두 가지 유형이 혼재하는 '복합 저출산 함정'에 빠졌다고 분석하고 있다(저출산고령사회위원회 뉴스레터 6호). 이러한 점을 고려할 때 우리나라의 저출산 문제를 해결하기 위해서는 정부의 예산 책정, 가정의 경제력, 여성의 경력단절 문제 등 다각적인 관점에서의 노력이 필요함을 알 수 있다.

인구학자 조영태(2016)는 그의 저서 『정해진 미래』에서 '이제는 출산율을 높이려는 정책보다는 낮아진 출산율에 적응하고 대비하는 다운사이징 정책을 준비하고 개발해야 한다'라고 강조한다. 그는 인간개발지수(HDI)와 합계출산율의 관계를 그래프로 제시하면서 인간개발지수가 0부터 0.9까지는 여성이 교육 수준이 높을수록 합계출산율이 낮아지지만, 인간개발지수가 0.9를 넘어서면 합계출산율이 다시 증가하는 오른쪽으로 편향된 U자형 그래프를 보인다고 설명한다. 즉 여성에 대한 교육과 사회보장이 합계출산율을 증가시킨다는 것이다.

그림 12-3 [제21차 목요대화 하이라이트] 인구절벽? 그 진짜 이유는!(국무총리실)

출처: KTV 국민방송

읽어보자

초저출산시대에 보육할 대상 아동이 줄어든다면, 앞으로 어린이집의 미래는 어떻게 될 것인가? 내가 어린이집 교사 또는 원장이 된다면 보육의 초점을 어디에 두어야 할까? 아래에서 제시한 인구학자가 제안하는 보육 산업의 미래시장 · 미래전략에 대해 구체적으로 토론하고, 미래의 보육을 예측해 보자.

PART 2 작아지는 시장, 새로운 기회를 찾아라
[백화점] 개념의 전환, 더 이상 고급은 없다
바쁘고, 혼자 살고, 직구하고… 백화점에 갈 이유가 사라진다 | '백화(百貨)'를 버리고 새로운 개념을 구축하라
[호텔] 럭셔리, 포기하지 말고 다각화하라
돈이 없어도 여가에는 돈을 쓴다 | 럭셔리 이외의 서비스를 개발하라
[ICT 산업] 분화와 성장을 동시에 꾀하라
젊은 은퇴 인구의 움직임에 주목하라 | 인구변동을 신성장 동력으로 삼아라
[화장품 산업] 미용보다 케어, 여성만큼 남성
꽃중년의 성장에 주목하라 | 한 방향이 아닌 다각적 성장을 모색하라
[식품 산업] 급증하는 중년 나홀로족을 잡아라
저출산, 저출산, 저출산! 싱글, 싱글, 싱글! | 해외시장과 40~50대 싱글족에 기회가 있다
[주류 산업] 왜 케이팝은 있는데 케이알코올은 없을까?
20대는 적어지고, 50대는 덜 마시고 | 인구 이해를 기반으로 해외로
[커피전문점] 확실한 성장세, 하지만 언제까지?
커피전문점의 가장 큰 변수는 '일 문화' | 소비인구의 '시간'을 차지하라
[농산업] 인구 재구조화로 돈 버는 농업, 잘사는 농촌을
2.4%의 고령 농민이 전체 인구를 먹여 살린다 | 특화된 교육을 통한 농업인구의 재구조화가 시급하다
[수산업] 패러다임의 변화, 선택의 여지는 없다
생산자는 줄어들고 소비 패턴은 달라지고 | 줄이지 말고 R&D 하라
[자동차 산업] 아시아 시장에서 전환의 발판을 마련하자
베이비부머 1세대 같은 소비자는 앞으로 없다 | 과거의 성장공식을 해외시장에
[여행 및 항공운수업] 10년은 호황, 그다음은?
그만두고 훌쩍 떠나는 사람들이 많아진다 | '화무십일홍(花無十日紅)'이 되지 않으려면
[금융 시장] 빅브라더가 사라...진 자리에 불확실성이
내는 사람은 줄고 받는 사람은 늘고 | 불확실성이야말로 확실한 기회다
[보육 산업] 다양한 콘텐츠에 집중하자
아이는 적어지고 니즈는 다양해진다 | 규모의 축소보다 콘텐츠 다각화가 먼저다

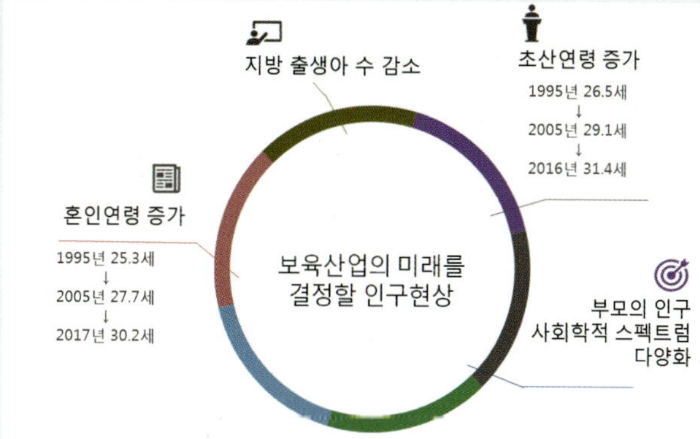

인구학자가 제안하는 보육 산업의 미래시장·미래전략

Diverging & Paradigm Shift

- 아이가 줄어든다고 규모를 줄여야 할까?
- 천편일률적인 교육 대신 콘텐츠의 다각화를 모색하자.
- 교사부터 원장까지, 보육인력의 수준을 높이자.
- 지방의 경우, 프랜차이즈 식 운영이 대안이 될 수 있다.

[사교육] 규모는 줄이고 시장은 넓혀라

중년 인구의 '재수강'이 시작된다 | 규모 축소와 신시장 확장을 동시에

[대학] 19세부터 중년층까지 학생이 된다

수험생 30만 명 시대가 온다 | 대상과 커리큘럼을 확장하라

[도서 시장] 새로운 규모의 경제를 활용하라

50~60대 독자가 온다 | 인구변화가 불러올 사회변화를 반영하라

[HR] 연공서열을 뒤엎는 지각변동이 일어난다

'대졸 신입사원'을 보기 힘들어진다 | 청년층–중년층–은퇴자의 세대갈등을 풀 묘책이 있는가?

에필로그 | 이제 당신이 미래의 기회를 발굴할 차례다

출처: 조영태(2018). 정해진 미래, 시장의 기회. 북스톤.

참고문헌

보건복지부(2021). **보육사업안내**.

이성진 외(1989). **한국의 탁아사업 시행에 관한 기초연구**. 서울: 한국행동과학연구소.

정재승(2018). **열두 발자국**. 서울: 어크로스.

제주특별자치도보육시설연합회 · 제주특별자치도보육정보센터(2009). **제주보육 50년사**. 제주: 성민출판.

조영태(2016). **정해진 미래**. 서울: 북스톤.

조영태(2018). **정해진 미래, 시장의 기회**. 서울: 북스톤.

보건복지부 홈페이지 http://www.mohw.go.kr/

저출산고령사회위원회 홈페이지 http://www.betterfuture.go.kr/

중앙육아종합지원센터 홈페이지 http://central.childcare.go.kr/

한국보육진흥원 홈페이지 https://www.kcpi.or.kr/

경상일보(2020.2.3.). 초저출산시대의 준비된 미래, 오늘의 양육자가 만든다.

찾아보기

저 / 자 / 소 / 개

김영주 서울대 및 동 대학원 박사
현 울산대학교 아동 · 가정복지학과 교수

박초아 서울대 및 동 대학원 박사수료
전 울산광역시 육아종합지원센터장

민하영 서울대 및 동 대학원 박사
현 대구가톨릭대학교 아동학과 교수

권기남 서울대 및 동 대학원 박사
현 오산대학교 아동보육과 교수

노은아 울산대 및 동 대학원 박사수료
전 울산 동구육아종합지원센터장

박경아 울산대 및 동 대학원 석사
현 더샵2단지 솔마루어린이집 원장

박묘정 울산대 및 동 대학원 석사
현 서연이화어린이집 원장

안정선 울산대 및 동 대학원 석사
현 UNIST어린이집 원장

오영은 울산대 및 동 대학원 박사수료
현 울산동부경찰서어린이집 원장

윤덕주 울산대 및 동 대학원 석사
현 울산대학교 아동 · 가정복지학과 겸임교수

윤정미 울산대 및 동 대학원 석사
현 에쓰-오일어린이집 원장

윤채영 울산대 및 동 대학원 석사
현 울산대학교 아동 · 가정복지학과 겸임교수

이현주 울산대 및 동 대학원 석사
현 효문어린이집 원장

최신 보육동향 반영 현장중심
보육학개론

2021년 3월 10일 초판 인쇄
2021년 3월 15일 초판 발행

지은이 | 김영주 박초아 민하영 권기남 노은아 박경아
박묘정 안정선 오영은 윤덕주 윤정미 윤채영 이현주
발행인 | 유제구
발행처 | 도서출판 파워북
주 소 | 경기도 고양시 일산동구 호수로 358-25
동문타워2차 529호
전 화 | (02) 730-1412
F A X | (031) 908-1410
등 록 | 1997. 1. 31 제 2014-000067호

정가 22,000원
ISBN 978-89-8160-449-3 (93370)